海賊がつくった日本史

時代考証家
山田順子

はじめに

日本神話に潜む、陸と海の争い

日本の神話に「海幸彦《うみさちひこ》と山幸彦《やまさちひこ》」というのがあります。『古事記』『日本書紀』どちらにも登場する話です。「記紀」それぞれ細かなストーリーは違いますが、大まかなものは次の通りです。

海幸彦と山幸彦という兄弟がいました。あるとき弟の山幸彦が兄の海幸彦に、日ごろ使っている猟具を取り替えて猟をしようと持ちかけます。はじめは嫌がった海幸彦ですが、山幸彦の強い希望でとうとう交換することにしました。しかし、慣れないためどちらも獲物を捕ることができませんでした。そのうえ、山幸彦は兄の海幸彦の釣り針を海に落として紛失してしまったのです。兄の海幸彦に何度も責められ、困った山幸彦が海岸で嘆いていると、塩椎神《しおつちのかみ》が海宮への行き方を教えてくれたのです。山幸彦は海宮で大歓待され、釣り針を探してもらったうえに、海神の娘と結婚までしたのです。三年が過ぎ、故郷が恋しくなって帰ることになると、不思議な力を持つ玉を土産にもらいました。

さて、故郷に帰った山幸彦は、「釣り針」を返せと何度も責めた海幸彦を恨み、海神からもらった不思議な力で服従させたのです。

この神話は、大和朝廷の誕生神話の一つで、ここに登場する山幸彦が「神武《じんむ》天皇」の祖父で、服従した「海幸彦」が南九州にいた隼人《はやと》族だろうといわれています。

しかし、私はこの神話にはもう一つの意味があると考えています。それは陸に暮らす人たち（陸族）と、海に暮らす人たち（海族）の共存と対立の歴史のはじまりを象徴する話ではなかったのか。

陸は山や川はありますが、自分の足でどこまでも歩いて行けます。自分の所有する土地を囲い込もうと思えば、大変な労力を伴いますが可能です。一旦土地を所有すれば、天候に影響は受けるものの、一定の食糧は確保できます。

一方、海は船がなければどこにも行けません。また高度な操船技術がなければ目的地に辿り着くこともできません。海に境界を造ろうとしても、広すぎて無理です。獲物もどこにいるのか見えませんし、海流が変われば、魚群も移動します。

こうしてみると、陸の暮らしと海の暮らしにはそれぞれ別の生きる術《すべ》があり、それに伴う違う秩序や価値観があると考えられます。それなのに無理やり猟具を交換した山幸彦は、これを乱す者だったのです。海幸彦にとっては迷惑な申し出だったはずです。しかも、最後は不思議な力、たぶん他者からの助勢によって海幸彦を屈服させたというのです。まったく理不尽な話です。

本書の題名を『海賊がつくった日本史』としたのも、これまでの日本の歴史に関する書籍の多くが、陸に暮らした山幸彦の子孫たちの歴史ばかりだったからです。屈服されながらも同じように日本の歴史をつくってきた海幸彦の子孫たちの歴史を書いてみたくなったからです。

海に暮らす人々のことを、研究者によっては「海民」「海人」と表記する場合もありますが、私は「一人ひとり」ではなく、海に暮らす家族・親族・氏族・民族という仲間やグループとして捉えることを目指したので、「海族」と表記しました。

ではなぜ、日本の歴史をつくったのが「海族《うみぞく》」ではなく「海賊《かいぞく》」なのか。それは読み進んでいただければ、自ずとご理解いただけると信じています。

海賊はアウトロー集団だったのか？

海賊行為の日本での初見は、『日本書紀』の雄略《ゆうりゃく》十三（469）年です。年代に関して再吟味の必要はあるとしても、編纂された養老《ようろう》四（720）年以前に、海賊行為があったのは確かです。さらに、奈良時代のことを記録した『続《しょく》日本紀《ぎ》』の天平《てんぴょう》二（730）年に「京および諸国に盗賊が多く出ている。人家を襲い、海中でも侵奪する」と出ています。そして『続日本後紀』の承和《じょうわ》五（838）年には、「山陽南海道の国司《こくし》に海賊を捕まえて取り調べるよう」と命じています。

ここに登場する「海賊」とは、国府から朝廷に送られる租庸調《そようちょう》の貢物や、都の市場に送られる商品を奪い獲る窃盗犯を指しているようです。

しかし、「海賊」という言葉は時代が下がると別の意味も持つようになります。

陸に土地の所有もしくは縄張り的な支配地が生まれるように、海にもそれぞれ縄張りが生まれてくるのです。「浦」と呼ばれる小さな入江には、そこで漁労や海藻取りをする人たちの独占権があり、他者が自由に獲ることはできませんでした。さらに、その浦に風待ちや潮待ちのために停泊する船は、その停泊の許可を浦の人たちに求めなければなりません。そのときに、「津料《つりょう》」（停泊料）を払う慣例がありました。

浦ごとに分かれていた人々が段々と団結して大きな集団となったとき、その前海ともいうべき広いエリアの海を自分たちの縄張りと考えて、通航する船から「関銭《せきぜに》」（通行料）を取る行為を始めます。もちろん、他の船からしてみると、「何の権利があって取るのだ」ということになり、争いが起こります。浦側が勝って「津料」「関銭」の代わりに積荷を奪えば、これが海賊行為になります。

これらの行為は、陸の支配者からみれば、陸の秩序（ルール）に従わないアウトローです。そこでこのアウトローたちを「悪党」とか「海賊」と呼んで弾圧したのです。

平安時代後期に朝廷権力が弱まり、陸上に武士が誕生し、お互いが争うようになると、この海のアウトローたちを自らの陣営に取り込もうとしました。その頂点が源平合戦で行なわれた瀬戸内海各地の戦いです。

南北朝時代には、長期に渡って全国各地で行なわれた戦いの中で、弾圧の対象とされてきた海賊が陸の武士団と結びつくことで、より活発に武力行動するようになってきました。それに伴い、「悪党」という否定的な言葉は使われなくなりますが、反対に「海賊」という言葉はより顕著に使われるようになります。

どうやら「海賊」は、従来の慣習で「賊」と表記するものの、その本質は「海の武士」という意味を持つようになったのです。

海賊はいつから水軍になったのか?

室町幕府三代将軍の義満《よしみつ》の時代に入ると、南北朝の騒乱が治まり、日明貿易を目的にした遣明船が派遣されるようになります。西日本の「海賊」は守護大名の監督のもと、その警固を担当するようになり、「警固衆《けいごしゅう》」と呼ばれます。呼び名が変わっても、この段階では守護大名との結びつきを強めながらも、まだ自主性の強い「海賊」でした。

戦国時代になっても、西日本では「警固衆」、東日本ではまだ「海賊衆」という呼び方が続きます。

しかし、現在出版されている書籍の多くは、戦国時代の警固衆や海賊に関して「水軍」という言葉を当てはめています。実は「水軍」は江戸時代以降に使われるようになった言葉です。「海賊」という言葉には掠奪集団というイメージがつきまとうため、大名の家臣となった子孫たちは、海に関わる自らの役職名を「船手」としました。また、祖先のことを「水軍」と呼んだのです。それに合わせて、研究者の多くも「水軍」という表記を使います。

水軍には、国家権力もしくは国司《こくし》や大名などの地方権力が組織する軍隊という意味があり、江戸時代の海賊は完全に幕府や大名の家臣となったので、まさに水軍と呼ぶにふさわしい存在だったのでしょう。

本書では海賊という言葉が出てくる以前の中国・朝鮮・日本の海上軍事力にも、朝廷や国司が組織したものに、便宜上「水軍」という表記を使ったことをおことわりしておきます。

織田信長・豊臣秀吉・徳川家康が天下統一を進めていく中で、海の縄張りを主張する海賊は陸上同様に統一すべきものでした。そのきっかけが秀吉の「海賊禁止令」であり、完成が関ヶ原の戦いです。

本著は、「海の歴史」を書くにあたって、海幸彦の時代から始め、「海賊」という言葉が使われなくなった江戸時代初頭の関ヶ原の戦いまでを「海賊がつくった時代」としました。

本著では、通史として読んでいただくために、文献はすべて意訳の口語体で書きました。繰り返し部分が多いのも、いちいち前章の記述を読み返えさなくてもいいように配慮したものです。

陸の歴史もかなり出てきます。海の歴史なので必要ないかとも思いましたが、学校で学ぶ日本史は、ほとんど海の歴史や周辺諸国との関係が出てきません。そのためいきなり本論から入っても、その時代の状況が分からなくて困るのではないかと心配して、蛇足ながら書き入れておきました。

それほど、海の歴史は馴染みが薄いのです。

この機会に、日本の歴史が海と深い関係を持ち、その歴史をつくってきたのが「海賊」だったことに、気がついていただければ、書いた甲斐があります。

神名や人物に関しては、なるべく普及している表記や振り仮名を使いましたが、不明な点も多く、十分なことにならなかったことをお詫びいたします。

海賊がつくった日本史　目次

第三章

戦国時代前夜

第四章

戦国時代　海賊から水軍に、そして大名へ

装幀　中井正裕
本文デザイン&DTP　若松隆
図版　村松明夫
カバー写真提供　PPA／アフロ

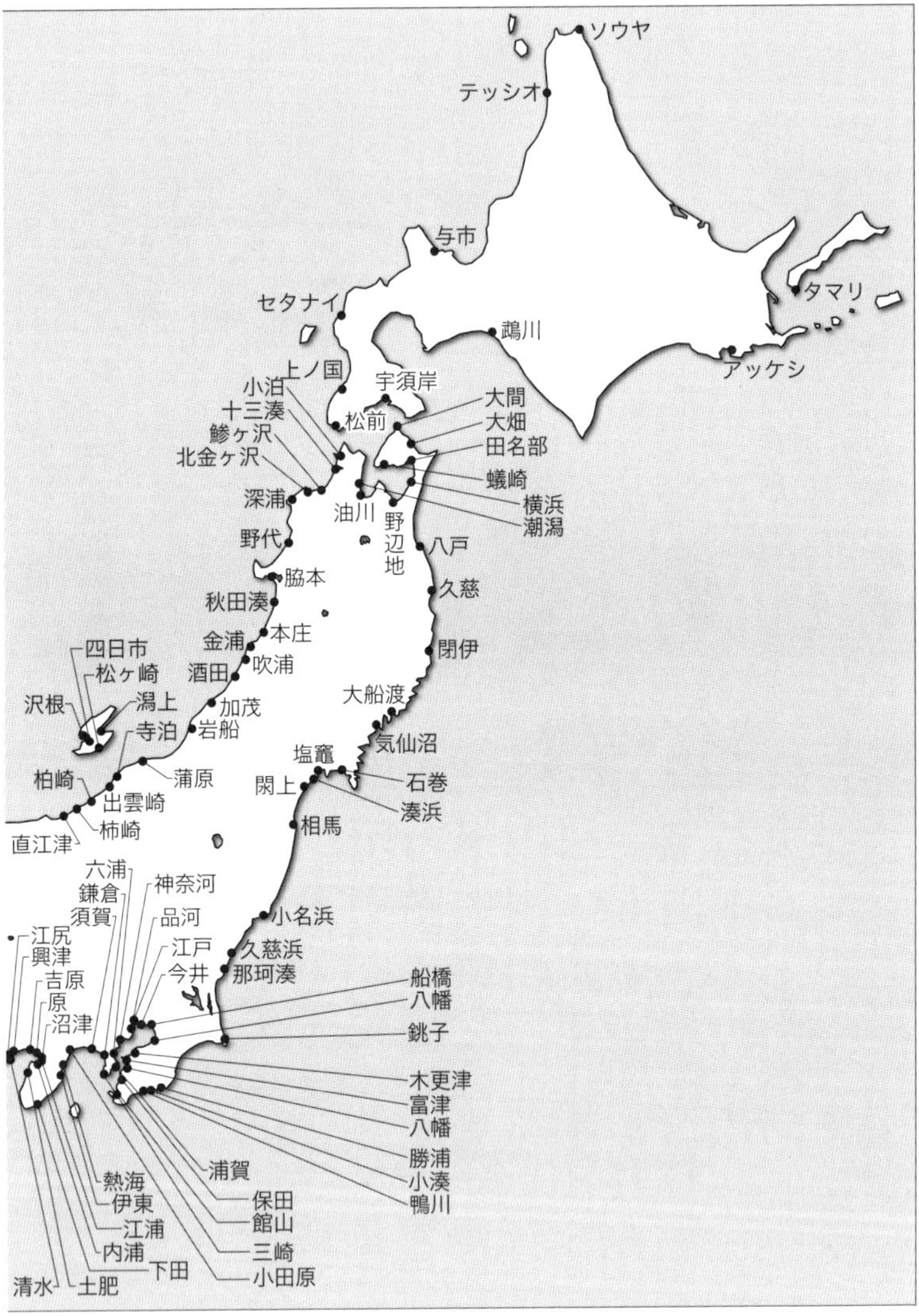
ソウヤ
テッシオ
与市
タマリ
セタナイ
鵡川
アッケシ
上ノ国
小泊
宇須岸
十三湊
松前
大間
鰺ヶ沢
大畑
北金ヶ沢
田名部
蟻崎
横浜
深浦
潮潟
油川
野辺地
野代
八戸
脇本
秋田湊
久慈
本庄
金浦
閉伊
四日市
吹浦
松ヶ崎
酒田
沢根
潟上
加茂
大船渡
寺泊
岩船
気仙沼
塩竈
蒲原
柏崎
閖上
石巻
出雲崎
湊浜
柿崎
相馬
直江津
六浦
神奈河
鎌倉
須賀
品河
小名浜
江尻
江戸
久慈浜
興津
今井
那珂湊
吉原
船橋
原
八幡
沼津
銚子
木更津
富津
八幡
勝浦
浦賀
小湊
熱海
鴨川
伊東
保田
館山
江浦
三崎
内浦
下田
小田原
清水
土肥

戦国時代の港町

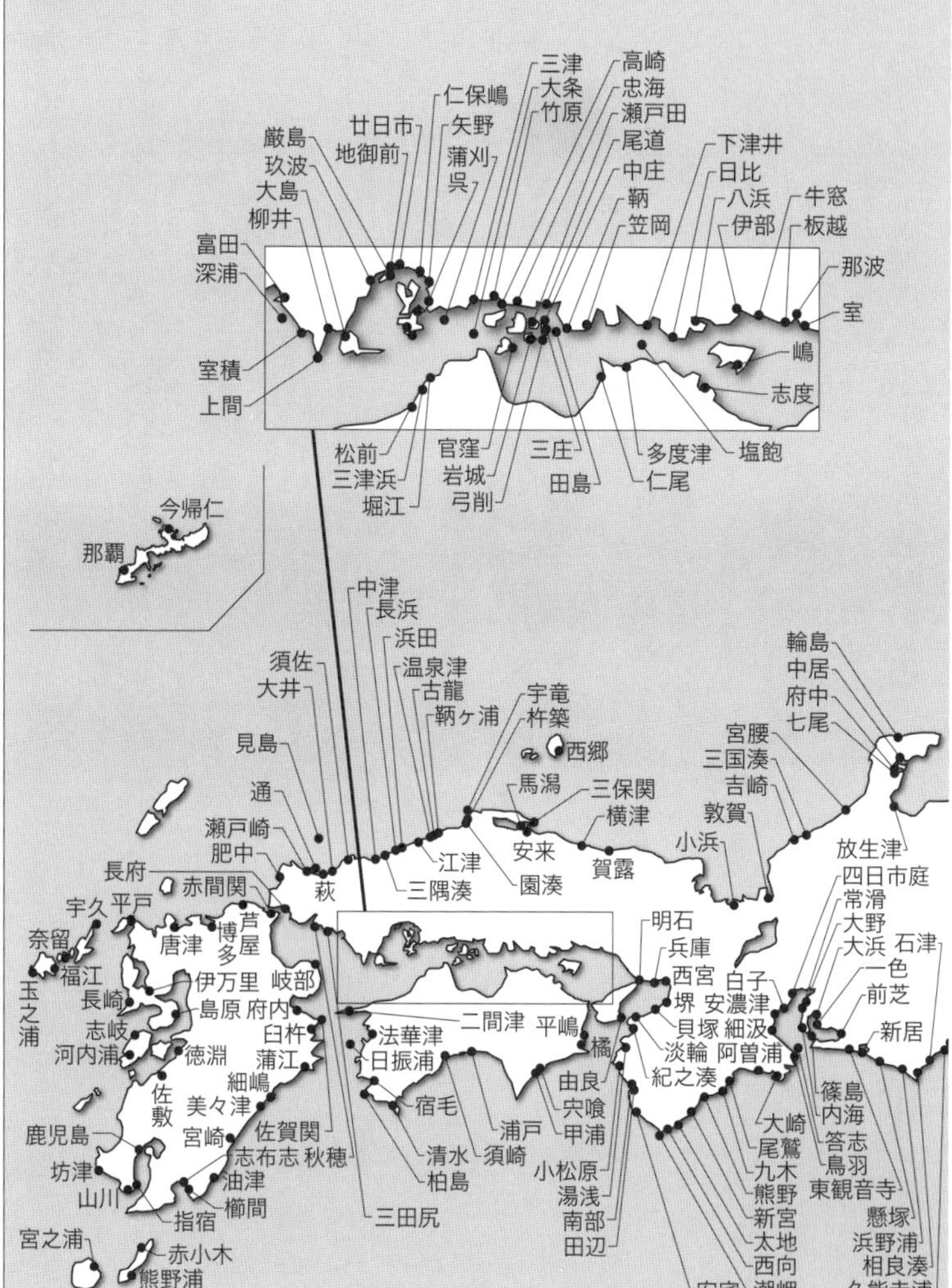
三津
大条
竹原
高崎
忠海
瀬戸田
尾道
中庄
鞆
笠岡
仁保嶋
矢野
蒲刈
呉
廿日市
地御前
厳島
玖波
大島
柳井
富田
深浦
下津井
日比
八浜
伊部
牛窓
板越
那波
室
嶋
志度
室積
上間
松前
三津浜
堀江
官窪
岩城
弓削
三庄
田島
多度津
仁尾
塩飽
今帰仁
那覇
中津
長浜
浜田
温泉津
古龍
鞆ヶ浦
須佐
大井
見島
通
瀬戸崎
肥中
長府
赤間関
宇久
平戸
奈留
福江
玉之浦
長崎
志岐
河内浦
唐津
博多
芦屋
伊万里
岐部
島原
府内
臼杵
蒲江
徳淵
細嶋
佐敷
美々津
宮崎
鹿児島
坊津
山川
指宿
櫛間
油津
志布志
秋穂
佐賀関
宮之浦
赤小木
熊野浦
萩
江津
三隅湊
宇竜
杵築
西郷
馬潟
三保関
横津
安来
園湊
賀露
輪島
中居
府中
七尾
宮腰
三国湊
吉崎
敦賀
小浜
放生津
四日市庭
常滑
大野
大浜
石津
一色
前芝
新居
明石
兵庫
西宮
堺
白子
安濃津
貝塚
細汲
淡輪
阿曽浦
紀之湊
二間津
平嶋
橘
法華津
日振浦
宿毛
清水
柏島
須崎
浦戸
三田尻
由良
宍喰
甲浦
小松原
湯浅
南部
田辺
安宅
潮岬
西向
太地
新宮
熊野
九木
尾鷲
大崎
篠島
内海
答志
鳥羽
東観音寺
懸塚
浜野浦
相良湊
久能寺浦

海賊がつくった日本史　年表

西暦	
B.C. 210	徐福が中国を出航
A.D. 239	卑弥呼が金印を授かる
562	任那消滅
607	遣隋使の派遣開始
663	白村江の戦い
668	新羅の使節団来日
701	大宝律令
710	平城京に遷都
727	渤海の使節団来日
794	平安京に遷都

項	
第一項	海の神の系譜
第二項	神武天皇と徐福
第三項	日本水軍の祖は女帝
第五項	文献で見る大陸交流史
第四項	海賊のはじめ

海賊が信仰した海の神の正体
大綿津見神
大山津見神
宗像三女神
徐福伝説〜渡来人の足跡
神武天皇の東征
船団で新羅を攻めた神功皇后
日本水軍誕生　斉明女帝と中大兄皇子
倭が朝鮮半島へ出兵
任那争奪
遣隋使・遣唐使
新羅との交流
渤海との交流
文献に「海賊」という文字

		第六項	海の神の子孫	文献に多数の海賊が登場
				越智海賊
				河野海賊
		余録1	古代の船	
		第七項	藤原純友は海賊なのか	名門貴族の御曹司
939	藤原の純友の乱			純友の蜂起
				純友は海賊なのか
1167	平清盛が太政大臣になる	第八項	海の武士団登場	平氏の台頭
				平氏の栄華を支えた日宋交易
1180	源頼朝の挙兵			頼朝の挙兵と平家の没落
				三浦海賊
		第九項	源平合戦	陸の源氏VS海の平氏
				河野氏はなぜ平氏に反旗を翻したのか
				鎌倉からの兵糧船
				屋島合戦と渡辺党
		第十項	源平最終決戦	平氏の水軍
				熊野海賊
1185	壇ノ浦の戦い			海賊たちの壇ノ浦の決戦
1192	源頼朝が征夷大将軍になる	第十一項	守護地頭と海賊	義経追討
1221	承久の乱			鎌倉の和賀江島
1232	御成敗式目			承久の乱と熊野海賊と河野海賊
		第十二項	元寇と船戦	日元交渉
1274	第一次元寇			第一次元寇～文永の役
1281	第二次元寇			第二次元寇～弘安の役

西暦		項		
		余録2	寄船と関船	元寇の船戦
1334	建武の新政	第十三項	海賊対策と南北朝のはじまり	海防と海賊対策
				建武の新政
1338	足利尊氏が征夷大将軍になる	第十四項	南北動乱と瀬戸内海	南朝の英雄　新田義貞と北畠顕家が戦死
				北畠親房の海上作戦
				懐良親王を迎えた瀬戸内海
				九州政権樹立
1368	中国・明の建国	第十五項	村上一族の歴史	再び河野氏の危機
				海賊大将・村上義弘
				瀬戸内海の三国の境を支配する海賊〜忽那義範
1392	南北朝合体			
1392	李氏朝鮮の建国	第十六項	倭寇と日明貿易	倭寇の黒幕は南朝の懐良親王だった
				幕府の財政を支えた日明貿易
1404	日明交易の開始			
1420	朝鮮使節宋希璟来日	第十七項	宋希璟の海賊日記	当時の海賊事情がわかる貴重な資料
				日朝間の緊迫した外交模様
		第十八項	海賊大将列伝	海賊を肩書きとした理由とは?
				後期村上氏の創始「師清」の謎
				陸から海へ押し出された多賀谷海賊
				守護大名の傘下で「警固衆」と呼ばれた海賊たち
1467	応仁の乱が始まる	第十九項	海の応仁の乱	海賊たちにとって応仁の乱は無駄だった
				応仁の乱は日明貿易の利権争いだった!?
				応仁の乱が倭寇の息を吹き返すことに

西暦	
1555	厳島合戦
1576	第一次木津川口海戦
1578	第二次木津川口海戦
1585	秀吉の四国平定
1586	秀吉の九州平定
1588	海賊禁止令
1590	秀吉の東国平定
1592	朝鮮出兵が始まる
1600	関ヶ原の戦い

項		
第二十四項	九鬼嘉隆と石山合戦	・来島村上氏 ・因島村上氏 陶と毛利の厳島合戦 海賊大名九鬼嘉隆 石山合戦 第一次木津川口海戦 第二次木津川口海戦 織田軍の海賊衆調略
第二十五項	海の天下統一　海賊禁止令	秀吉の四国・九州平定 海賊禁止令 東国平定
第二十六項	海賊の終焉	朝鮮出兵 村上海賊と関ヶ原 九鬼海賊と関ヶ原 松浦党と関ヶ原
余録4	造船技術の進化と船の種類	

第一章

古代

海の神話と海賊の誕生

第一項　海の神の系譜

信仰する海の神を知れば、海賊集団の大きな系譜が分かる

海賊の話を進める前に、海賊（海族）が信仰し、一族の祖だと主張した「海の神」の話をしたいと思います。これによって、海賊集団の大きな系譜が分かるからです。

日本の神様は「八百万《やおよろず》の神々」という言葉があるように、あまりにも多く、その神徳《しんとく》も多種多用なので、ここでは海賊が信仰したことで有名な「住吉大社《すみよしたいしゃ》」「大山祇神社《おおやまづみじんじゃ》」「宗像大社《むなかたたいしゃ》」「宇佐《うさ》神宮《じんぐう》」についてお話しします。

そこで神様誕生物語ともいうべき、『古事記』と『日本書紀』を紐解きます。

まず、注目すべきは「国産《くにう》み」と呼ばれる箇所です。男神の伊邪那岐《いざなぎ》と女神の伊邪那美《いざなみ》が天《あめの》浮橋《うきはし》に立って「天沼矛《あめのぬぼこ》」で渾沌とした大地をかき混ぜて引き揚げたら、矛の先から滴《しずく》が落ちて「淤能碁呂島《おのごろじま》」という大地ができました。二神がこの淤能碁呂島に降りてきて神殿を建てて結婚しました。そこで、二神は次々に島を産んでいったのです。

『古事記』の順でいくと、「淡路島」「伊予の二名島と四国の伊予・讃岐・阿波・土佐」「隠岐島」

「九州の筑紫・豊国・肥国・熊曽」「壱岐島」「対馬」「佐渡島」「本州」。ここまでが最初にできた島だったので、日本のことを「大八島国《おおやしまのくに》」と呼びます。続いて「児島半島」「小豆島」「周防大島」「姫島」「五島列島」「男女群島」と六島が追加されます。『古事記』と『日本書記』では、初めの八島の表記が一部違いますが、ほぼ同じことを記述しています。

こうしてみると、瀬戸内海を中心にした西日本ばかりで、しかも日本海の孤島がかなりランクインしています。これらは『古事記』や『日本書紀』を編纂した人と何かしら関係が深かった土地だったと考えられます。

さて、暮らす大地ができましたので、二神は次に「神産み」で自然を司る神々を産みました。その中で注目すべき神々がいます。まず二神で産んだ山の神の「大山津見神《おおやまつみ》」。伊邪那美が亡くなった後に、伊邪那岐が黄泉《よみ》に追いかけて行ったところ、変わり果てた姿に驚いて黄泉から逃げ帰ってきて、穢《けが》れを清めるために海で禊《みそぎ》を行なったときに生まれたのが、海の神の「大綿津見神《おおわたつみ》」。そして最後に生まれたのが、太陽の神「天照大御神《あまてらすおおみかみ》」、月の神「月読命《つくよみ》」。そして暴れん坊だったために父の元を追われて出雲にいった「須佐之男命《すさのお》」です。つまりこれら五神は兄弟姉妹で、それぞれが山の神、海の神、太陽の神、月の神、出雲の神となるのです。

海賊が信仰した海の神の正体

大綿津見神――住吉大社の祭神で、朝鮮系の海の神

大綿津見神の「ワタ」は朝鮮語で「海」を指す「パタ」、「ツ」は助詞、「ミ」は「霊」が語源ではないかと言われていますから、文字通り朝鮮系の海の神だったのでしょう。神には息子（一説には分身）がいて、「底津綿津見神《そこつわたつみのかみ》」「中津綿津見神《なかつわたつみのかみ》」「上津綿津見神《うわつわたつみのかみ》」といい、三神を合わせて「綿津見神」とも言います。

この「綿津見神」を祭神としているのが摂津国（大阪府）の住吉大社（大阪市住吉区）で、全国に二千三百社ある住吉神社の総本社です。創建は不明ですが、神功皇后《じんぐう》が新羅《しらぎ》征伐に行くとき神のお告げ《つ》を伝え、そのおかげで征伐が成功したという伝説を残しています。そのときの派遣軍の主将が阿曇磯良《あづみいそら》という大綿津見神を祖先とする「阿曇」系の海族で、瀬戸内海東部の摂津国・河内国・紀伊国に本拠を持ち、ヤマト政権直属の水軍を束ねていました。

大山津見神――瀬戸内海の海賊たちに篤い信仰を受ける

「大山津見神」を祀る「大山祇神社」は瀬戸内海の中央部に位置する伊予国（愛媛県）の大三島（今治市）に鎮座して、海賊だった越智・河野・村上氏の篤い信仰を受けたことで有名です。「大山津見神」は本来、山の神でしたが、なぜ海賊の神になったのか――。それは神武《じんむ》天皇の東征に深

い関係があるようです。神武天皇の祖父は神話「海幸彦山幸彦」の山幸彦といわれる火遠理命《ほおりのみこと》で、その母である木花佐久夜姫《このはなさくやひめ》は大山津見神の娘なのです。つまり神武天皇は天照大御神の子孫でもあるが、大山津見神の子孫でもあるのです。そのため、神武天皇が東征をするとき、大山津見神の子孫たちも、天皇に従って南九州から瀬戸内海を東進したといいます。

南九州で「大山津見神」の子孫の痕跡を現地調査された松岡進氏は『瀬戸内海水軍史』の中で次のように述べています。

「大山津見神の子孫というのは、中国から渡来した人たちの子孫で、『ノマ』という航海の神を祀る一族だった。そのため、最初に土着した鹿児島の大隅半島の西の先端にある山にノマ神を祀ったことから『野間岳』という地名がつき野間半島になった」

さらに『釈日本紀《しゃくにほんぎ》』では、「伊予風土記によれば仁徳《にんとく》天皇の時代に百済国《くだらのくに》よりきた神だ」といっています。どちらにしても、海を渡ってきた高度な航海術を持っていた氏族だったのでしょう。

神武天皇は南九州から瀬戸内海に入り、各地で戦いながら、在地氏族を従え、河内国（大阪府）の百済阿田というところに上陸して大和を目指しましたが、陸路を拒まれたため再度海路を通り、紀伊国の熊野から大和に入っていきました。

しかし、大山津見神の子孫たちは大和に定着することなく、再び瀬戸内海を西に戻り、瀬戸内海の中央部に張り出した伊予国の高縄《たかなわ》半島に定着します。ここにも「野間郡」（今治市）という旧郡名があったので、大山津見神の子孫は伝来の神「ノマ」を祀っていたのかもしれません。

そして、子孫たちは野間郡に隣接する越智郡（今治市）にも拡大していく中で、氏族の名前を「小千《おち》」と名乗るようになり、後《のち》に「越智」の表記を使うようになったのです。ここまでは、山の神の子孫らしく山にこだわっていたようです。しかし、越智氏が瀬戸内海に進出するのに合わせて、神徳も海に及ぶようになり、奈良時代の初め、芸予諸島の大三島に遷座《せんざ》したようです。

伊予国へ行かずに全国に散らばった神の子孫たちは、それぞれ定着した土地の山に大山津見神を祀りました。その代表格が神奈川県の中央部に位置する大山に鎮座する「大山祇神社」です。

こうして大山津見神は海の神と山の神の両方の神徳を持つようになったのです。

宗像三女神――玄界灘の宗像海賊に信仰された、朝鮮と深く関係する神

「宗像大社」（福岡県宗像市）は、朝鮮半島への海の玄関口である北九州の玄界灘を本拠としていた宗像海賊に信仰されました。宗像大社は、三女神を祀る三つの神社の総称です。女神の名前や神社の配置は『古事記』や『日本書紀』でも違うので、一応現在の社伝に従うと以下の通りです。

玄界灘の孤島・沖ノ島にある「沖津宮」に祀られている「田心姫神《たごりひめ》」。宗像市の沖に浮かぶ大島の「中津宮」に祀られているのが「湍津姫神《たぎつひめ》」。宗像市の釣川《つりかわ》沿いで、古代には朝鮮半島と行き交う船が駐留されていた港にあるのが「辺津宮《へつ》」で、祀られているのは「市杵島姫神《いちきしまひめ》」。

三女神は『古事記』や『日本書紀』では天照大御神とその弟須佐之男命の誓約で、天照大御神

の息から生まれたとされていますが、場所柄、朝鮮と深く関係する神と考えられます。特に紀元前後から度々朝鮮に倭国の使者が行っている記録から見ても、そのころにはすでに航海の安全を祈る神がいて、それが『古事記』編纂のころにこの三女神になったと思われます。宗像三神を祀る海族の代表は、その名の通り、宗像氏で、朝鮮との往来や北九州から瀬戸内海西部に勢力を持っていました。宗像三神は一神ずつ別々に祀られることも多く、その中で「市杵島姫神」は、世界遺産にもなった広島県の厳島《いつくしま》神社（廿日市市）の祭神となり、平氏の守護神となりました。

神功皇后　応神天皇──新羅征伐と関係のあった戦いの神

大分県国東《くにさき》半島に鎮座するのが宇佐神宮です。戦いの神としての神徳があり、全国にある八幡《はちまん》宮《ぐう》の総本山で、分社には京都の石清水《いわしみず》八幡宮や鎌倉の鶴岡《つるおか》八幡宮などがあります。祭神は応神《おうじん》天皇（誉田別尊《ほむたわけのみこと》）、宗像三女神、神功《じんぐう》皇后の三柱です。

神功皇后は応神天皇の母とされており、神功皇后が朝鮮を攻めた新羅《しらぎ》征伐のとき、その腹の中にあった子どもが応神天皇といわれています。しかも、宇佐神宮は現在の国東半島に遷座《せんざ》される前は北九州にあったとされる説もあり、やはり新羅征伐となんらかの関係があったようです。

八幡神《やはたのかみ》が海と深く関わるのは、室町時代に朝鮮半島や中国沿岸に出没した「倭寇《わこう》」と呼ばれた海賊船の旗印です。そのため、「八幡＝海賊」というイメージが東アジア諸国に広まりました。ただし、実際の倭寇の多くは朝鮮や中国の海賊でしたから、八幡神にとっては迷惑な話です。

第二項　神武天皇と徐福

日本は島国ですが、決して独立単体のものではなく、日本人も日本文化も海の外から来たものが多いことは知られています。特に「帰化人」、最近の歴史研究者の間では「渡来人《とらいじん》」と呼ばれることが多く、海を渡ってきた人々の存在が注目されています。

その時期は、日本が縄文時代から弥生時代に移行するころから、大陸との交流が朝廷の管理下に置かれる奈良時代ぐらいまでと考えられています。もちろん、数は減少するものの、その後も日本に渡ってきた人は多くいました。人数も数万から数十万という実にアバウトな数字ではありますが、とにかく数えきれないくらい多くの人が来たということです。

徐福伝説 〜渡来人の足跡

渡来人の一人に中国から来た「徐福《じょふく》」という人物がいます。この人物については、日本に来てからの足取りが全国各地にあり、これが定説というものはありません。しかし、出発地の中国に残る文献には、ある程度信頼できる記述があります。

それは中国の漢の時代に司馬遷《しばせん》が書いた『史記』という歴史書の中に登場します。中国全土を

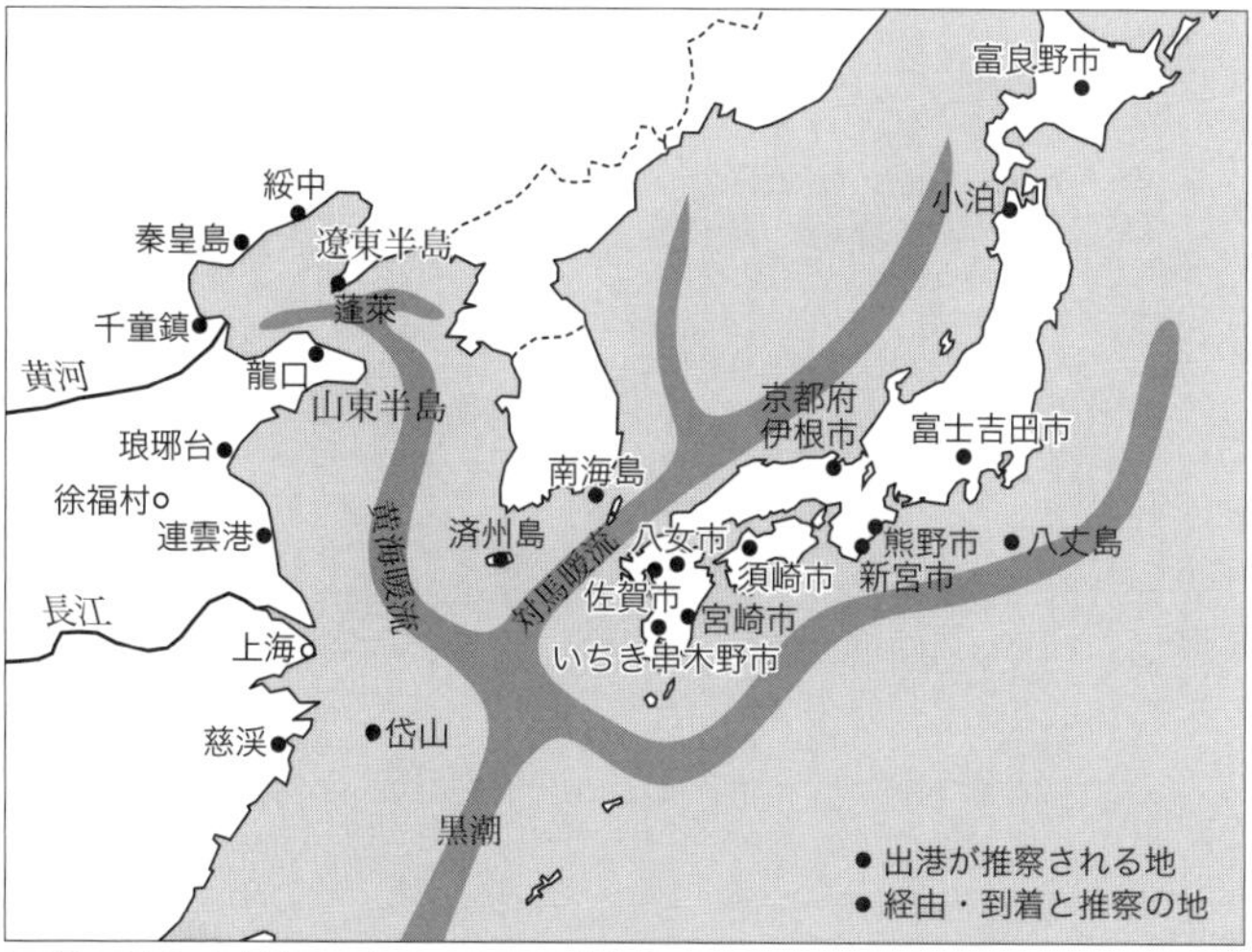

黒潮の流れと徐福ゆかりの場所『徐福』池上正治（原書房）より

初めて統一した秦の始皇帝の時代の西暦紀元前219年。斉《さい》の役人であった徐福（本名は「徐芾」）が始皇帝に上奏しました。

「東の海の彼方、三つの蓬莱《ほうらい》、方丈《ほうじょう》、瀛州《えいしゅう》という神山があって、そこには不老不死の薬があります。それを陛下に献上したいので、力を貸してください」

この話を信じた始皇帝は、徐福に巨額の資金を与えました。

徐福は探索の旅に出ましたが、何の成果もなく帰国しました。始皇帝に追及された徐福は、紀元前210年に再度の探索を願い出て、今度は三千人の若い男女、いろいろな技術を持った工人、五種類の穀物の種を始皇帝から預かって、再び出航したのです。しかし、徐福は戻ってきませんでした。その間に始皇帝も亡くなり、徐福もどこかの王となって中国には戻らなかったという話です。

どうやら徐福は、不老不死の薬よりも移住を考えて渡航したようです。三千人の兵ではなく、若い男女というのが怪しい。若い男女はこれから結婚して子どもを産んで、集団の人口を増やすことができます。しかも、いろいろな技術を持った工人や穀物の種というのも、移住先で新しい暮らしをするために、ぜひ必要なものだったのでしょう。中国より後進地なら、これらの技術や種を持った集団は大歓迎されたことが推測されます。

さて、問題は渡海コースです。まず中国国内の出航地ですが、実は『史記』にもその記述はありませんが、現在数カ所の候補地が挙がっています。その中での有力候補地は徐福が始皇帝に最初に上奏した琅邪《ろうや》（山東省）か、徐福が役人をしていた斉の国（山東省北部）から揚子江の河口あたりまでのどこかだろうと言われています。

それでは、東の海の中とはどこを指しているのでしょうか。単純に考えれば、中国の東に位置する島国は日本だけです。しかも、後々始皇帝に嘘がばれたときに、追手が来ない土地となれば、沖縄諸島や朝鮮半島ではなく、やはり日本しかないと考えられます。

ちなみに、中国の書籍に日本を表す「倭」という文字が初めて登場するのは、秦の次の王朝である後漢の時代（西暦25年～220年）に書かれた『漢書』です。その記述によると「周（紀元前1046年～256年）の時代に、倭人が来て暢草を献上した」とあります。「暢草」が何を表すのか分かりませんが、のびる草というのですからワカメなどの海藻でしょうか。しかし、漢書の著者は「倭」を中国国内だと認識していたようで、東の海にある島とは思っていなかったようです。

日本近海には中国方向から黒潮が流れ込んでいるため、紀元前後の航海術や船では一気に来ることは難しかったでしょう。ただ、徐福は一回目に下見をしている可能性もあり、かなり確実に往来ができる近海航路、もしくは島伝いの航路をたどったと考えられます。

このような推測はできるものの、そのコースは現在のところは解明できません。そこで全国にある徐福の渡来伝説のあるところをご紹介しておきます。

33ページの図の中で、私が一番気になるのが、徐福宮と徐福の墓がある和歌山県新宮市と三重県熊野市です。

『列仙酒牌』徐福

新宮市は熊野本宮・那智《なち》大社・速玉《はやたま》大社がある熊野信仰の聖地です。また和歌山県と三重県の県境になっている熊野川（新宮川）の河口から一キロの地点には「蓬莱山」という標高五十メートルの小山もあります。

三重県側には、熊野市波田須《はだす》にやはり徐福宮と墓があります。墓の真偽はともかくも、この熊野川周辺に徐福に関する言い伝えや民族芸能があります。しかも、昭和三十年代には和歌山県の徐福宮周辺で、秦の時代に鋳造された中国の古銭が発見されました。これを徐福が持ってきたという確証はありませんが、中国と熊野の繋がりを感じます。

神武天皇の東征 ～徐福と神武天皇はなぜ、船で熊野へ向かったのか？

もう一人、熊野川の河口に上陸してきた伝説の人物がいます。天皇の皇統の初代で、神話の中だけで実際には存在しなかったといわれている神武《じんむ》天皇です。しかし、神武天皇にまつわる神話には、実在の地名も多く登場し、そこにはヤマト朝廷成立のなんらかのヒントがあるのではないかといわれています。

『古事記』と『日本書紀』では少し異なりますが、大まかに話をまとめると、日向《ひうが》の高千穂《たかちほ》に暮らしていた神武天皇が、よりよい土地を求めて、一族と共に東に向かって日向の美々津《みみつ》の浜から船に乗って出航しました。まず豊後《ぶんご》水道を抜けて最初に着いたのが、豊国《とよのくに》の宇佐（大分県宇佐市）、次が筑紫《ちくし》の岡田（福岡県北九州市）に一年、そして瀬戸内海を東進して安芸の埃宮《えのみや》または多祁理《たぎり》宮（広島県府中町）に七年、そこから吉備《きび》の高島（岡山市）へ移り、ここで八年滞在して、次の航

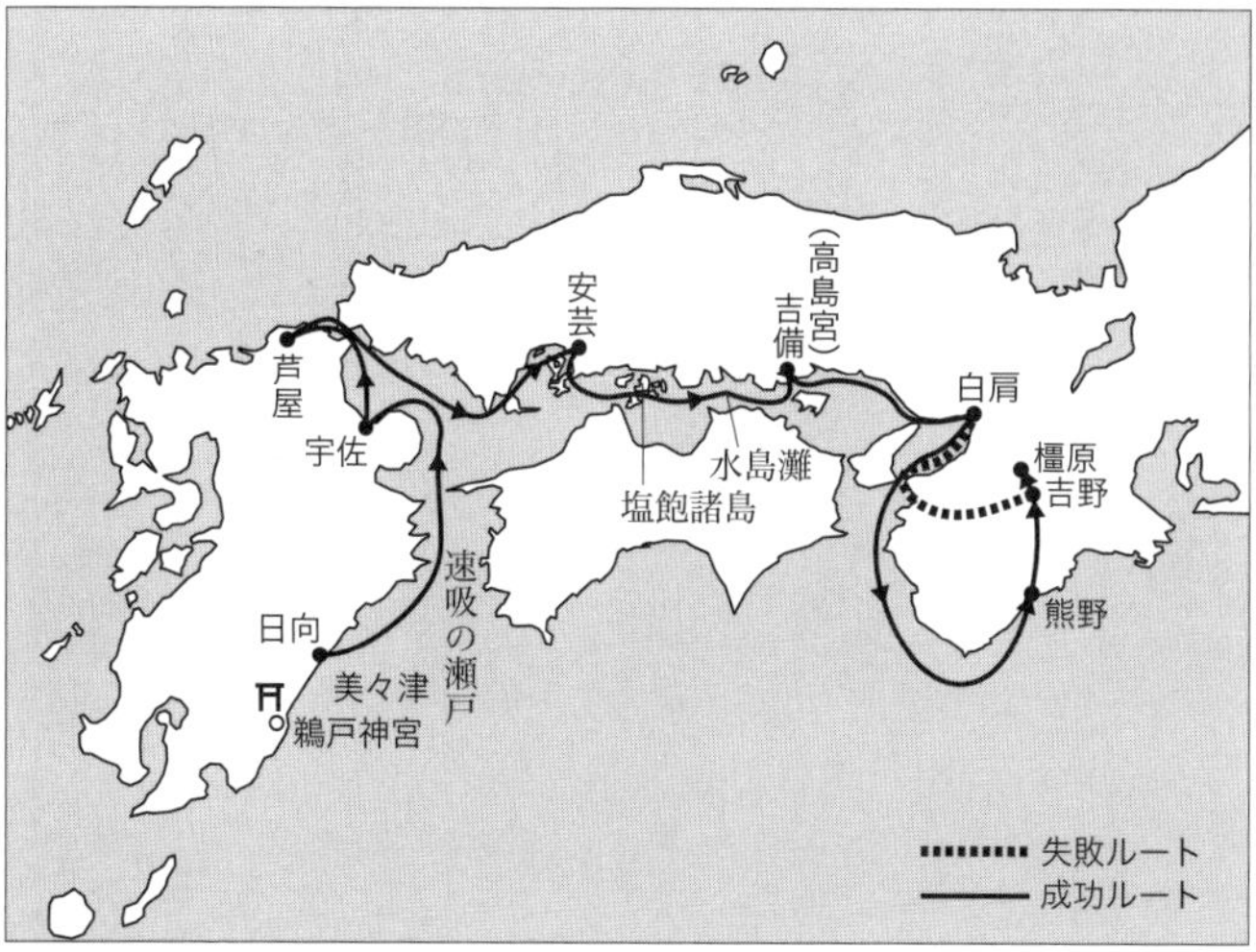

神武東征ルート

海のための準備をしました。その後、高島から浪速の難波（大阪市）の岬を通過して淀川を遡《さかのぼ》って河内から陸路を大和に入ろうとしましたが、道が険しかったので引き返し、今度は海路で紀伊水道を進んで熊野に廻り、そこから陸路を取ることに。そのときに先導してくれたのが八《や》咫烏《たがらす》で、おかげで無事に大和に入ることができたといいます。

『記紀』で滞在年数は違いますが、かなり時間をかけて東進したようです。これは沿岸の部族を少しずつ懐柔しながら協力者にして食料を調達する必要があったからだといわれています。ときには戦ったのかもしれません。

さて、やっと熊野で、徐福と神武天皇が結びつきます。共に東を目指して航海してきた集団で、途中に何カ所か寄港したにもかかわらず、最後は同じ紀伊半島の熊野川河口付近に上陸したという伝承は気になります。神武天皇の上陸は紀元前660年とされていますが、これはまったく根拠のない年なので無視をするとしても、紀元前後に熊野から大和を目指した集団があった可能性は高いと思います。

しかも、徐福と神武天皇が同じ集団だったとしたら、まず九州に上陸して、足固めをしてから、年月をかけて瀬戸内海を進み、先住民たちと交流をしながら、新たな農業や技術を伝播することで、味方にしていったとも考えられます。神武天皇の東征も小競り合いはあったようですが、大決戦はしていないようです。人数は少なくても圧倒的な技術力の差があれば、東征は成功し、大和に政権を樹立できたのではないでしょうか。

さらに、徐福一行は富士山山麓や関東・東北地方などにもその伝承があることから、全国に散らばっていった可能性もあります。

第三項　日本水軍の祖は女帝

海を隔《へだ》てた朝鮮半島との往来は、中国の後漢の時代に書かれた『漢書』の「地理志」によれば、「前漢（紀元前202年〜8年）のときに楽浪《らくろう》の海の先に、倭人《わじん》が百余りの小国をつくり、一部の国が楽浪郡〈朝鮮〉に使いを送っていた」とあります。この時代、楽浪郡は漢の支配地だったため、これは中国の漢の出先機関だった朝鮮まで来たという記述です。

さらに『後漢書』「東夷伝」によれば、「西暦57年に倭の奴国《なこく》の王が後漢に使いを送り、皇帝から金印を授けられた」というのです。これが福岡県の志賀島（福岡市東区）で発見された金印だというのが定説になっています。

同じ『後漢書』の中で、「西暦107年に倭国の王が奴隷を百六十人献上した」という記述もあります。

こうしてみると、日本が弥生時代と呼ばれていた紀元前後には、すでに朝鮮半島まで自由に行き来できる航海技術を持っていたこと、さらにかなりの人数が乗船できる船も持っていたことが分かります。

読者がよくご存じの『魏志《ぎし》』「倭人伝」の中で、西暦239年に卑弥呼が魏の明帝から金印を授かったとの記載も出てきます。

⚓船団で新羅を攻めた神功皇后は卑弥呼なのか？

神話の話だと言われていた神功《じんぐう》皇后の新羅《しらぎ》征伐も、まんざら夢物語とも思えません。瀬戸内海には皇后が滞在したという足跡がかなりの数、残っているからです。

一応『記紀』の中の神功皇后を紹介しておきましょう。

倭建尊《やまとたけるのみこと》（日本武尊）の子である十四代仲哀《ちゅうあい》天皇の后で、応神天皇の母となる人です。仲哀天皇が九州の熊襲《くまそ》を征伐するために自ら九州へ出陣しましたが、滞在先の北九州で崩御したため、紀元２０１年にその後を継ぎました。そして、財宝があるという朝鮮の新羅を攻め獲る計画を立てたのです。この財宝というのは、どうやら鉄とその加工技術のようです。船と兵を集め、自ら陣頭指揮をするために、船団の先頭に立ったのです。戦いは勝利に終わり、皇后は戦利品を積んだ船を従えて、都に帰ってきました。

『記紀』の年代表記でいえば、ちょうど『魏志』に登場する卑弥呼とほぼ同じような年代に当たります。そのため、神功皇后は卑弥呼だという説もありますが、現状の歴史学では想像の皇后ということになっています。ただ、実際には新羅との戦いに負けた百済《くだら》を助けるために、６６１年に筑紫の朝倉《あさくら》に出陣した女帝の斉明《さいめい》天皇の例もあるので、何らかのモデルがいたのではないかと

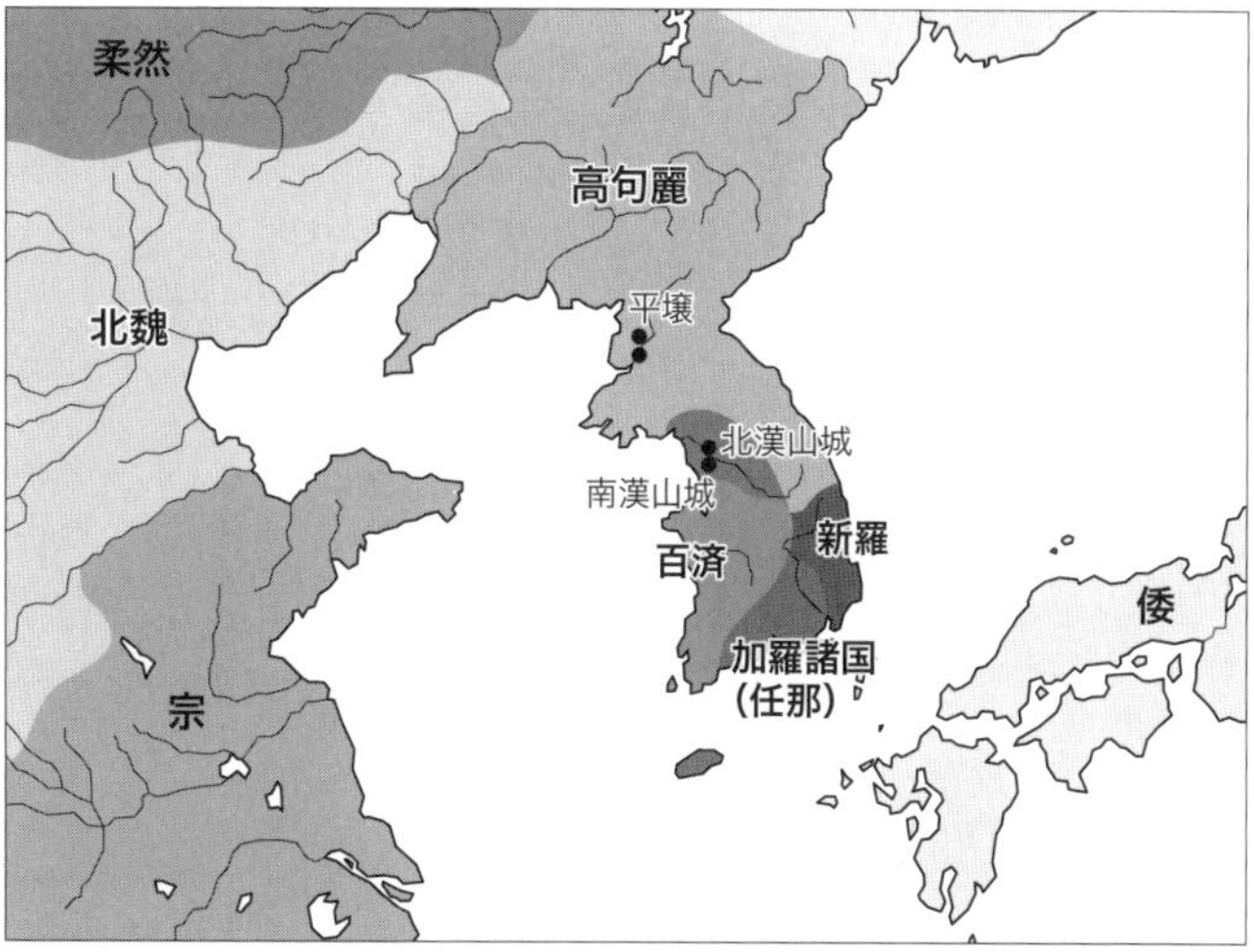

六世紀の東アジア

言われています。

さて、神功皇后や斉明天皇などが、わざわざ北九州まで出陣して指揮を執らなければならない新羅との戦いとはなんでしょうか。

中国の漢王朝の朝鮮半島支配が弱くなると、半島には北部に高句麗《こうくり》、南東部に新羅、南西部に百済という国が生まれました。日本はその中の百済と３６６年に国交を結び、百済から日本への貢ぎ物と、半島の先端部に日本の植民地「任那《みまな》」を確保したのです。しかし、３９１年には日本と百済連合軍が高句麗と戦って破れ、３９６年には高句麗が水軍で百済を攻め、４０４年には日本が反撃しましたが惨敗に終わりました。この間に、神功皇后のような指導的立場の女性がいた可能性はあります。

その後、高句麗と百済が争っている間に、新羅が力をつけて、百済を侵《おか》すほどになりました。そのため百済は一層日本へ接近を深め、538年（または552年）に百済の聖明王から日本に仏像や経典が贈られ、これが日本への仏教伝来となりました。これを受けて、554〜556年には日本から兵千人と馬百頭、船四十隻の援軍を送りましたが、聖明王が戦死してしまいました。さらに六年後の562年に日本は聖明王の王子恵を擁立して百済に入りましたが失敗に終わり、日本の朝鮮への足掛かりだった任那は滅亡したのです。

その後も日本は朝鮮半島の権益を守るため何度も新羅征伐の出兵をしますが、成功することなく、百済も660年に滅亡してしまいます。

新羅はさらに中国の唐と連合して668年に高句麗も倒して、朝鮮を統一したのです。

日本水軍の誕生 〜斉明女帝と中大兄皇子

滅亡した百済の遺臣たちは再起をかけて戦うために、日本に援軍と王の後継者として日本に人質に出していた豊璋《ほうしょう》王子の返還を求めました。この要請を受けた斉明天皇と中大兄《なかのおおえの》皇子は、662年に兵五千人と船百七十隻を百済に派遣しました。そして、女帝と皇子も自ら瀬戸内海を西に向かい、筑紫《ちくし》の朝倉の宮に大本営を置いたのです。

しかし、老齢だった斉明天皇は朝倉の宮で崩御しました。天皇を継いだ中大兄皇子は即位の礼

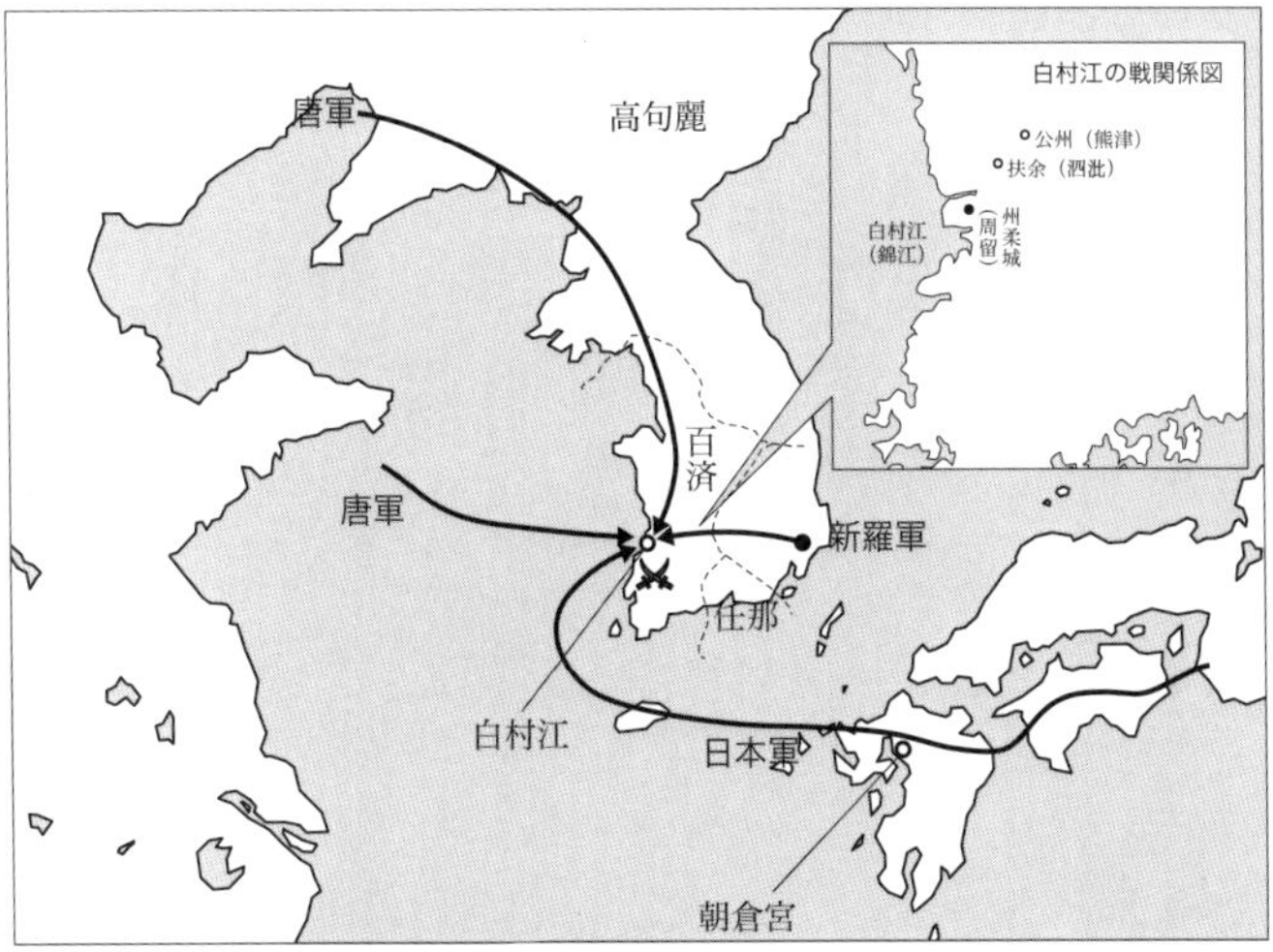

朝鮮三国と日唐関係図「白村江の戦い」

をするゆとりもなく、そのまま百済への出兵の準備をすることになりました。そしていよいよ百済・日本の連合軍と、新羅・唐の連合軍が白村江《はくそんこう》（錦江河口付近）で陸海同時の大合戦の火蓋が切ったのです。日本からの派遣人数は陸軍が二万七千、水軍が一万余、船は四百艘とも千艘ともいわれており、日本の総力を挙げた戦いとなりました。

それにしても数万の将兵や千艘の船などの昔話の数字は大袈裟で、なかなか信じ難いですが、とにかく朝鮮半島まで船団を組んで戦いに出向いたという文献は、この時代にはすでに日本にも国家が統率する水軍（海軍）が創設されていたということの証でもあります。

しかし結果は、完全に百済・日本連合軍の負け戦だったのです。

それまで朝鮮半島で劣勢になっていたとはいえ、大化の改新で新しい支配体制を確立した中大兄皇子（天智天皇）は、日本の国力に自信があったようです。しかも、以前には日本の植民地である任那もあった所だったので、日本に制海権があると認識していました。それが実際に戦ってみると、百済の内紛もあり、完敗でした。

そうなると、今度は朝鮮半島との距離の近さが恐怖となってきます。大宰府《だざいふ》の周辺に防御の城を築き、対馬・壱岐、筑紫に烽火《ほうか》台を設置して防人《さきもり》を配備しました。さらに、瀬戸内海沿岸にも新たに城を築きました。その城が百済の様式だというのですから、築城に百済の人たちが協力していたことは間違いないでしょう。

白村江の敗北と百済王朝の完全な滅亡によって、百済王家の人々だけでなく、大勢の百済の人たちも日本に亡命してきました。現代の亡命と違って、一族揃ってですから、少ないグループでも数百人、その合計は数万人ともいわれています。それにしても、それだけの人を運ぶ船があったというのが驚きです。

神功皇后の新羅征伐が神話の話だとしても、四世紀には朝鮮半島とはかなり活発に行き来していたことは事実です。それに伴って、ヤマト朝廷は全国の海族を国家の水軍として編成しました。これを日本水軍（海軍）のはじめと言ってもいいでしょう。

第四項 海賊のはじめ

文献に「海賊」の文字が出てきたのはいつか？

『日本書記』の雄略《ゆうりゃく》天皇の時代（469年）に、「播磨《はりま》国の御井隈《みいくま》の人文石小麻呂《あやしのおまろ》は力持ちで暴力を振るい、道をふさいで人を通れなくしたり、商客の船を止めて積荷を奪い、租税も納めなかったので、天皇は春日小野大樹《かすがのおののおおき》を差し向けて討たせた」という記述が出てきます。文石小麻呂が舟に乗って積荷を奪ったのか、津（港）に停泊していたのに乗り込んで奪ったのかは不明ですが、どちらにしてもその行為は「海賊」と言ってもいいでしょう。

雄略天皇の時代には、宋（中国）に遣使を送って倭の国王と認めてもらい、朝鮮半島の南部に日本の植民地「任那《みなま》」を持って、隣国の高句麗《こうくり》と戦うなど、日本海を越えた活動をしていました。つまり、この時代にはすでに公の官船や軍船はもちろん、商船すら日本海を航行する能力があったということです。

目を国内に転じて瀬戸内海を見てみると、近畿から九州や瀬戸内海沿岸を行き来する船の往来がかなりあったと思われます。眼前の海をお宝が通るとしたら、できることなら横取りしたくなるのは人間の性《さが》です。そこに法秩序があり取り締まりが厳しかったら、手を出し難いでしょう。しかし、乱暴者の播磨国の文石小麻呂は我慢できずに略奪行為をしてしまったのです。

しかし、まだ飛鳥時代には舟を乗り回して、集団で掠奪行為をする大掛かりな海賊は少なかったのか、歴史書にはほとんど登場しません。

それが平安時代初期に書かれた『続日本紀《しょくにほんぎ》』では、「海賊」という文字は出てきませんが、海上で掠奪行為をする者たちが登場してきます。奈良時代の聖武《しょうむ》天皇の天平《てんぴょう》二（730）年のこと、「京および諸国で人家に入って掠《かす》めとって逃げたり、海中を侵して奪う盗賊を捕まえるように」という詔《みことのり》が出ます。「海中を侵して奪う」という記述から、明らかに海賊のことと思われます。

『続日本後紀』の承和五（838）年には、いよいよ「海賊」という文字が出てきます。「山陽南海道などの国司《こくし》に海賊を捕まえて取り調べろ」と命じています。しかし、効果は上がらなかったようです。

『三代実録』には貞観《じょうかん》四（862）年に、「近ごろ、海賊が往々にして群れをなして、旅の諸人を殺害し、公私物を掠め奪う」として海賊が頻繁に出て、官物私物の分け隔《へだ》てなく奪い、さらに人殺しもすると記述されています。その具体例として「備前国で官に納める官米八十石が海賊によって奪われて、百姓（水手《かこ》）が十一人殺された」というのです。これに対して朝廷は、備前・備中・備後・播磨・安芸・周防・長門・紀伊・淡路・讃岐・伊予・土佐の国司に海賊の追捕を命じました。瀬戸内海全域の国々に追捕令が出たということは、海賊は備前国だけでなく、瀬戸内海全域に出たか出る可能性があるということです。また、「海賊が往々にして群れをなし」というのは、海賊の集団化が進んでいるということです。

さらに四年後の貞観八（８６６）年、朝廷は山陽南海道諸国だけでなく、摂津や和泉にも範囲を広げて海賊追補の命令を出しています。しかも、「海賊の掠奪が続くのは国司が厳重に取り締まらないからだ。もし捜し捕えなければ国司を厳しく処罰する」とまで、言い出したのです。

それにもかかわらず、「翌年にも伊予国宮崎（愛媛県今治市波方町《なみかた》）に海賊が群れをなしているため、船の運行が止まってしまった」といいます。朝廷は「海賊の活動が治まらないのは、国司が自分の領海しか見ないからだ。天下の問題として精魂を込めて対処するように」と国司たち地方の役人の怠慢を責めています。

朝廷は進まない海賊対策にかなり苛立《いらだ》っているようです。なぜなら、海賊が狙う船の積み荷のほとんどが、都の朝廷に納められる庸調と貴族へ届けられる荘園からの貢ぎ物だったからです。

なぜ、平安時代の文献に海賊が多数登場するのか？

こうしてみると、『記紀』の時代にはほとんど出てこなかった海賊が、平安時代になると、多数登場します。その理由は次に挙げる三つの条件が揃ったからだと考えます。

一、そこに奪うだけの価値がある積荷があること。
二、積荷を運ぶ船を追い回したり囲んだりするだけの複数の海賊船がいること。
三、海賊を取り締まる公権力が弱っていること。
『記紀』の時代では、一については国内生産力が低く、国内の物資輸送のほとんどが陸上輸送で間に合っており、二についても官船の建造は盛んだったものの、内海を行く民間の船は丸木船レベルでした。そのため、海賊の船も戦闘能力が低く、襲っても反撃されてしまったはずです。

三に関しては、意外と思うかもしれません。ただし、『記紀』の時代、つまり近畿地方に成立したヤマト朝廷は、蝦夷《えみし》や熊襲《くまそ》など日本各地で度々反乱が起こったものの、前述したように朝鮮半島に何度も攻め入り、任那の植民地経営をするなど中央集権政治を行なっていました。つまり、朝廷の水軍力はかなり高く、民間との間には力の差が大きかったと考えられます。

以上の三要因から、平安時代以前は海賊行為自体はあったのかもしれませんが、公権力を悩まし、記録に残すほどの〝海賊行為〟はなかったのではないかと考えます。

それが平安時代に入ると、急に海賊被害が多くなります。その原因の一つが先の一の条件です。

そこで、まず奈良時代の国内輸送について考えてみましょう。大宝元・二（701・702）年に施行された「大宝律令《たいほうりつりょう》」によって、日本は中央政府（朝廷）が完全統治する律令制の国家となりました。その中で、国の経済基盤となる租税（租庸調）が定められました。「租」は田地に課せられた稲の税で、収穫米の一部を地方ごとの国府や郡庁に納めました。都の朝廷に納められたのが「庸」と「調」です。庸は、本来は青年男子に課せられた労働でしたが、大宝律令では代わりに物納として布や米などを納めてもよいことになりました。調は米以外のその土地の産物です。

祖の米は、都に近い近畿地方では都の朝廷に納められることもありましたが、それ以外の遠隔地では国ごとに管理されました。庸と調は一旦国府の検査を受けたのちに、都に運ばれて朝廷に納められました。ちなみに、これを都まで運ぶ労働力も「租庸調」以外に定められた雑役でした。

律令制の初期には、庸と調の運送はほとんどが陸路だったため、農閑期には全国から都を目指した荷駄隊が列をなしていました。そうしたこともあり、朝廷は軍事道路も兼ねて、都から放射状に伸びる七道の道路網を整備しました。

ただ、ここで疑問が生じます。物資輸送という点では海上輸送のほうが労力も少なく、かつ大量に運べるはずですが、なぜ海上輸送をしなかったのか。

その答えは、もし庸・調が都に届かなかった場合、責任は国司にあったからです。陸路なら、ごく一部が盗難や事故で届かないこともあるかもしれませんが、ほとんどは無事届きました。しかし、海上輸送の場合は海難事故に遭遇すると、船ごと転覆してすべてを損失することになります。その損失は国司の責任になるため、損失の少ない陸路で送りたかったというわけです。

それが奈良時代の天平勝宝《てんぴょうしょうほう》八（756）年になると、「山陽南海諸国の舂米《しょうまい》は海路で輸送せよ」

という勅令が出ます。「舂米」とは脱穀した米のことですが、都の人口増加で周辺の祖の米だけでは足りなくなり、瀬戸内海沿岸の諸国から運ばせたということでしょうか。そうなるとやはり輸送効率のよい海上輸送が見直されてきます。また、この時代には瀬戸内海の海上輸送の安全性が高くなり、朝廷も海上輸送を奨励するようになったのも大きな要因かもしれません。

こうして海上輸送の量が増えてくると、それまで原則官船だった輸送船が足りなくなり、民間の船にも積むようになりました。それに伴って民間船も増えていき、国内航路の整備や指定が行なわれるようになりました。海賊からの警護という意味では、官船には国司から派遣された警備がついていたため、海賊も襲いにくかったのですが、民間船には警備も少なく襲いやすかったのでしょう。民間船の増加と共に、海賊の被害も多くなりました。

そこで朝廷は瀬戸内海沿岸の国司に海賊を追捕するように命じました。しかし、成果はなかなか上がりません。そこで平安時代初期の元慶《がんぎょう》五（881）年、朝廷はこれ以上国司任せにはできないと、海賊退治の官軍を派遣し、本格的な取り締まりを始めました。その甲斐あってか、これから五十年くらいは歴史書に登場する海賊の記事が少なくなっていきます。

しかし、平安時代中期になると、再び海賊の活動が活発になり、天慶《てんぎょう》二（936）年に海賊史にとってはエポックとなる「藤原純友《ふじわらのすみとも》の乱」が起きるのです。

第五項 文献で見る大陸交流史
日本海を行き交う船団

海賊というと瀬戸内海ばかりが話題になりますが、日本海沿岸にも多数の海賊が出没しました。そこで海賊のお話をする前に、古代の日本海にはどんな船が航行していたかを解説したいと思います。第三項の復唱になりますが、文献による大陸との交流を見てみましょう。

ヤマト朝廷は万単位の軍を朝鮮半島に出兵していた？

中国の史書『後漢書』によれば、「西暦57年に倭《わ》の使者が後漢の光武帝《こうぶてい》から〈漢委奴国王〉の印綬を賜る」というのが出てきます。ということは、弥生時代には日本列島のどこかから出航して、朝鮮半島を経て中国へ行ったのか、もしくは直接行ったのかは不明ですが、ちゃんと使節団を組んで、往復の安全もある程度確保して日本海が行き来できたということです。

その後、『三国志』（魏志倭人伝）には２３９年に「卑弥呼が魏の明帝から〈親魏倭王〉の称号と金印を授かった」という記述があります。

以後、王朝が変わるのに合わせて、「東晋」「宋」にも、それぞれ使者を送っています。

また朝鮮半島との交流に関しては、高句麗《こうくり》の好太王《こうたいおう》の業績を記録した『好太王碑文』に詳しく刻まれています。この碑文の内容は、他の史書などと照らし合わせてみて、年が少しずれているものもありますが、ほぼ史実だと確認されています。

「391年に倭が高句麗の属民だった新羅《しらぎ》と百済《くだら》を攻めて臣民としてしまった」、さらに「399年には百済が高句麗との約束を破って、倭と和通してしまった。そこで好太王は百済を討つため出兵したら、今度は新羅から倭が攻め込んできているので、助けて欲しいという知らせがきた。そこで翌400年に、好太王は五万人の大軍を派遣して、新羅を救援し、続いて倭軍を追って倭軍が占領している任那《みなま》・加羅《から》に迫ったら、その隙に安羅《あら》軍（倭軍の臣下）に新羅の王都を占領されてしまった」とあります。

これを見ると高句麗軍と倭軍の間で、百済や新羅をめぐって戦いが起こっていたことが分かります。そして「404年に倭が帯方《たいほう》地方に侵入してきたので、これを討って大敗させた」とあります。

こうして見ると、「倭」と呼ばれていた弥生時代から古墳時代の日本は、すでに中国とは朝貢関係を結ぶために使者を度々送り、朝鮮とは領土支配をめぐって出兵を繰り返していたようです。

日本側にはこの時代の直接的な文献史料がないので断定はできませんが、第三項で紹介した神《じん》功《ぐう》皇后の新羅征伐が250年ごろと推定され、好太王の時代に対応するのが、ヤマト政権が成立したころの仁徳《にんとく》天皇・履中《りちゅう》天皇の時代だと思われます。それにしても誇張はあるものの、好太王の軍が五万人ですから、倭軍も新羅や百済との連合軍だとしても、万単位の軍を朝鮮半島に出兵していたと推定されます。つまり、それだけの将兵を運搬できる船団があったということです。

任那争奪～なぜ、倭は朝鮮半島にこだわったのか？

その後の5世紀後半から6世紀にかけて、『宋書倭国伝』によると、倭の歴代の王が宋に朝貢をして、倭の国王をはじめ朝鮮半島の南部を管轄する役職である「安東将軍《あんとうしょうぐん》」の称号を授与されています。一応この時代には宋の後ろ盾を得て、倭は朝鮮半島の任那を中心とした南部を占領していました。

しかし、463年には倭から任那の国司《こくし》として派遣されていた吉備上道臣田狭《きびのかみつみちのおみたさ》が新羅と結んで、本国倭に対して反乱を起こしたのです。ときの雄略《ゆうりゃく》天皇は反乱軍と新羅軍を討伐するために、大規模な遠征軍を送り、なんとか任那を奪回しました。しかし、これを契機に任那における倭の支配は弱体化していきました。

475年には高句麗が百済の都漢城《かんじょう》を占領して、百済王を殺害するという事件が起きました。これに対して倭は百済王朝の再建のために何度か遠征軍を送り、朝鮮の騒乱に深く介入していきます。

527年朝鮮半島の勢力回復のために、六万の兵力を派遣することにしました。それに合わせるように、北九州で筑紫《ちくし》の国 造《くにのみやつこ》の磐井《いわい》が大規模な反乱を起こしました。この磐井の乱は、朝鮮への大規模な派遣を阻止するために新羅と国造磐井が共謀して起こした乱だといわれています。翌528年に鎮圧されましたが、朝鮮へ派遣された倭軍は新羅・百済・高句麗の抗争に翻弄されて、本格的な勢力挽回には至りませんでした。

この時代には、私たちが日本史の授業で学ぶ百済からの「仏教伝来」がありました。538年説と552年説がありますが、どちらにしても断定する確証はありません。考えてみれば、これだけ朝鮮半島や中国の宋との往来があるのですから、いつ伝わっても不思議ではありません。

そしていよいよ562年、新羅が任那の日本府を完全に滅ぼしてしまいました。倭は再興を図って新羅征伐をしましたが、結果は敗北し、倭の朝鮮支配は完全に終わったのです。

なぜ、これほどに倭は朝鮮半島の南部にある任那の支配に固執したのでしょうか。

確かに領土拡張はいつの時代にもありますが、まだ日本列島の一部しか支配していない倭にとって、領土拡大はいくらでもできるはずです。しかし、倭の指導者たちは地続きの日本列島の支配拡大よりも朝鮮半島のごく一部の支配にこだわったのです。

その理由は、朝鮮半島を通して大陸の進んだ文化や技術を習得したかったからです。稲作などの農業技術、青銅器や鉄器などの金属器とその加工技術、馬の飼育やそれを乗りこなす乗馬術など、国力を増す技術はもちろん、文字などの他国との伝達ツールや国を治める法律といった文化。

古代の中国、朝鮮、日本の時代区分

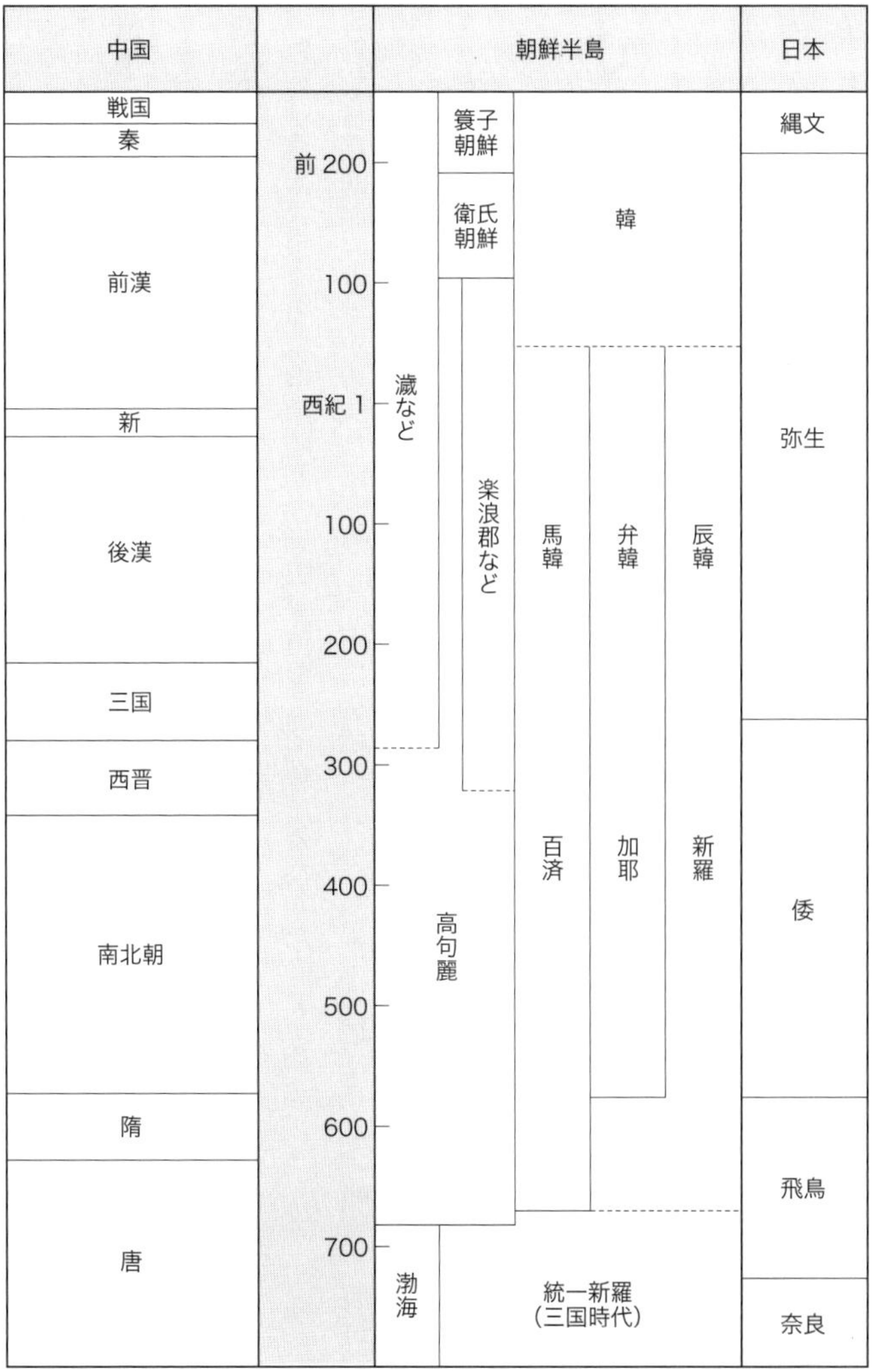

とにかく大陸文化を知れば知るほど欲しいものがあったはずです。特に鉄器と馬は、これから日本統一を目指す倭にとってはどうしても大量に必要なものだったのです。

新羅・高句麗・百済などの国を通して、伝えてもらうことはできても、その国と仲が悪くなれば、その道は途絶え、ときには多大なる交換条件が出る可能性もあります。また、中国に使節を送るにしても朝鮮半島経由が一番安全なコースだったので、その道も閉ざされることになります。そのため、直接入手するには大陸側の窓口を持つことが重要だったのです。

また、日本海側の地域から見れば、険《けわ》しい山岳を越えて行く太平洋地域よりも、船さえ航行できれば、朝鮮半島との往来のほうが断然楽で速かったはずです。

そうなると日本列島で領土を広げるよりも、まず文明先進地の朝鮮半島との関係を深め、そこから得た技術や文化を使うことで、日本列島を支配していくのが、倭の主導部の方針だったのです。

遣隋使・遣唐使を行なった意味

この時代、ちょうど朝鮮半島は高句麗・新羅・百済がそれぞれ覇権を争い、混沌していた「三国時代」でした。そのため、戦乱を避けて日本に移住する人たちも多くいました。特に百済や高句麗からはその国力が落ち、王朝の存続すら危ぶまれるようになると、大量の避難民が日本に流入してきました。統計はありませんが、数万から数十万という説もあります。

任那が滅亡後も倭は朝鮮半島での再興を目指しており、推古《すいこ》天皇の時代である600年に兵一万人を派遣して新羅を攻めています。最初は新羅を降伏させるほどの戦果をあげ、一時的に任那を復興しましたが、倭軍が撤退するとすぐに侵略されてしまいました。そこで602年に二万五千人の派遣を決めますが、遠征将軍に任命した皇子たちが次々に死亡したため、遠征自体も中止になってしまいました。

こうして朝鮮半島から撤退を余儀なくされた倭は、次の手として当時中国の全国統一に成功していた随《ずい》に「遣隋使」を派遣します。『随書倭国伝』には第一回目として600年の派遣が出ていますが、これは日本の文献にはなく、北九州あたりの地方豪族の派遣だったのではないかと推察されます。

607年には「日出づる處《ところ》の天子、書を日没する處の天子に致す、恙無《つつがな》きや」で始まる国書を持った正式な遣隋使が派遣されます。表向きの派遣理由は、「仏教を広めたいので経典が欲しい」というものでしたが、本当は朝鮮半島の新羅の脅威に対して、随に倭の後ろ盾になってほしかったのです。正使だった小野妹子《おののいもこ》の活躍で、なんとか無事に国交を結ぶことに成功して、以後も随が滅亡する618年までの間に合計三回の遣隋使が往復しています。

隋の次に興った唐《とう》にも630年以降に遣唐使が送られるようになり、平安時代半ばに廃止されるまでの260年間に大使の任命が二十回あり、実際に遣唐に成功したのは十五回でした。遣唐使を乗せた船の航路には、朝鮮半島沿岸を進んだ北航路と、奄美《あまみ》諸島か五島列島の島伝いに行き、最後は東シナ海を一気に横断するという二通りがありました。時間もかかり危険も大きい後者の南航路は、朝鮮半島との関係が悪くなった時期に多く使われました。

こうして間隔は開きながらも、倭の朝廷と中国歴代王朝との間では、朝貢という形で政府間往来が続いていきました。

ちなみに「日本」という国号は、ちょうどこの時代くらいから使われ始めたようです。国号というのは、この時代には国内で使われることはほぼなく、それは中国の歴史書で確認できます。『旧唐書』の「東夷伝」に初めて日本という国名が登場します。「日本国は倭国の別称で、日の辺にあるので、日本を国名にしている」と、６０７年の遣隋使が提出した国書の出だし「日出づる處」から、国名を決めたような解説をしています。

新羅との交流

朝鮮半島では５６２年に任那が新羅によって滅ぼされ、６６０年には同盟関係にあった百済が存亡の危機に陥ったため、ヤマト朝廷は６６３年に朝鮮へ二万七千人の兵士と千隻の船を派遣しましたが、新羅と唐の連合軍に惨敗しました（白村江《はくすきのえ》の戦い）。そして、６６８年には高句麗も亡び、朝鮮半島全域が新羅の領土となったのです。

勝利したはずの新羅ですが、なんと同じ年に日本へ貢ぎ物を持った使節を送ってきました。しかもこの後、780年までの間に二十六回も来たのです。この裏には、唐が百済・高句麗の滅亡の後の朝鮮半島全土を征服するために、同盟関係にあった新羅に攻撃の矛先を向けたからです。そのため、新羅としてはなんとか日本と同盟して唐の攻撃を弱めたかったのです。

この新羅の弱腰に対して日本は強気外交に転じ、731年には日本の兵船三百隻が半島東部沿岸を襲撃するという事件が起きました。朝廷が派遣した軍ではありませんから、新羅の弱腰につけ入った日本の海賊の仕業と見られます。

天平勝宝《てんぴょうしょうほう》四（752）年に行なわれた東大寺の大仏開眼供養には、新羅から七百人の使節団がきて祝辞を述べたといいますから、表面的には友好関係が演出されていたようです。

しかし、天平宝字《てんぴょうほうじ》三(759)年には突如、新羅征伐をする目的で諸国に造船を命じました。ちょうどそのころ唐で「安禄山《あんろくざん》の乱」が起こったので、しばらく唐が動けないと判断したようです。北陸道諸国に八十九隻、山陰道百四十五隻、山陽道百六十一隻、南海道百五隻、合わせて五百隻を三年以内に造船するようにという勅命です。さらに、朝鮮半島からの渡来人が多くいた美濃国と武蔵国から少年二十名ずつを選び、新羅語を習得させました。現地に行ったときの通訳に使うつもりだったようです。

そして761年にはいよいよ遠征軍の大号令が発せられたのです。三十三カ国、船三百九十二隻、兵四千七百人、水手《かこ》（漕ぎ手）一万七千三百六十人という規模です。船一隻当たり兵二百人、水手五十人、さらに馬や食糧も積載したでしょうから、船もかなり大型船になっていたことが推定できます。

しかし、天平宝字八（764）年にはこの遠征計画を立てた藤原仲麻呂《ふじわらのなかまろ》が失脚し、反撃の乱を起こしましたが、すぐに追討軍によって惨殺されてしまいました。そのため、新羅への遠征計画は消滅したのです。

新羅国内でも王位継承争いの内乱が始まり、日本との政府間の交流は宝亀《ほうき》十一（780）年を最後に途絶えてしまいます。しかし、民間での交流が続き、その間に新羅国内の内乱を避けた亡命者がかなりの数、渡来して帰化しました。中には乱暴略奪を行なう者もあり、弘仁《こうにん》三（812）年には新羅船二十余艘が対馬を襲ったり、翌年には肥前国に新羅人百十人が上陸して住民を殺害するという事件が起きています。なんとか亡命して帰化した者も、日本での暮らしの苦しさから反乱を起こす者もいたため、朝廷は天長《てんちょう》元（824）年に帰化を認めなくなりました。

しかし、新羅の海賊行為は治まらず、博多に来航して貢物の絹布を奪う、対馬に来航して島民と戦闘を交えるなど、その規模が段々大きくなっていきました。

海賊行為が繰り返される中でも、海の商人たちによる交易は続きました。国家が管理できないところで、日本と新羅、そして新羅を通して唐との三角交流は新羅滅亡の918年ごろまで続いていたのです。

⚓渤海との交流

日本と新羅が表向きは交流しながらも微妙な関係を保っていた聖武《しょうむ》天皇の神亀《じんき》四（727）年に「渤海《ぼっかい》」が突然使節を派遣してきました。渤海は新羅の北隣、中国北東部に698年に建国された国で、唐に滅ぼされた高句麗の流れを汲む王国です。そのため、唐との交易ができなく、その代わりを日本に求めたのです。

しかし、渤海は海洋国家ではなかったため、船舶は小型で航海術も未熟でした。そのため、出航時は日本が外国使節の窓口としていた筑紫の大宰府《だざいふ》を目指していたらしいのですが、結果はいつも本州の日本海沿岸に漂着していました。

神亀四（727）年の第一回のときは、強風に流されて蝦夷《えぞ》地《ち》に漂着しました。当時まだ朝廷の支配地ではなかったため、不審がられて使節団二十四人のうち十六人が殺されてしまいました。残り八人が逃げて、命からがらでやっと出羽国で保護され、平城京に送られたのです。

渤海使節の目的は、唐と連合して自国を狙う新羅に対抗するために、日本との連合を望み、また唐の代わりに交易する国を求めていたのです。これに対して日本も新羅の背後に位置する渤海との連合は望むところでした。

そのため、難破した渤海船の代わりに日本側が船を用意して、使節団を渤海まで送り届け、かつ渤海国王に拝謁《はいえつ》するという、とてもていねいな対応をしています。

以来、渤海からの使節は、中国の唐が滅亡し、代わりに中国北部を支配した遼《りょう》が渤海を滅ぼす929年までの200年間、三十三回続きました。その間、日本からも渤海への送りを含めて十四回の使節団が送られたのです。

渤海から日本への航海は、秋から冬にかけて吹く大陸からの北西の偏西風と日本沿岸を流れている対馬海流に乗った航路が取られたようです。しかし、初期には風や海流を読む能力が不足していたためか、到着地が北は蝦夷・出羽から南は北陸・山陰・対馬と、ばらばらでした。後期にはやっと航海術も向上し、北陸から山陰に到着するようになりましたが、それでも渤海専用の接待所を設けた能登・加賀・越前に直接到着することは少なかったようです。

反対に日本の航海術はかなり進歩していたようで、第一回目の渤海使が来日した折りに、船が破損して帰国できなかったのに対して、船を二隻新造して、その船で使節団を渤海まで送り届けています。その後も、漂着同然に来た渤海の使節団を、日本の船で送り届けたり、引率したりしています。『三代実録』の元慶《がんぎょう》七（883）年には、「能登国福良泊《ふくらどまり》の山の木は、渤海使が帰国する船を造るので、民が勝手に伐採してはならない」という勅令が掲載されています。このことから石川県福浦港には平安時代初期に大型船を造ることができる造船所があったことが分かります。

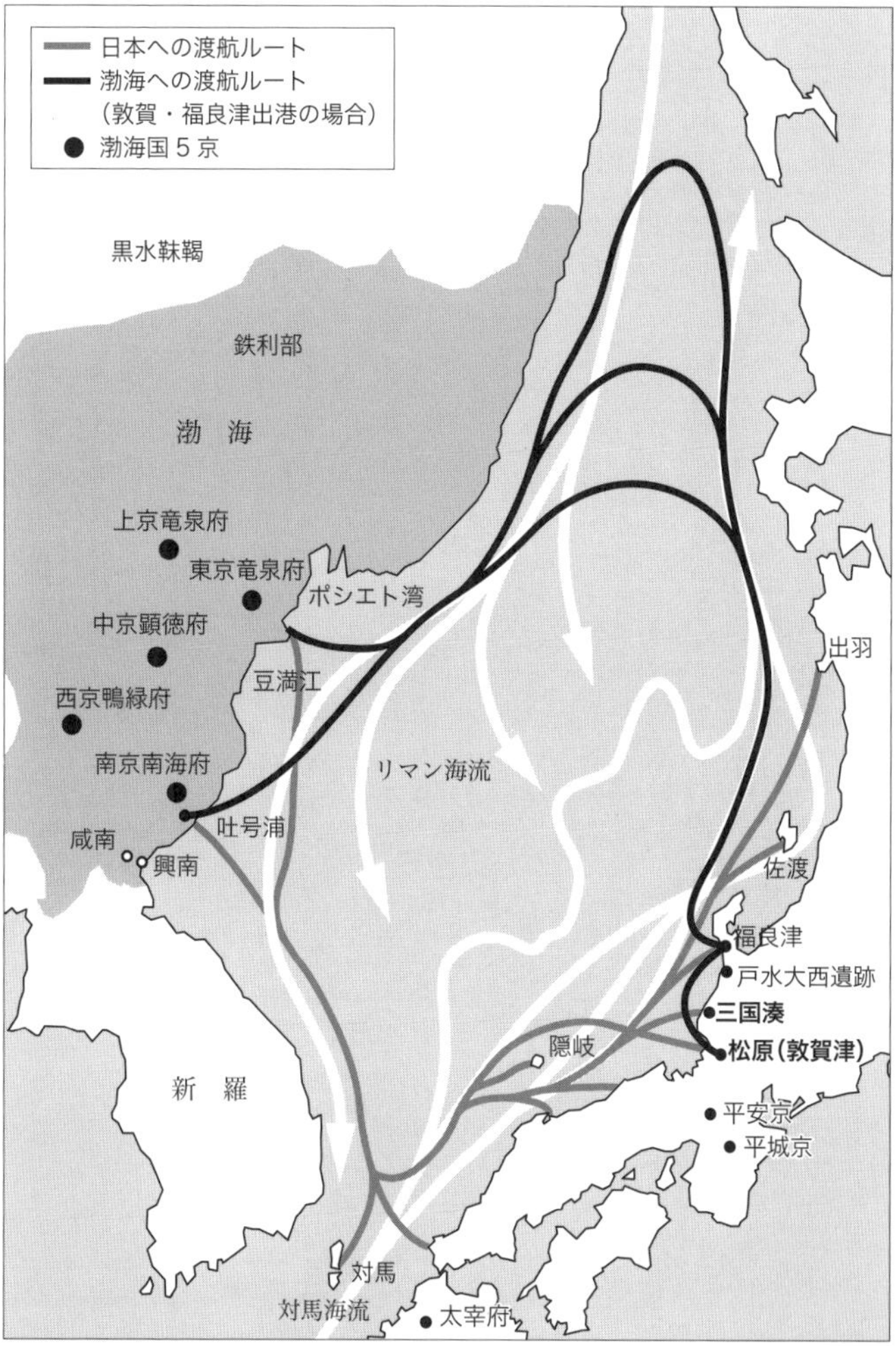

渤海との渡航ルート『図説福井県史』より

第六項 海の神の子孫

越智海賊 ～小千から越智へ

第一項「海の神の系譜」の中でも説明しましたが、伊予国（愛媛県）を中心に活動した越智氏は、大山津見《おおやまつみ》神を祖先として、瀬戸内海の中央に位置する大三島に大山祇《おおやまづみ》神社を祀っていました。氏族としてはっきりしてくるのが、6・7世紀ごろです。ヤマト政権が全国を治めるために、国ごとにその地方の有力豪族を「国造《くにのみやつこ》」を任命しました。国とはいえ、現代のサイズでいえば郡くらいの規模ですが、そのとき、小市（越智）国造になったのが小千命《おちのみこと》（乎致命）です。

越智氏は山の神である大山津見神の子孫といいながら、その支配地は瀬戸内海の中央部に突き出したように位置する四国の高縄《たかなわ》半島とその前に広がる芸予《げいよ》諸島でした。島の多さと間隔の狭さから、現代では本州から四国に架橋が連なる「しまなみ海道」と呼ばれる地域です。そのため、航海術にも長《た》けた氏族でした。「海の神の系譜」でご紹介したように神武《じんむ》天皇の東征に従った一族だとしたら、中国から渡来した「海族」の可能性もあります。そのため、国造に任命された6・7世紀には、朝鮮の百済《くだら》を救援する派遣軍として幾度も朝鮮に出兵しています。

天智《てんち》天皇の時代（663年）、百済へ援軍として派遣した日本軍と、新羅《しらぎ》・唐の連合軍が白村《はくそん》江《こう》（錦江河口付近）で戦った「白村江の戦い」では、日本側は百済と連携プレーができないうえに、指揮系統がバラバラだったため、唐軍に大敗してしまいました。

その中に、国造だった小千守興《もりおき》が率いる小千水軍も参戦していました。しかし、守興は負傷してついには唐軍に捕えられました。連行された守興は島に閉じ込められていましたが、三年後、密かに松の木で船を造り、島を脱出し、西風に乗って無事に筑紫《ちくし》国に戻ってきたのです。

このとき、守興は朝鮮に現地妻と息子を残してきました。その子が守興の死後に父親を捜すために日本に来て、偶然にも同じ守興の息子で父の跡を継いだ玉興《たまおき》と出逢い、兄弟の名乗りを挙げるのです。

ちょうど、玉興には跡継ぎがいなかったため、朝鮮からきた弟を玉純《たますみ》（澄）と名乗らせ、跡を譲りました。このとき、玉純は自らが中国の越《えつ》国の子孫ということで、「小千」を「越智」と書き改めたといいます。

この話は『予章記《よしょうき》』に載っている伝説に近い話で、真偽のほどは分かりません。しかし、越智氏の頭領が大山津見神と越人の混血になった話をあえて載せているところをみると、やはり大山津見神が中国から来た海族というのは、本当だったのかもしれません。

越智玉純には益男と安元という二人の息子がいました。慶雲《けいうん》四（707）年に、玉純は益男に国政を譲り、安元を大三島の大山祇神社の祭主である大祝《おおほうり》に決めたのです。天皇の勅許《ちょっきょ》も出て、以後、越智氏は政教分離をすることになりました。

しかし、何事も神の神託で事が決まる時代です。そのため、大祝は活神《いきがみ》として敬われ、大祝が発する祝詞《のりと》は「大祝文《おおほりぶみ》」と呼ばれ、神託として絶対的な権威がありました。これが後々、越智海賊・河野海賊・村上海賊へと繋がる大山津見神信仰の根幹となるのです。

8世紀初めに律令制が始まると、国造は祭祀を行なう神官となりました。代わりに実権を持ったのが律令制の「郡司《ぐんじ》」といわれる郡役所の官僚たちで、そのほとんどは国造の一族の中から有力者が任命されました。越智郡でも越智一族がその役に就き、実質上ヤマト朝廷の地方官僚となっていきます。

伊予国の郡司になった越智氏も、海賊を取り締まる側として活動していました。延暦《えんりゃく》十一（792）年、朝廷はそれまでの律令制軍団に代わる軍団として「健児《こんでい》」を創設して国府の警備に当たらせることにしました。「健児」とは郡司や豪族の子弟からなる軍団で、伊予国では五十人が選抜されました。これによって、これまでの国府の兵士が廃止になり、豪族の子弟が国府軍となったため、公私の区別がなくなっていくのです。もちろん、越智氏の子弟も多く選任されたことでしょう。

貞観《じょうがん》九（867）年には、「伊予国宮崎（越智郡今治市波方町）に海賊が群集し略奪をした」という記載が『三代実録』に出ています。まさに、越智氏の御膝元です。もちろん朝廷は国司に対して海賊の取り締まりを厳しく命じました。しかし、その後も海賊行為は瀬戸内海各地で起こり続けました。国司もそれなりに取り締まりを行なったと思いますが、肝心の国府の兵が地元出身の健児だったので、どこまで効果があったのか疑問です。しかも、越智氏など瀬戸内海を基盤とする氏族にとって、海賊行為をしているのは、もしかすると自分の身内の可能性もあります。

そこで元慶《げんけい》五（８８１）年に、朝廷は直接、古代から瀬戸内海に勢力を持っていた紀《き》氏《の》の系統の紀貞城という追捕使《ついぶし》を派遣しています。しかし、この時代になると、中央貴族は自らの軍隊や船団を持っていませんでした。そのため、派遣された地域の地元兵力に頼ることになります。ちなみに紀氏と越智氏には以前から婚姻関係があったようで、越智氏も朝廷の意向に沿って海賊退治に協力したのでしょう。以後、たびたび追捕使が派遣されるようになります。

承平《じょうへい》六（９３６）年に始まった藤原純友《ふじわらのすみとも》の乱では、越智好方《よしかた》が船三百艘を率いて討伐軍に加わり、戦功をあげました。そのため、朝廷は乱の平定に武功があったとして、越智好方を含め越智氏のそれぞれに官位と官職を与えて、その水軍力の取り込みを図ったのです。

河野海賊 ～河野氏誕生の物語

越智氏が伊予の国内で勢力を拡大する中で、12世紀初めに「河野《こうの》」という分派が生まれます。

これが後に越智氏に代わって、伊予の海賊の頭領となる「河野」氏です。河野氏は越智親経《ちかつね》、またはその子の親清《ちかきよ》が本拠地を越智郡から風早《かぜはや》郡河野郷（松山市北条）に移したことから、「河野」と名乗ったといわれています。

河野親清には後継ぎとなる男子がいませんでした。そこで北の方（正妻）が越智氏の氏神である大山祇神社に度々お参りをして、子を授かるように祈願したところ、無事に男子が授かったのです。しかし、この懐妊の裏にはどうやら秘密があったようです。

北の方が大山祇神社に通ったころの大祝は、承保《じょうほう》二（１０７５）年に第十二代に任ぜられた越智安貞《やすさだ》といい、活神様《いきがみ》としてはあまり素行がよくありませんでした。そのため、朝廷から大祝を補佐するために、中原成実が「京神主」として派遣され、大山祇神社の古代からの独自性が失われてしまったのです。

さて、大祝の安貞は親清の妻が美人で聡明だったため、なにかと親身に相談に乗りました。そして、自ら活神様として特別な秘儀をしてやるとして、夜ごと七日間通うように命じたのです。そして、七日目の夜に嵐が起こり、その中で神様の「我が王子を授ける」という声が聞こえました。さらに「その子の名に『通』の字をつけて、代々伝えるように」とまで言ったのです。北の方がそれを承諾すると、今度は大蛇が現れて大暴れをして最後に北の方に三回巻きついてから飛び去りました。気丈な北の方もさすがに気を失ってしまいましたが、そばにいた大祝が抱き起こし、神水で口を漱《すす》ぐと気がつきました。そして、北の方が高縄の屋敷に帰ってしばらくすると懐妊したことが分かり、無事男子を出産したのです。

これは『伊予河野盛衰記《せいすいき》』や『予章記』の記述なので、物語風にはなっていますが、『三島大祝家譜』の「河野系図」にも「河野通清は大山祇神実子」とはっきり書いてあるので、どうやら活神である大祝の秘儀を当時の人たちは認めていたということになります。

こうして生まれた男子が、河野四郎で諱《いみな》を神託通り「通」の字を入れて「通清《みちきよ》」としました。そして河野氏は大山祇神との約束を守って、「通」の字を代々の諱につけ続けました。

以来、大山津見神から始まった越智氏は大山祇神社の大祝の越智氏と河野郷を本貫の地とした河野氏に分かれて、それぞれの道を行くことになります。

河野氏はこの通清、その子・通信《みちのぶ》の時代に源平合戦を迎えます。

大山祇神社に奉納された河野通信の紺糸威鎧（兜、大袖付）。国宝に指定されている。

余録①

古代の船はどんな船で、どの程度航行できたのか？

『日本書紀』や『古事記』による伝説の範疇ですが、神功皇后《じんぐう》が西暦122年または201年に朝鮮半島の新羅を攻めて勝利し、半島南部に任那《みまな》という倭《わ》が支配する地域を得たといいます。そのときに水軍の主力部隊は、紀伊国（和歌山県）を本拠地にしていた紀《きの》氏という海族で、その勢力は紀伊国をはじめ大和国（奈良県）・和泉国（大阪府）・河内国（大阪府）にも広がっていました。操船はもちろん造船技術も優れており、その船を造る用材の確保もできたということです。

神功皇后の息子である応神《おうじん》天皇の時代になると、朝鮮半島の倭への反発が強まり、国内の海族たちが朝廷に逆らうという事態になったため、朝廷配下の水軍の整備を迫られてきました。274年に「海人部《あまべ》」という朝廷の機関を設置しました。海人部では操船と造船に関する人材を統括し、緊急時には徴兵する業務もしていました。さらに、瀬戸内海東部の吉備・紀伊・但馬・播磨・阿波などに海直《あまのあたい》という漁労や水軍力で朝廷に奉仕する氏族を任命しました。「海部」という地名が、瀬戸内海以外にも全国の海岸に残っていることから、倭の水軍は全国規模に増員されていったのでしょう。
また、渡来人の海族を司る「韓海部直」および海事一般を司る「青海部」も設置し、翌年には諸国に軍船の建造を命じていますから、急速に国家としての水軍力強化に努めたようです。

さて、どんな船を建造したかというと、275年に諸国に命じた造船の中には、伊豆国で造船された「枯野船《かるの》」と呼ばれた全長十八メートルにもなる大船があります。クス材でできていて軽くて疾風のように航行するので、名付けられたという説もあります。わざわざ命名までして、記録に残したということは当時としては記念すべき大型船だったことが想定されます。

では、実際にどんな船だったのか見てみましょう。遺跡から出土した船から、縄文時代の船を推定すると、一本の木材を刳《く》り貫いた丸木船です。刳り貫く方法は、木材の片面を焼いて削りやすくし、そこを石斧などで刳り貫いていきます。縄文後期になると船首を細くしたり、船縁《ふなべり》を薄くして軽量化したりして、船足を速くするための工夫がされました。大きさは出土した船の平均で長さ五メートルくらいです。

これが弥生時代に入ると、基本は丸木船ですが、さらに舟の形に近くした「刳船《くりぶね》」になります。石斧だけでなく金属器などの使用も加わり、より効率よく木材を削れるよう

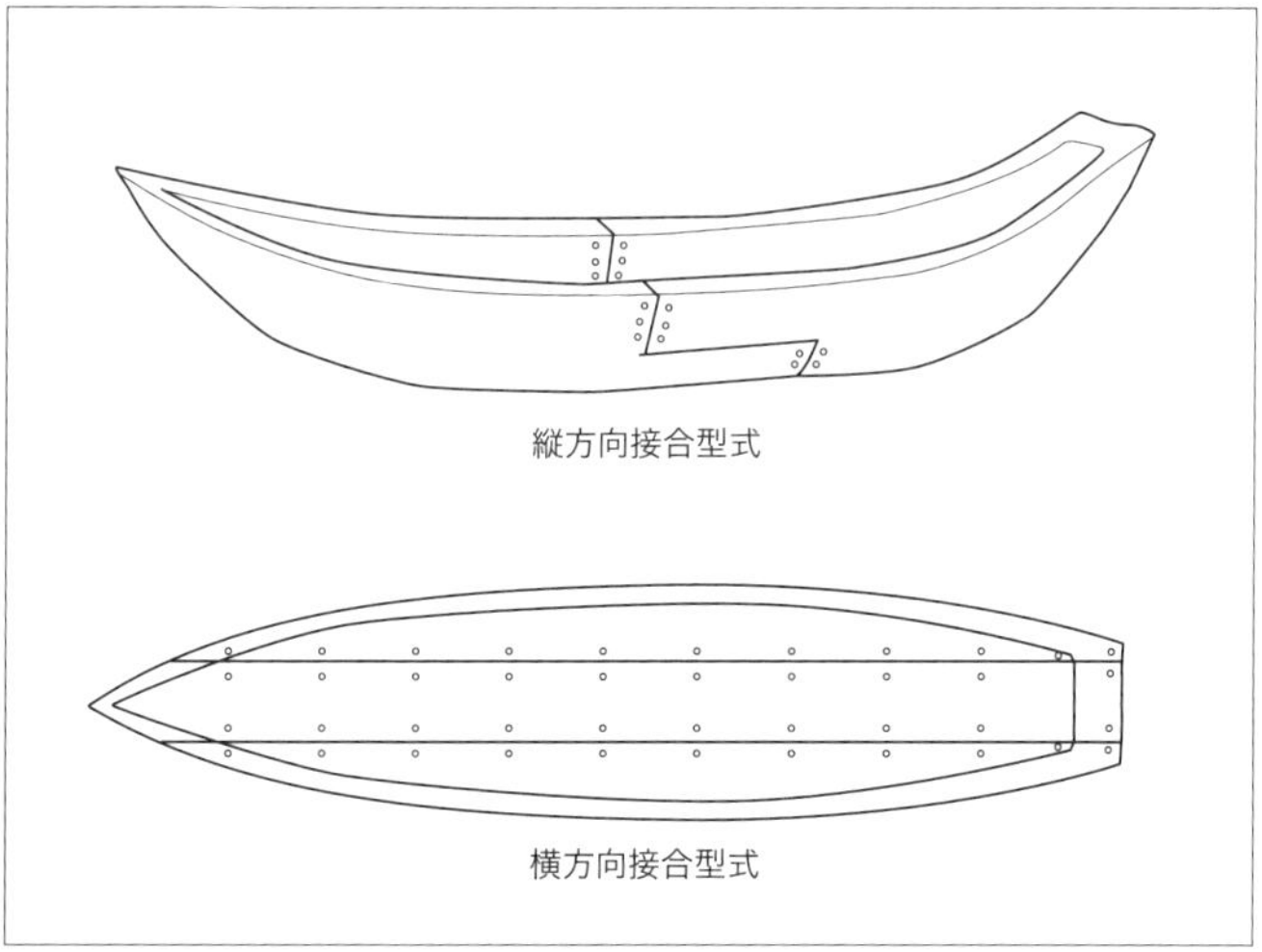

縫合形式船

になったためです。長さも六〜十メートルほどになります。

さらに「複合船」と呼ばれるものが出てきます。複数の木材を縦に継ぎ足して長さを伸ばすか、横に継合わせて幅を出すかして、より大きな船にする方法です。ただし、接合技術が難しかったようで、かなり破損した例があります。

この時代の走行方法は、土器などの線刻画によって知ることができます。漕ぎ手は前向きに膝を立てた中腰で、両手で櫂一本を持って、水を掻いています。現在多く行なわれる漕ぎ手が後ろ向きに座って、船縁に固定したオールを漕ぐというカッター方式ではありません。船の長さが七メートルくらいだと漕ぎ手の人数は十人くらいと推定されますが、そのスピードに関しては、『古代日本の軍事航海史』（松枝正根著）の中に、「漕ぎ手十人で時速四ノット（七千四百八メートル）、一日八時間漕げば五十九キロメートル航海できる」とあります。さらに漕ぎ手を二十人にすると倍の八ノットになるというのです。もちろん、これが海なら「黒潮で二〜四ノット」「関門海峡の潮流なら最大で六ノット」ですから、これに乗るか逆らうかで、まったく速度や進行方向が変わりますから、海潮流を熟知しないと航海はできません。

ちなみに一日五十九キロ航行できれば、筑紫《ちくし》（博多）から壱岐まで七十六キロ、壱岐から対馬が六十八キロ、対馬から朝鮮までが五十キロですから、潮流をうまく読んで進めば、弥生時代の船でも計算上は六日間くらいで到着することになります。

さて、話は『日本書紀』に登場した応神天皇の時代の「枯野船」に戻ります。建造から十五年後、この枯野船が老朽化したので、廃船にすることにしましたが、船の功績が大きかったので、記念に船材を薪にして燃やして塩を作ったといいます。ちょうど五百籠の塩ができたので、諸国から五百艘の船を集めて配ることにしました。そのとき、ちょうど新羅《しらぎ》からの使節が来ていて、その迎賓館から失火した火事で、湊に停泊していた五百艘の船が全焼するという事件が起きました。そこで新羅からお詫びに新たに船を造る船匠を派遣してきましたので、摂津国・伊勢国・伊豆国で本格的な新羅型の船を造船することになったといいます。これで、日本の造船技術が各段に進歩しました。

それでは、実際に古墳時代の船がどうだったかというと、船底は刳船ですが、船縁に高い外板（舷側板）を取り付けた「準構造船」となります。これで漕ぎ手が左右の船縁に配置できるようになり、船足が一段と高速化されました。船の大きさは、実際に尾張国海東郡諸桑村（愛知県愛西市）で江戸時代に出土したものの記録をみると、長さ二十一メートル、幅一・八メートルの船体で四つの船材を繋いだ複材刳船だったことが分かります。これに舷側板を付けると、かなりの大型船になります。

これでどれだけの荷物や人員が運べたかというと、前掲載の『古代日本の軍事航海史』によると、水手《かこ》（漕ぎ手）が四十四人で、戦闘の装備を付けた兵士百人が乗船できるというのです。

この時代には、朝鮮半島に度々遠征軍を派遣している事実から、この規模の軍船がかなりの数、造船されていたと思われます。

また、文献から推測すると、554年の遠征では兵千人と馬百疋を四十隻の船で運んだとありますから、一隻につき二十五人平均が乗船した計算になります。すると、527年の遠征では六万人の兵力といいますから、二千四百隻になります。兵力の数に

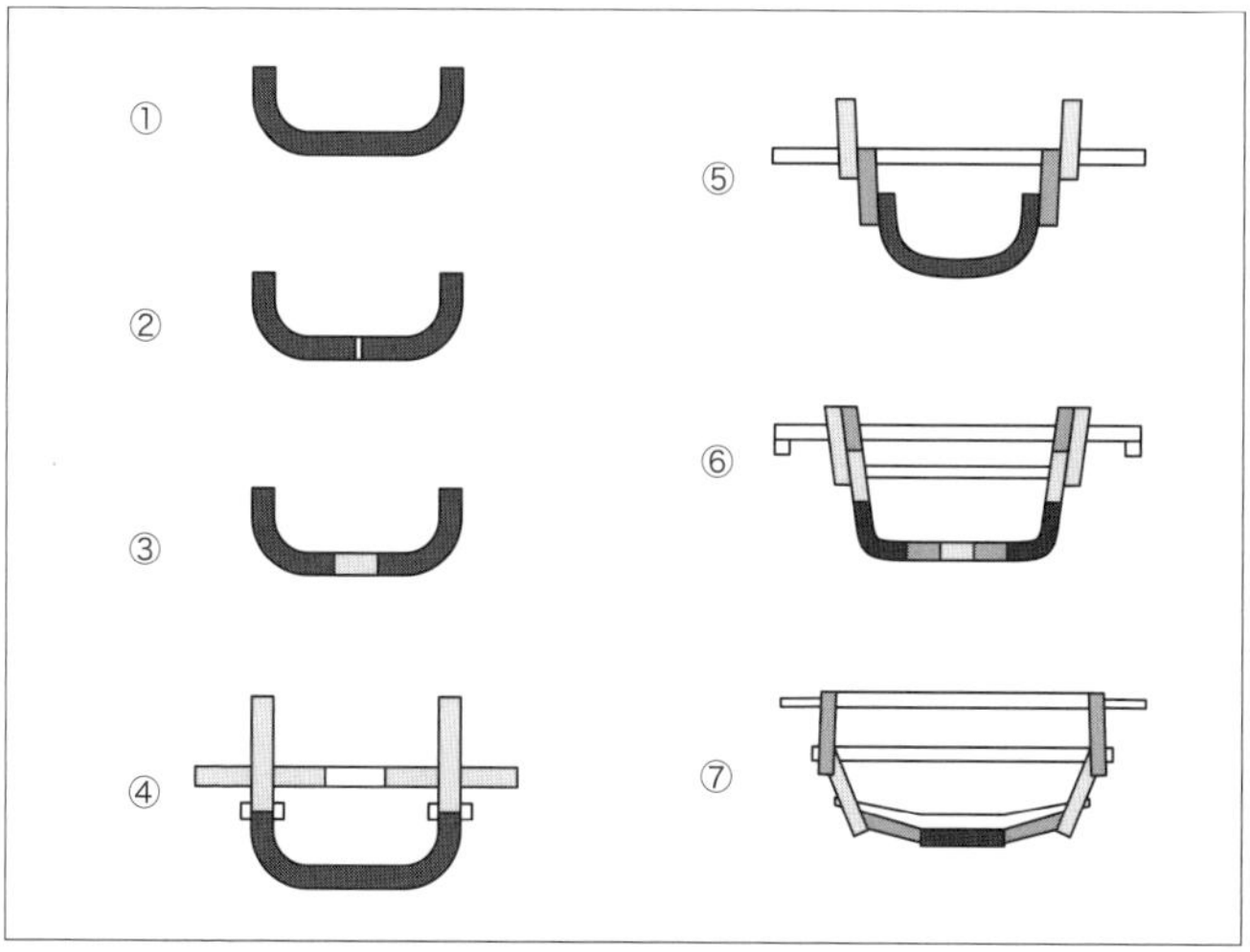

大型化の発達過程『古代日本の軍事航海史』松枝正根（かや書房）より

関しては、だいぶ誇張がありますから、そのまま信じないとしても、千隻以上の船が動員されたのではないかと想像できます。

ここで計算に入っていないのが、水手（漕ぎ手）です。兵力といった場合、水手は数に入れないという慣習があるので、水手だけでも数万人がいたということになります。

造船に向いている木材は、クスノキが第一と古来言われています。クスノキは木肌が綿密で耐湿性がある丈夫な木質で、さらに幹回りが十メートルを超す巨樹も珍しくないので、船材には最適だったのです。生育地は温暖な気候のベトナム・台湾・

中国そして日本列島の九州・四国・本州西部の太平洋側で、現在でもその地方の古い神社などの御神木になっている樹もたくさんあります。

このクスノキの生育分布と、古代の造船地には深い関係があります。山の中で伐採されたクスノキを船にするには、切り倒した後、海の近くまで運ぶ必要があります。陸上の運搬には多数の人員が必要で、かつ地形などで木材を傷つける可能性もあります。その点、川上の山中で切り倒されたクスノキは、川へ落とされてそのまま流れに乗せれば河口まで簡単に運べます。そのため古代の造船所は、クスノキの繁茂する山間部を川上に持つ河口に設営されたのです。具体的には紀伊国・駿河国・遠江国・丹波国・播磨国・備中国・安芸国・周防国・長門国・伊予国などの沿岸部です。

また、造船所があるところには、操船技術を持った海族が居住しており、それが水軍の主力部隊となったのです。

そのため、朝廷の軍というよりは、海族が集まった豪族単位の集団となり、これが後の海賊に発展していくのです。

第二章

中世（平安〜鎌倉時代）

海賊が歴史の表舞台に立つ

第七項 藤原純友は海賊なのか

平安時代中期の承平《じょうへい》・天慶《てんぎょう》年間（９３１〜９４７年）、朝廷を震撼《しんかん》させた大乱が二つ連続して起こりました。一つは関東を中心にした「平 将門《たいらのまさかど》の乱」、もう一つが瀬戸内海全域を舞台にした「藤原純友《すみとも》の乱」です。ここでは海賊という観点から、藤原純友に関して考察してみたいと思います。

名門貴族の御曹司

藤原純友は藤原氏の中で最も栄えた藤原北家の家筋で、父良範《よしのり》は左大臣時平《ときひら》と太政大臣忠平《ただひら》の従兄弟という関係です。本来なら都での栄達も考えられましたが、父の良範が早くに亡くなったため、出世の道が途絶えてしまいました。当時は親の引きがないと出世できなかったのです。そこで父の従兄弟である藤原元名《もとな》が伊予守に任命されたのを機会に、その縁で「伊予掾《いよのじょう》」として承平二（９３２）年に伊予国府に赴任しました。「掾」とは国府の三等官で、国府では三番目の地位ですが、藤原北家の者としてはかなり不満な地位だったことでしょう。一説に良範の養子という説もありますが、家筋という意味では同じことです。

さて、ちょうどそのころ、瀬戸内海では五十年近く治まっていた海賊の活動が活発になり始めていました。純友が伊予に赴任したころには、朝廷が海賊から船や津（港）を守るための警固使《けいごし》や、捕まえるための追補使《ついぶし》を任命したりして、海賊退治に躍起になっていました。

純友が伊予に赴任して二年目の承平四（９３４）年には、伊予国喜多《きた》郡（愛媛県大洲市）にあった郡の役所である「郡衙《ぐんが》」で、非常用の備蓄米三千余石が略奪される事件が起きました。郡衙は肱川《ひじかわ》の流域にあり、そこで三千余石の米といえば、川舟などの輸送手段がなければ略奪できない量です。海賊だけでなく多様な人々が集まった組織的な反権力集団だったことが分かります。

この段階の純友は国司だった元名の部下として、海賊や暴徒の鎮圧に当たっていました。しかし、元名が任期を終えて次の赴任地である大和国に向かったのに対し、純友は任期が終わったにもかかわらず、伊予に留まりました。そして、それまで取り締まりの対象となっていた海賊たちと連携をとるようになり、次第にリーダー的存在になっていったようです。

純友の父良範は「大宰大弐《だざいのだいに》」という大宰府の次官でしたが、長官は歴代親王が務め、現地に赴任しなかったため、現場での事実上トップでした。そのため朝鮮や中国との交流や西海全域の支配権を持つ最高権力者だったわけです。また、父の従兄弟は左大臣や太政大臣でした。彼らに比べると純友は不遇だったといえますが、逆に地方の豪族や海賊たちにとっては、頭領として担ぐのにふさわしい御曹司だったのです。

純友の蜂起

承平六（936）年五月、元名の後に赴任してきたのが紀淑人《きのよしひと》です。「紀」氏は朝廷内では代々武人の家筋で、このときも「伊予守」プラス海賊を取り締まる「南海追補使」を兼務していました。

淑人が着任すると、「純友が人を集めて伊予国日振島《ひぶりしま》（愛媛県宇和島市）を根拠地にして、千余艘の船で官物や私物を略奪している」という報告を受けます。

そこで淑人は寛容な態度で接し、衣服を与え、田畑やそこに撒く種を与えて農業をすることを勧めました。それに対して集まっていた二千五百人は過ちを悔いて投降、首謀者の三十余人は名簿を提出して、それぞれ地元に帰っていきました。この段階で集まっていたのは、土地がなくて田も耕せない農民や、漁業だけでは生活ができない漁民だったので、この条件で大人しく投降したわけです。

そして頭領に担がれていた純友は、海賊を捕まえる「追補使」に任命されました。淑人としては、前任者の親戚だし、元太宰大弐の息子の純友に敬意を表し、今回は見逃すだけでなく、自分の配下に組み入れることを考えたと思われます。

しかし、三年後の天慶二（939）年十二月、純友は船団を率いて伊予国を出航したのです。

淑人からこの知らせを受けた朝廷は、摂津国（大阪府）、丹波国・但馬国・播磨国（兵庫県）、備前国・備中国・備後国（岡山県）に対して、「純友に出頭するように命じろ」と言っています。どうやら向かった先は瀬戸内海東部の山陽側だったらしく、すでに配下の者たちによって被害が出ていました。そのため、頭領の純友と話し合って配下に狼藉をやめるように説得してもらうつもりだったようです。純友に対する説得の使者には従兄弟の藤原明方《あきかた》をわざわざ派遣しました。

しかし、被害の範囲は沿岸から内陸部にまで広がり、このまま進めば都も襲われる危険が出てきました。それでも朝廷はこの段階で、「即刻、純友を追補しろ」とは言っていません。あくまで「出頭するように命じろ」とだけ指示していました。

これは関東地方で平将門の乱が拡大していたときと重なっていたため、朝廷としては東西同時に追補の軍を出すゆとりがなかったためです。翌天慶三（９４０）年一月になると、朝廷は新たに追補使を選任し、山陽道には小野好古《おののよしふる》を派遣しましたが、好古本人には急いで進軍しないようにと矛盾した命令を出しています。さらに朝廷は懐柔策として純友を従五位下に叙任することを決め、その位記を伊予に届けます。純友は位記を喜んで受け取り、お礼状まで書いて使者に渡しました。

これでうまく治まるかに見えたのですが、二月になると、純友は再び伊予から舟に乗って海に出たのです。純友は千五百余艘を駆使して、淡路島で兵器を奪い取り、讃岐国の国府に乱入して国司を追い出し、備後国の船や周防国の銭の鋳造所を焼き、紀伊国や土佐国も荒らしたといいます。豊後《ぶんご》水道から紀伊水道まで瀬戸内海の全域で暴れたのです。さすがにこの行動を見た追捕使の小野好古は四月に入ると、「純友に凶賊発起の疑いあり」と朝廷に報告しました。

それまで平将門の乱の対応に追われて、純友の討伐に慎重だった朝廷も二月十四日に将門が討ち取られたので、今度は全面的に純友討伐に力を注ぐことにしました。

翌年二月、追討軍が出陣したことを知った純友軍のナンバー2の藤原恒利《つねとし》は、追捕使の藤原国風《くにかぜ》に投降しました。そのため、純友軍の隠れ砦や兵力などの機密が漏れてしまい、純友軍は不利な状況に追い込まれていきました。そこで、五月に純友軍は一旦瀬戸内海を西下して、北九州の筑前国の沿岸を襲撃しながら博多津に入港しました。さらに上陸して、大宰府に攻め入って財宝や食糧を襲い、府庁を焼き払ったのです。これに対して朝廷軍は藤原忠文《ただふみ》を征西大将軍に任じ、陸と海から大討伐作戦を展開しました。

この戦いで純友軍は惨敗し、船八百艘を失い、死傷数百人、海中に飛び込む者数知れずという負け方だったといいます。純友は小舟で伊予国に逃げ帰りましたが、六月二十日に伊予国警固使の橘遠保《たちばなのとおやす》に捕まり、息子の重太丸ともども斬首され、首は都に送られました。

その後、純友軍の残党は豊後水道や瀬戸内海各地に逃げたようですが、徹底的に探されて捕まり殺されました。そして、十月には乱の平定が宣言されたのです。

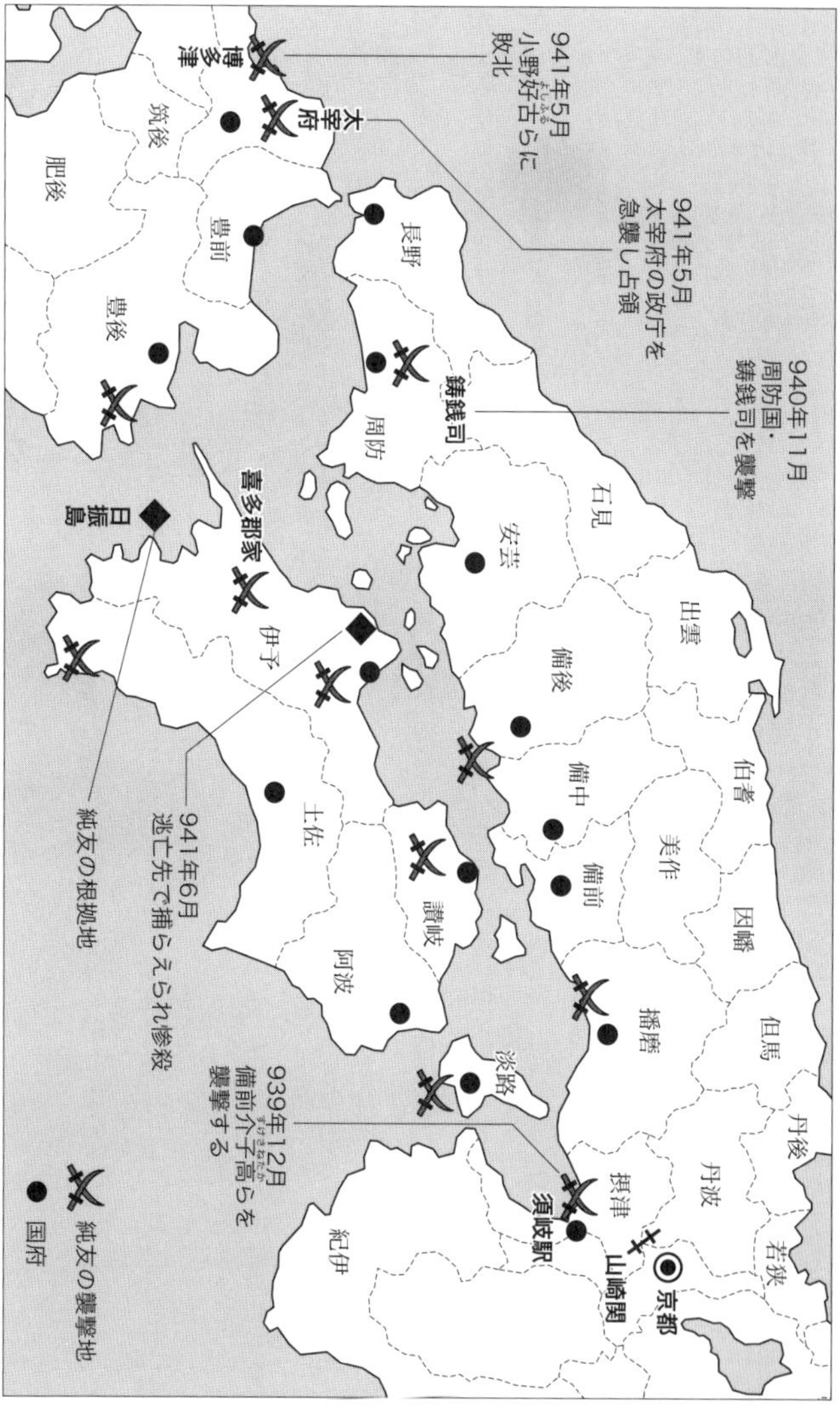
941年5月
小野好古《よしふる》らに
敗北
博多津
太宰府
941年5月
太宰府の政庁を
急襲し占領
940年11月
周防国・
鋳銭司を襲撃
鋳銭司
喜多郡家
日振島
941年6月
逃亡先で捕らえられ惨殺
純友の根拠地
939年12月
備前介子高らを
襲撃する
須岐駅
山崎関
京都
筑後
肥後
豊前
豊後
長門
周防
石見
安芸
出雲
備後
伊予
土佐
備中
伯耆
美作
備前
讃岐
阿波
因幡
播磨
但馬
淡路
丹後
丹波
摂津
若狭
紀伊
純友の襲撃地
国府
藤原純友の動向

純友は海賊なのか

さて、ここで改めて表題にあげた「藤原純友は海賊なのか」を考えてみたいと思います。海を主戦場にして船団を組んで略奪や国府を襲撃したりしたのですから、これは明らかに海賊行為だという方もいるでしょう。

しかし、『海と水軍の日本史』（原書房）の著者である佐藤和夫氏は、その著書の中で同じような表題を掲げて新川登亀男氏の『海の民』の一文を引いています。

「純友は終始海賊の首領として記述されているのが一般的評価である。その原因として『日本紀略』『扶桑略記《ふそうりゃくき》』および同書に利用された『純友追放記』『本朝世紀』『貞信公記《ていしんこうき》』『師守記《もろもりき》』などの主要史料が承平天慶年間の海賊活動を、すべて賊徒純友の所業に関連づけ、一括しようとするかのような、編者著者の史観が色濃く投影されているところにある」

つまり、これは勝者となった朝廷側がつくった歴史であると述べているのです。

しかし、それらの史料の端々に見える事象を拾っていくと、最初から純友は海賊の家系や首領ではなく、反対の朝廷の役人として伊予国に赴任しています。最初の騒動である承平六（９３６）年の日振島に千余艘の船で二千五百人が集結したときは、国司の紀淑人の民意安定政策で、騒ぎは拡大せずに治まっています。これは純友が藤原北家の一員だったこともあり、純友の顔を立てたということも考えられます。そのため、純友は海賊を取り締まる追捕使にも任命されているのです。この段階では、純友も集まってきた民衆も海賊ではありません。

しかし、三年後の天慶二(939)年の伊予出航後は瀬戸内海各地で掠奪や国府襲撃など無秩序な暴徒となっています。しかし、この段階でも朝廷は純友に官位を授けたりして話し合いの機会を持とうとしています。これが、単なる海賊行為だとしたら、さすがに「平将門の乱」の対応に追われていたとしても、朝廷はこんな対応を取らなかったことでしょう。

それでは純友は何を目的に伊予を出航し、瀬戸内海沿岸を襲撃したのでしょうか。どうやらそのヒントは純友軍に参加していた人たちの名前にあるようです。藤原文元・三善文公・藤原三辰・紀文度・小野氏彦・紀秋茂など、「藤原」「三善《みよし》」「紀」「小野」という元は都の貴族の流れを汲む者で、純友同様地方役人に赴任してきた者か、その子弟と考えられます。地方に定着した以上、そこに何らかの利権があり、それを守る必要があったのではないでしょうか。その利権として考えられるのは、両方に顔が効くことを活かした伊予と都を結ぶ運送や商業ではないかと推測されます。

伊予は瀬戸内海の西部に位置し、どうしても船で東部の津(港)に荷揚げしてから都に運ぶ必要がありました。四国沿岸を進み、淡路島経由で行くか、瀬戸内海を北上して山陽道沿いに行くか、どちらにしても多くの津に停泊しながら進むため、津料や関銭を多く払う必要があり、大きな利益が望めなかったのです。

こうした考えを持ってこの乱を見ると、純友が天慶二（939）年に襲撃した箇所はすべてこの条件に当てはまる津やそれを管理する国府なのです。このことから、純友を首領としたグループは、自分たちの利権を脅かす地方権力に対して報復のために襲撃したのではないでしょうか。そう考えると、地方権力同士のいざこざと見た朝廷が承平六（936）年のときと同じく話し合いで解決できると考えたとしたら矛盾はなくなります。

では、純友本人はどうだったのでしょうか。

藤原元名が伊予国司の任期を終えて次の任国大和に行くのについて行かなかったのは、伊予国にいる間に地元と何らかの縁ができて、そのまま土着しても生活していける目処がたったからです。それは先ほど名前を挙げたグループの人たちも同じでしょう。そして、その中でも一番家筋のいい純友が盟主に祭り上げられ、彼の名のもとに次々と仲間が集まってきたと思われます。

純友は最初から武装集団を目指していたわけではなく、瀬戸内海の海運に支障をきたす勢力に対して威圧行動に出る集団のリーダーとなり、国司との窓口役を引き受けたのでしょう。しかし、集団の性質が変化して暴力的になると、その暴走を止めることができず最後は自らが武力闘争をせざる負えなくなったのではないでしょうか。

第八項　海の武士団登場

天慶《てんぎょう》四（941）年の藤原純友の乱の鎮圧は、朝廷から派遣された山陽追捕使《ついぶし》の小野好古《おののよしふる》や追《つい》捕凶賊使《ぶきょうぞくし》の源経基《つねもと》の活躍でなされたと簡易的な歴史本には記載されています。

しかし、実際には好古や経基は、純友軍と戦えるだけの朝廷所属の軍船を率いてはいませんでした。純友の乱からおよそ200年前の天平宝字《てんぴょうほうじ》五（761）年、新羅《しらぎ》遠征のために、軍船三百九十四艘、兵士四万七百人、水手《かこ》一万七百三十六人を集めて、船揃えを行なった面影は、この時代にはなかったのです。

海外遠征がなくなり、国内も中央集権だった律令制から、貴族や社寺が土地を私有化する荘園制に移行する中で、国家の水軍力も落ちてきていました。それに伴い各国庁の「船所《ふなどころ》」では、正税や貢納物を都に運ぶためや、官使や国司を運ぶための船すら十分に用意できなくなり、民間の船を利用していました。

そのため、いざ軍船が必要なときは、国庁の役人をしている地方の豪族の所有する運搬船を徴用して軍船に転用し、さらに操船する水手、さらには戦う兵士まで現地徴用になっていました。

地方の豪族にとっては通常の税以外の持ち出しとなるため、当然ながらその見返りを要求します。その多くが、支配海域を航行する船舶から通行税としての「関銭」を徴収する権利でした。

さらに、水手や兵士の徴用業務も担当するようになると、おのずとこれらを自《みずか》らの陣営に囲い込み、自前の軍団として組織していきます。これが海の武士団の成立となり、組織的海賊の発端となります。

純友の乱以後も海賊が全滅したわけではなく、海賊行為や反乱は全国各地で起きていました。そうした中で海の武士団は、ときには海賊側に、ときには朝廷の追捕使側について活動していきます。

平氏の台頭

平安時代末期、海の武士団として頭角を表すのが、平氏一門です。平氏は桓武《かんむ》天皇を祖として、三代下った高望《たかもち》王の時代に「平」という姓を賜り臣籍に入りました。その子の国香《くにか》が甥の将門に討たれるということもありましたが、国香の子の貞盛《さだもり》が将門の討伐に功があったため、その後も続き、坂東に八つの流派を作りました。その中の一派で国香から数えて五代目の維衡《これひら》が伊勢国の国守になり、伊勢平野の開発などで足掛かりをつけたため、この一派を「伊勢平氏」と呼ぶようになりました。

維衡の孫で、清盛の祖父になるのが正盛《まさもり》です。この正盛が平氏の中で最初に海賊を追捕した武将です。まず初めに、天仁元《てんにん》（1108）年、対馬守源義親《よしちか》が国守でありながら、住民を殺害したり、官物を略奪したりした罪で隠岐島に流罪になりました。しかし出雲に出張ってきては乱暴をして物を奪っていたので、因幡守だった正盛に追討の命が出たのです。国守クラスの反乱だというので、朝廷はかなり動揺していたようです。それを正盛が退治して、首を都に持ち帰ったので、大変な騒ぎになったといいます。

さらに十一年後の元永《げんえい》二（1119）年には、肥前国の海賊七十人を捕えて都に連行した功績で従四位下に叙任されたのです。

次の代の忠盛《ただもり》（清盛の父）は、大治《だいじ》四（1129）年、山陽・南海両道海賊の追捕を命じられています。このときの海賊は「数十艘の船で掠奪をして、益々はびこるのにもかかわらず、国司たちは勇気がなくて怯えている」という有様でした。山陽・南海両道ですから、瀬戸内海全域を示し、かなり大規模な追捕作戦です。その全権が忠盛に託されているのですから、この段階で平氏は瀬戸内海全域になんらかのネットワークや協力関係を築き始めていたのでしょう。

忠盛は、筑紫国にあった鳥羽《とば》法皇の荘園だった神埼荘《かんざきのしょう》（福岡県神埼市）の現地責任者の「預所《あずかりどころ》」という地位についていました。そこで長承《ちょうしょう》二（1133）年、宋からの商船が神埼に入港したとき、その地位を利用して偽の「院宣」（法王庁の命令文）を掲げて、大宰府《だざいふ》の検閲を排除し、宋船の荷を収納したのです。

神埼荘は有明湾の最奥部にあり、現在は内陸部ですが、古代以前は海に面しており、近くには筑後川の河口もあって、良港として栄えていました。本来、九州全域で陸揚げされた貿易品はすべて大宰府で検閲を受ける必要がありました。検閲とはいえ、実際は貴重なものや高価なものはまず朝廷が召し上げてしまうため、それらは上級貴族のものとなってしまうわけです。

そのルールを、忠盛は無視したのです。

これは大宰府の役人や都の貴族の取り分がなくなるわけですから、まさに海賊に等しい行為でした。しかし、このときすでに忠盛の力は侮《あなど》れないものがあったためか、それほど大きな問題になることはありませんでした。

二年後の保延《ほうえん》元（1135）年には、海賊の首領「日高禅師」と、その郎党七十人を生け捕りにして都に連行しました。どうやら都の人たちは、この海賊は忠盛の仲間で、茶番をやっていると噂をしていたようですが、朝廷はそれを詮索する力を失っていました。

この功績によって、忠盛の子・清盛が十八歳で正四位下安芸守に叙任して、いよいよ平氏全盛の時代が始まります。

保元《ほうげん》の乱（1156）では、後白河《ごしらかわ》天皇側に立って勝利し、源氏の多くが崇徳《すとく》上皇側についたため、さらに勢力を拡大しました。

平治《へいじ》の乱（1159）では、唯一源氏の勢力だった義朝《よしとも》さえ滅亡し、嫡男頼朝《よりとも》が伊豆に流されてしまったのです。

仁安《にんあん》二（１１６７）年には、清盛が太政大臣に進み、「一門にあらずんば人にあらず」と、『平家物語』の中で平時忠《ときただ》が言ったといわれる時代になったのです。このときの平氏一門の知行国は全国六十余カ国中二十数カ国、荘園五百余所といいますから、事実上日本の半分を治めたと言ってもいいでしょう。

平氏の栄華を支えた日宋交易

正盛・忠盛・清盛の平氏三代は、瀬戸内海沿岸から北九州にかけて海の武士団ともいうべき、阿波田口《あわたぐち》氏、越智氏、河野氏、山鹿《やまが》氏、松浦氏の海賊衆を支配下に置いていました。このことは日宋交易を行なううえで、とても意義のあることでした。海賊側も本来、海の交易を目指した海族ですから、喜んで配下に入ったことでしょう。

これで海賊の心配もなく、日宋交易ができることになった清盛は、七年前から防波堤代わりに石を投げ入れて造った人工岩礁の「経ケ島《きょうがしま》」がある大輪田《おおわだ》（兵庫県神戸市）を、治承《じしょう》四（１１８０）年に朝廷に申請して正式な交易港としました。これが後に一時、都になる福原の外港です。

宋との交流は、ちょうど宋の国内が不安定だったため、正式な国交ではありませんでしたが、交易の利益を求めて宋の商船が多数来日していました。交易品として有名なのが「宋銭」です。

日本国内では奈良時代から貨幣の鋳造が始まっていましたが、十分流通するほど量がなく、絹や米、金や銀がその代わりになっていました。そこに宋銭が大量に輸入されてそれを補うようになると、一気に貨幣経済が広がったのです。するとさらに宋銭が必要になり、輸入量も増えました。これを一手に清盛が握っていたということは、日本経済を握っていたということでもあるのです。

頼朝の挙兵と平氏の没落

「驕《おご》る平氏は久しからず」という『平家物語』の言葉通り政治の舞台は動き出します。大輪田が正式な交易港として認可された治承四（１１８０）年、伊豆国蛭《ひる》ヶ《が》小島《こじま》に流されていた源頼朝が挙兵したのです。最初、伊豆国の目代《もくだい》だった山木兼隆《やまもとかねたか》の館を夜討ちして兼隆の首を挙げましたが、続く石橋山で、平氏と祖を同じくする大庭景親《おおばかげちか》の軍三千騎に対して、頼朝三百騎という大差で敗れてしまいます。敗戦後、頼朝は湯河原の背後にある椙山《すぎやま》の鵐《しとど》の岩屋に隠れます（真鶴《まなづる》半島という説もある）。それを知りながら見逃したのが、大庭一党の梶原景時《かじわらかげとき》です。景時はその後、頼朝の重臣となり、義経の平氏追討軍の軍目付として数々の戦いに参加します

頼朝は鵐の岩屋から箱根権現に移り、ここも危なくなったので、真鶴に行き、そこから主従七名が小舟で東京湾を横断して安房国猟島（千葉県鋸南町竜島）に渡ります。ここで、先に渡っていた北条時政《ときまさ》・義時《よしとき》の父子などの味方と合流します。真鶴から竜島まで直線で六十キロの距離を

一昼夜かけて渡っていますから、漕ぎ手はかなり熟練した人たちだったと推測されます。

⚓源氏の敗戦からの復活は三浦海賊にあり

ここで注目すべきは三浦氏の動向です。三浦氏は姓が示す通り、相模国三浦郡を本拠にする氏族です。自らは平将門を討った平良文《よしふみ》の流れで桓武平氏と主張していますが、土着の豪族だったという説もあり確かなことは分かりません。ただ、この時代には三浦半島を中心に房総半島の一部も支配する豪族として名を馳《は》せていました。

この三浦氏の頭領・三浦義明《よしあき》が頼朝の挙兵を知ると、その軍に合流しようと動きだしたのです。本来なら平氏側のはずですが、『吾妻鏡』によれば、このとき義明は「吾は源氏累代《るいだい》の家人たり。幸いに貴種再興のときに逢う」と喜んだというのです。

「源氏累代の家人」とは、義明の三代前の為通《ためみち》が頼朝の五代前の源頼義《よりよし》に従って「前九年の役」（1051〜1062）で戦功をあげ、相模国三浦の地を与えられたことに始まるといわれています。義明の祖父・為継《ためつぐ》（為次）が頼義の子・源義家《よしいえ》に従って「後三年の役」（1083〜1087）に参戦しました。これで源氏と三浦氏の関係はさらに深まったのでしょう。義家は「八幡太郎義家」とも称されるように陸奥守兼鎮守府将軍として後三年の役を平定して、源氏の勢力を東国に根付かせた、源氏のスーパーヒーロー――ともいうべき武将です。その後、頼朝の父・義朝が一時、

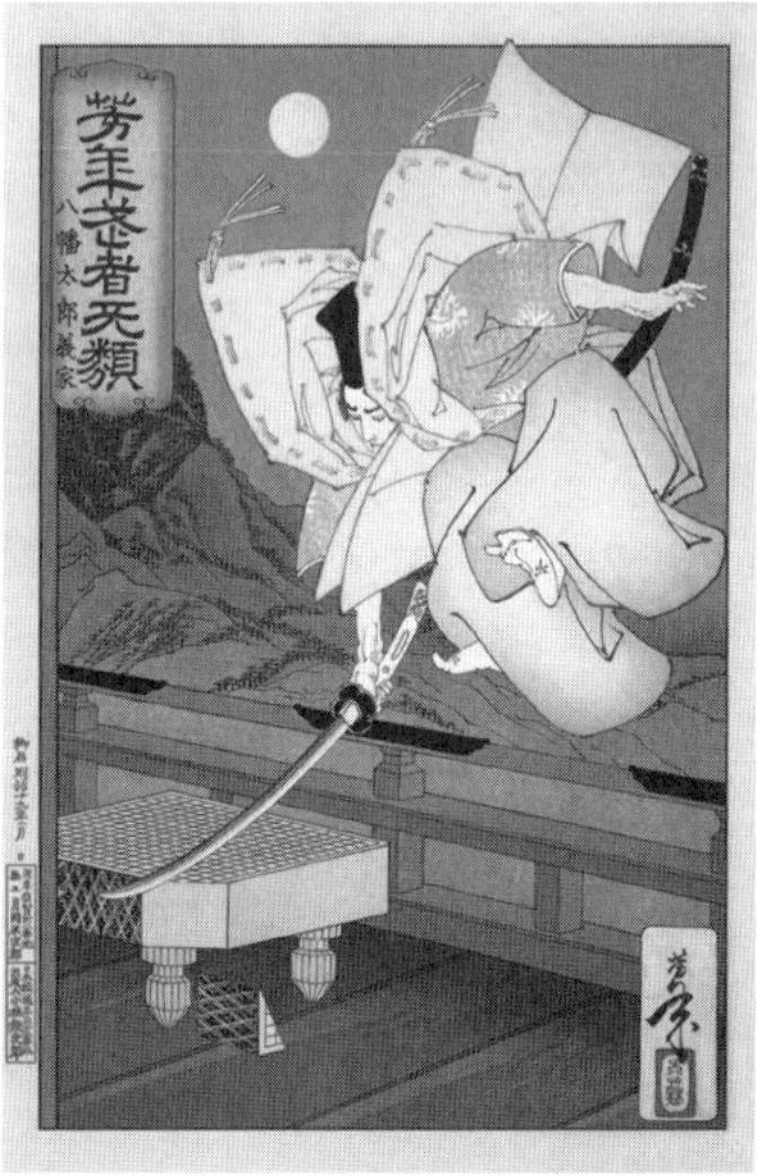

月岡芳年画：『八幡太郎義家』。前九年の役、後三年の役で活躍。東国における源氏勢力の基盤をつくった。

鎌倉に館を構えていた時代があり、そのとき義明とその父・義継が仕えていました。さらに義継の娘が義朝の嫡男・義平《よしひら》の妻だったという説もあり、両者の強い絆が見えます。「貴種」とは、「貴い家系の生まれ」という意味ですから、頼朝を指しています。義明は「旧主の家系を引く頼朝が挙兵したので、うれしい」と言っているのです。

義明は頼朝の挙兵を知ると、早速頼朝軍に合流しようと出陣しました。しかし、石橋山の戦いに間に合わず、頼朝の敗戦を知ると一旦、本拠地の衣笠《きぬがさ》城を目指して引き返しました。しかし、その途中の鎌倉の由比ガ浜で、平家側の畠山重忠《しげただ》の軍に遭遇してしまったのです。最初は同じ相模国の豪族同士なので、和議をして通過しようとしましたが、偶発的なことから戦いになってしまいました。戦いはお互いに犠牲者を出しながらも引き分けとなりましたが、畠山重忠としてはこのままでは平家に対して面目ないと思い、翌日に三浦氏の本拠・衣笠城を攻めたのです。戦いの結果、衣笠城は落城し、三浦義明が討ち死にしました。享年七十九歳だったといいますから、その気力と体力に驚きます。

落城後、義明の子・義澄《よしずみ》と一族の和田義盛《よしもり》は、東京湾を渡って房総に逃げて頼朝一行に合流します。このとき、頼朝と共に挙兵した北条時政・義時・岡崎義実《よしざね》・近藤国平《くにひら》が房総に渡る船と、三浦義澄が乗る船が出合って情報交換をするということがありましたので、最初から頼朝の挙兵には、三浦党が参加する話がついていたのでしょう。

しかし、「源氏の貴種」とはいえ、石橋山で敗戦した頼朝ですから、房総半島でどんな待遇が待っているか不安です。その危惧を払拭してくれたのが、三浦海賊だったのです。

実際、房総で迎えてくれたのは三浦党の安西景益《あんざいかげます》で、その後連絡して集まってきたのが千葉常胤《つねたね》や上総介広常《かずさのすけひろつね》など房総の有力豪族であり、海賊でした。房総で三万に増えた頼朝軍でしたが、武蔵国は現在の江戸川や隅田川などの河川が多く湿地だったため、渡河が難しかったのです。そこで房総の海賊衆や地元の葛西《かさい》氏・江戸氏が協力して、漁船やたまたま西国から来ていた船など数千艘をかき集めて三日で浮橋を造ったといいます。

相模国に入るころには、三浦義澄と由比ガ浜で戦った畠山重忠も加わり、頼朝は三浦海賊をはじめ、房総・武蔵の海賊を引き連れて鎌倉に入ることができました。

ここから、いよいよ平氏との五年に及ぶ「源平合戦」が始まるのです。

第九項　源平合戦　瀬戸内海の制海権争奪

陸の源氏VS海の平氏

源平合戦の前半戦では海戦はほとんどなく、坂東武者たちの騎馬による戦いが続きます。

源氏と平家の直接対決を見ると、治承《じしょう》四（1180）年十月二十日の富士川の戦いでの平氏の大敗に始まり、寿永《じゅえい》二（1183）年五月の源（木曽）義仲《よしなか》による倶利伽羅《くりから》峠の戦いでの勝利。さらに翌年には同じ源氏同士の源範頼《のりより》・義経兄弟と義仲が瀬田・宇治で戦って、義経側が勝って入京――、という頼朝を盟主とする源氏の連戦連勝です。

しかし、瀬戸内海に逃れた平氏は、正盛・忠盛・清盛と三代に渡って築いてきた海賊との絆によって、いよいよ反撃の態勢に入ります。

寿永二（1183）年七月、木曽義仲軍に追われて都落ちをした平氏は一カ月後の八月には九州の大宰府《だざいふ》にいました。ここで安徳《あんとく》天皇のために臨時の御所である行宮《あんぐう》を造営して、しばらく本拠地にしようと考えていました。しかし、在地の豪族である緒方《おがた》氏・臼杵《うすき》氏・菊池《きくち》氏が平氏に味方しないうえに、緒方惟栄《これよし》からは攻撃を受けるようになり、大宰府は平氏の安住の地とはなりませんでした。

そこで、十月には讃岐国（香川県）に向かい屋島（高松市）に行宮を営みます。屋島に隣接する阿波国（徳島県）の桜間城《さくらま》（徳島市）には田口党という海賊の本拠地があり、その力をあてにしたのです。

平氏は瀬戸内海の東部海域を押さえたことによって、都すら奪回できそうな情勢に挽回しました。それに対して、木曽義仲は矢田義清《やだよしきよ》を大将にして備中国（岡山県）の水島《みずしま》（倉敷市）で船を集めて屋島を襲うつもりでいました。しかし、平氏方から寝返ったはずの備中国の豪族・妹尾兼康《せのおかねやす》が再び平氏方に寝返ったため、まず妹尾氏の討伐から始めることになりました。義仲軍がやっと船を五百余艘集めたのに対し、平氏は千余艘が集まり、瀬戸内海では平氏の軍事力が上回っていたのです。

さらに海戦当日は、西風が強く吹いて船が揺れてしまい、船に慣れていない東国の武士たちは、まともに船上に立つことすらできず、完敗してしまいました。

この水島海戦に勝利したことで、平氏の瀬戸内の制海権は強固なものになりました。そこで、平氏は再び政権を奪回するために、平氏が自らの都とした福原へ前線基地を移したのです。これに応じて、瀬戸内海諸国の軍兵が十万余騎も集まってきました。

⚓河野氏はなぜ、平氏に反旗を翻したのか

勢いに乗る平氏でしたが、瀬戸内海には少数ですが反平氏の氏族も存在していました。源頼朝が関東で挙兵した同じ治承四（1180）年、それに呼応するかのように、伊予国で河野通清《みちきよ》が九州の菊池氏らと共に反乱を起こしたのです。これに対して平氏方は備後国の豪族・額入道西寂《ぬかにゅうどうせいじゃく》が討伐軍として伊予国へ攻め入り、河野氏の本拠地の高縄山城《たかなわさん》（愛知県松山市北条）を焼き討ちし、通清は自刃しました。

高縄山城が落城したとき、嫡男の通信《みちのぶ》は母方の伯父である安芸国沼田《ぬた》（広島県三原市付近）の沼田次郎のところにいました。追手の平氏軍は沼田を攻めて沼田次郎を捕えましたが、通信は従う者五百余騎が二騎になるまで抵抗して、やっとの思いで小舟に乗って伊予国に帰ったのです。

翌年の養和《ようわ》元（1181）年、西寂は四国の反乱を平定して備後国に帰り、鞆《とも》（広島県福山市）で酒宴を開いていました。そのとき、父の仇討ちを目指した通信が百余人で奇襲したのです。不意を突かれた西寂は生け捕られ、伊予国の高縄山城へ連行されて、通清の墓前で斬首されました。

通信はその後も海上の機動力を生かし、安芸国の沼田氏、豊後国の緒方氏や臼杵氏らと連携して瀬戸内海西部で対平氏のゲリラ戦を展開したのです。

では、なぜ河野通清は平氏に反乱したのでしょうか。

平氏一門は瀬戸内海沿岸諸国の国司《こくし》を歴任し、清盛の嫡男・重盛《しげもり》は平治《へいじ》の乱（１１５９）の後、伊予国の国司に就任しています。その関係か、河野一門が氏神とする大山祇《おおやまづみ》神社に宝剣や鎧など多くのものを奉納しています。この時点で平氏と河野氏は表面上良好な関係を保っていたと思われます。

しかし、清盛が仁安《にんあん》二（１１６７）年に太政大臣になり、平家の全盛となると、少し事情が変わったようです。一つには、瀬戸内海の中央に位置し、古代から東の摂津国住吉《すみよし》（大阪市）に鎮座する住吉大社と並んで、瀬戸内海を通過する船の守り神として尊敬を集めていた大山祇神社に陰りが見えてきたのです。

その原因は、清盛をはじめ平氏一門が信仰した安芸国厳島《いつくしま》（広島県廿日市市）の厳島神社の存在です。

厳島神社の創建は推古《すいこ》天皇元（５９３）年で、地元の豪族・佐伯鞍職《さえきくらもと》が神託を受けて、宗像《むなかた》三女神の一神・市杵島姫《いちきしまひめ》命を祀る社殿を建てたのが始まりとされています。平安時代中期に編纂された『延喜式《えんぎしき》』の『神名帳《じんみょうちょう》』では「安芸国佐伯郡 伊都伎嶋神社」と記載されて安芸国一宮とされました。しかし、平安時代後期にはその神域も狭まり、衰退していたようです。そこで神官の佐伯景弘《かげひろ》が、安芸守となった平清盛に近づき、家人になったことから、平家一門の信仰を得るようになりました。清盛が太政大臣になった翌年の仁安三（１１６８）年ごろには豪華な社殿を造営し、『平家納経』をはじめとするたくさんの宝物が奉納されました。まさに平氏一門の隆盛とともに平家の氏神となった厳島神社が瀬戸内海に君臨したのです。

こうなると、反対に古代から信仰を集めていた大山祇神社の権威が失墜します。また、このころには大祝《おおほうり》だった越智氏の力も衰退し、分家の河野氏から入った通信の弟・安時《やすとき》が大祝を継承していました。

さらに、清盛が福原（兵庫県神戸市）の外港だった大輪田泊《おおわだのとまり》を大修築して、日宋貿易の拠点にしました。それまで北九州の大宰府やその周辺で行なわれていた交易を、直接大輪田泊でやるという方針が決定されたわけです。そのためには宋船や日本の交易船の安全航行が絶対条件となり、それに伴い、それまで横行していた海賊の鎮圧が一層厳しくなりました。平氏は正盛・忠盛・清盛と三代に渡り、海賊の鎮圧で功績を上げてきた一門ですが、日宋交易の本格化で、さらに厳しくなったのです。

「海の武士団」と「海賊」は表裏一体です。海上やその沿岸に支配権を持ち、関銭（通行税）を徴収したり、荷物を略奪していた海賊は、平氏が隆盛の間はおとなしくするしかありませんでした。つまり、美味しいところは平氏一門に握られ、古来より自分たちの縄張だったはずの海でも規制されるようになると、海で暮らしを立ててきた海賊には、かなりの不満が溜まっていたと考えられます。

平氏に反旗を挙げた河野通清の直接の動機は分かりませんが、大山祇神社の神域と、自らの制海権を取り戻す戦いだったのではないでしょうか。

鎌倉からの兵糧船

水島の海戦で源義仲軍に勝利した平氏が福原に近い一の谷を前線基地にしました。それに対峙して、源氏方の布陣は大手の大将を範頼で、搦め手の大将を義経にして攻めたのです。結果は義経の奇襲が成功して、平氏は再び屋島に拠点を置くことになりました。

しかし、この段階になっても、源氏軍は独自の水軍を持っていませんでした。そこで陸から攻めようと山陽側の国々に惣追捕使として鎌倉武士の有力者の土肥実平《どひさねひら》と梶原景時《かじわらかげとき》を派遣。これに対して平氏方は海からのゲリラ攻撃で、源氏方を翻弄したのです。

元暦《げんりゃく》元（１１８４）年九月、源範頼を総大将にした追討軍が京を出発します。海上を平氏方に抑えられているので、山陽道を陸路で九州を目指しました。しかし、長門国（山口県）まで来たとき、関門海峡を渡る船の手配ができないために足止めされてしまいます。

さらに、源氏軍を苦境に落としたのが、兵糧の不足です。範頼軍から鎌倉へ「兵糧が欠乏したため、兵士の団結心が失われ、それぞれが故郷を懐かしみ、多くの者が逃げ帰ろうとしています。船も兵糧もなくては戦う術《すべ》がありません。至急船を用意して兵糧を送ってください」と訴えています。

ちょうど、この前年あたりから西日本は凶作で飢餓状態でした。もちろん平氏方にも影響はあったと思われますが、基盤を持たない源氏方にとって、事態はより深刻だったのです。範頼軍からの要請に対して、頼朝は「伊豆の鯉名《こいな》と妻良《めら》から兵船三十二艘に兵糧米を積んで西国に送る」と答えています。

「鯉名」は伊豆半島の先端に位置する石廊崎の東側（静岡県南伊豆町）、「妻良」はやはり石廊崎の西側（南伊豆町）に位置し、ともに古代より風待ちの湊でした。また、『日本書紀』には応神《おうじん》天皇の時代に、伊豆国で造船された「枯野船《かるの》」と呼ばれた全長十八メートルにもなる大船が出てきますので、造船もかなり盛んだったのでしょう。

源平合戦初期には、平氏方の伊東祐親《すけちか》が兵船を集めて、平氏方に合流しようとしたため、源氏方に捕えられた湊です。平安時代末期、伊豆半島には浦ごとに小さな海賊がいて、それぞれ活動していたようですが、これといった大きな勢力はありませんでした。そのため、陸の支配者が海賊衆をまとめていたと考えられます。

とはいえ、頼朝もやっと陸の武士団をまとめたばかりでしたので、なかなか海の武士団まで組織する余裕はありませんでした。そのため範頼軍に「現地でも豊後（大分）や四国の船を調達して戦え」と命じています。頼朝が送った兵船が、どのくらいの規模で、どんなルートを通り、いつ範頼の元に届いたかは不明ですが、古代に伊豆で造船した「枯野船」を難波の津に送って天皇に献じたといいますから、沿岸に寄港しながらも、なんとか長門国まで通しで運行できたのでしょう。

さて、頼朝が仕掛けた政治力で、各地の反平氏勢力が動き出しました。元暦二（1185）年春、豊後国の臼杵惟隆《これたか》・緒方惟栄《これよし》兄弟が兵船八十二艘を、周防国（山口県）の宇佐那木《うさなぎ》上七遠隆が兵糧米を提供してくれました。豊後の惟隆・惟栄兄弟は、五年前に河野通信が起こした反乱にも手助けをしており、その後もゲリラ戦ながら反平氏として動いていました。それが、本格的に源氏軍に加わった意義は大きかったのです。

とはいえ、関門海峡を固める彦島《ひこしま》には、平氏一門の中で、最も武勇を誇る平知盛《とももり》が陣取っていました。そこで、源氏軍は鎌倉との連絡役に三浦義澄を周防国に残して、一旦豊後国の国東《くにさき》半島西岸に上陸し、そこから大宰府を目指しました。途中、大宰府の長官である原田種直《たねなお》らの抵抗を受けましたが、討ち勝って軍を進めたのです。

屋島合戦と渡辺党

同じころ、源義経は四国に渡海するために摂津国渡辺津（大阪府大阪市）にいました。渡辺津は現在の大阪市の中心部あたりで、旧淀川の河口だったために、瀬戸内と京を結ぶ水運の拠点で、瀬戸内海沿岸で最大の港でした。そのため、古代には「難波津」と呼ばれ、朝鮮への遠征軍の出発や、遣隋使・遣唐使の出発地として、日本の外交と軍事の重要基地にもなっていました。平安時代後期には嵯峨《さが》天皇の皇子で臣下した源融《とおる》を祖とする源綱《つな》がこの地に住んで、地名の「渡辺」を名字とし、渡辺氏を興しました。その後、渡辺綱の子孫が渡辺党と呼ばれる武士団に発展し、難波津に立地することから海賊として名を馳《は》せるようになったのです。保元の乱と平治の乱では、源頼政の配下として勝者の側に属しましたが、平氏の専横に不満が高まる中で、頼政が後白河天皇の皇子である以仁王《もちひとおう》と結んで挙兵して大敗をしたときは、渡辺党の多くが頼政と共に討ち死にをしました。そんな縁からか、渡辺党はその後も源氏方として活動します。

義経の屋島攻めにも総力を挙げて参戦しましたが、屋島攻撃のために集めた船が嵐のために破損し、一艘も出港できないという事件が起きました。それでも義経は予定通り船を出すように命じ、やっと兵百五十人が乗船できる船五艘を確保して、渡辺津を出航します。

嵐の中、距離にして百十余キロある阿波国（徳島県）椿浦（一説に勝浦）に上陸します。停泊中の船を破損させる嵐ですから、命がけの渡海だったと思われます。偶然成功した渡海だったかもしれませんが、渡辺党の操船航海術がいかに優秀だったかが分かります。

阿波国に上陸した義経軍は陸路を讃岐国に入り、屋島で安徳天皇の行宮付近に火をかけたのです。これに慌てた平氏軍はすぐに沖合に停泊させていた船に乗り移りました。この後、陸の源氏軍と船の平氏軍の間で、有名な「那須の与一が扇の的を射る」話などが伝わります。

屋島合戦の源氏の勝因は、義経の無謀ともいえる嵐の中の渡海にありますが、もう一つ平氏方の読み違いも大きかったでしょう。源氏はあくまで海上から攻めてくると予想して、屋島を取り巻く島や浦に軍勢を載せた船を配置していたのです。さらに、すぐには来襲できないだろうというので、伊予国で源氏方についた河野通信を攻撃するために三千の兵を出撃させていたので、屋島に在陣している兵数が少なかった。そのため、最初に火をかけられて、煙幕の中、義経軍がたった百五十騎だということに気がつかずに大軍だと思って慌てたのです。

屋島での形勢が伝わってくると、それまで平氏方だった讃岐国や阿波国の豪族たちも義経の元に集まりだしました。特に阿波の田口氏が源氏方になったことで、平氏が持っていた瀬戸内海東部の制海権が源氏に移ったのです。

『平家物語絵巻』巻十一、屋島の戦い「扇の的」

第十項

源平最終決戦

海賊が歴史の表舞台に出た日

屋島の合戦で源義経の奇襲を受けた平氏軍ですが、海上に逃れたため死傷者の数も少なく、ダメージは少なかったようです。しかし、これまで日和見《ひよりみ》を決めていた瀬戸内海の海賊勢力が源氏方につき始めました。さらにこれまで平氏方だった海賊も次々に源氏方に寝返り始めました。

四国では平氏方の海賊衆の中心勢力だった田口氏をはじめとした阿波・讃岐の海賊。山陽側では、源範頼《のりより》が九州に渡海する船に困っていたときには出さなかった周防国の船所《ふなどころ》正利《まさとし》が国庁の船を数十艘も義経に献上したのです。そしてすでに源氏方として戦っていた摂津の渡辺党や、伊予の河野氏。そして範頼が九州から率いてきた豊後《ぶんご》の臼杵《うすき》・緒方兄弟。梶原景時《かげとき》が山陽諸国から集めてきた諸氏。さらには紀伊国（和歌山県）の熊野海賊までもが乗り出してきたのです。そのため、源氏の船数もかなりの数になってきました。

この段階では、頼朝挙兵以来の忠臣で、東京湾の制海権を握っていた三浦海賊の当主である三浦義澄《よしずみ》は、範頼の指示で陸路の連絡役として周防国に留まっていました。いよいよ海戦することが見えてきたので、無理やり志願して義経軍に合流したのです。義経は「門司《もじ》関をよく知る者」として、海の先導役を命じました。頼朝が石橋山の敗戦から安房国に渡海するときに貢献して以来、ずっと陸戦ばかりしてきた義澄にとって、自前の船はありませんが、いよいよ三浦海賊としての本領を見せるときがきたのです。

平氏の水軍

元暦《げんりゃく》二（１１８５）年三月二十四日。午前六時、長門国赤間関の彦島《ひこしま》から出撃した平氏の船団は『吾妻鏡』によると五百艘。対する源氏は八百艘ですから、海上勢力は逆転していました。

平氏軍は、先陣に筑前国（福岡県）の山《やま》鹿《が》秀遠《ひでとお》率いる三百艘、二軍に肥前国（佐賀県・長崎県）の松浦党百艘、そして三軍の本隊が知盛《とももり》と教盛《のりもり》が率いる百艘でした。

山鹿氏は、平安中期の寛仁《かんにん》三（１０１９）年に中国北部に勢力を持った女真《じょしん》族が北九州に侵攻してきたとき、撃退した太宰権帥《ごんのそち》の藤原隆家《たかいえ》の子孫で、筑前国の遠《おん》賀《が》川《がわ》流域に勢力を張った豪族でした。山鹿氏は代々大宰府の官吏を歴任し、平氏が全盛のころには宋との交易にも一枚かんでおり、城のあった遠賀川河口の山鹿（福岡県遠賀郡芦屋町）は海外交易港の役割も担っていました。そんな関係からこの時代の当主・秀遠は平氏が都落ちして、大宰府にも行宮《あんぐう》を構えられなくなったとき、安徳《あんとく》天皇や一門を山鹿城に迎え入れています。その後、秀遠は平氏の屋島行きにも従い、今回の壇ノ浦の合戦では、九州勢を率いて先陣を務めることになったのです。

二軍の松浦党は、摂津国渡辺津を本拠とした渡辺綱の曾孫の久《ひさし》が延久《えんきゅう》元（１０６９）年に、肥前国松浦郡（佐賀県から長崎県に連なる海岸部）の御厨《みくりや》に荘官として入国し、以来その子孫が分散して定住したことに始まります。

一族はそれぞれの根拠地の地名を名字にして、それぞれが覇を競い合いましたが、一族の結束は固く、リーダーはその時々に一番統率力のある者が務めました。本家筋の渡辺党が源氏方についたのに対して、平氏と共に大陸との交易に関係した松浦党は平氏方として出陣したのです。

⚓熊野海賊

平氏方が北九州の玄海灘沿岸の海賊が中心だったのに対し、源氏方は一の谷、屋島と連戦連勝が続く中で、各地の海賊が集まってきました。その中でひときわ異彩を放ったのが、熊野海賊でした。

熊野は紀伊半島南端部（和歌山県三重県）に位置し、平安時代後期には熊野三山といわれる「本宮」「新宮」「那智」の三宮が、皇族の篤い信仰を集め、白河・鳥羽・後白河の三上皇だけでも百回以上も参詣する聖地となっていました。また、寄進された荘園も増えて、宗教的権威と経済力が向上。さらに、古代から豊富な檜材《ひのき》を産出するため、造船も盛んに行なわれ、それに伴って海賊の軍事力も増幅したのです。

平安時代は比叡山や興福寺の僧兵の例に見るように、宗教者が武力を持つことが多くなりました。熊野三宮は神道と仏教の神仏習合の宗教施設だったため、僧侶の指導者である別当が三宮の管理を行ない、軍事力の統率者となっていきました。熊野の別当は僧侶や神主の衆徒に推挙され、朝廷が任命するというものでしたが、妻帯を許されていたため、平安時代後期になると世襲制となり、それが分裂して新宮に本拠を置く「新宮別当家」と、本宮と熊野詣の海の玄関口だった田辺に本拠を置く「田辺別当家」に分かれていましたが、お互いに交代で継承していました。

源氏が没落し、平家の隆盛のきっかけとなった平治《へいじ》元（１１５９）年の平治の乱で、源義朝《よしとも》が京で乱を起こしたとき、平清盛はちょうど熊野への参詣の途中でした。乱の知らせを受けた清盛は手勢が少なく、このままでは戦えないので、一旦四国に逃げて再起を図ろうとしました。すると清盛の接待をしていた十八代別当の湛快《たんかい》と、やはり紀伊国の豪族・湯浅宗重《ゆあさむねしげ》が協力して武器や兵を提供してくれたため、清盛は京に引き返して勝利したという逸話が残っています。そのため、乱後には平氏と熊野別当はさらに深い関係になりました。

熊野別当家の内部でも、湛快の家系である田辺別当家の政治的権力がより強くなりました。湛快の息子の湛増《たんぞう》は、治承《じしょう》四（１１８０）年5月に源行家《ゆきいえ》が以仁《もちひと》王の令旨を報じて挙兵したことを知ると、源氏方に味方した新宮勢と戦いましたが敗退してしまいます。しかし、どういうわけか、同年十月に源頼朝の挙兵を知るとそれ以後は、熊野勢を源氏方にまとめてしまったのです。

湛増の寝返りのわけを『平家物語』は、闘鶏によって占ったと伝えています。

「平家につくか、源氏につくか迷った湛増が田辺（現闘雞神社）で白い鶏七羽と赤い鶏七羽を戦わせます。すると、赤い鶏が全部負けてしまいました。そこで、湛増は源氏に味方することに決めたのです」

これが本当かどうか分かりませんが、これまでは熊野三宮の中で、平氏方と源氏方に分かれていたので、全員の意思統一のために占いというイベントが必要だったのではないでしょうか。

富士川の合戦で源氏方が勝利した後、頼朝は鎌倉に腰を落ち着けて東国の経営に専念しますが、やはり最終的には京の平氏打倒があるため、京都へのルートをいろいろ模索していたようです。翌年、京都では源氏軍が海から紀伊半島に上陸して、京都に攻め入るという噂が流れます。そこで平氏は伊豆江四郎を志摩国に派兵したのです。これに対して湛増配下の熊野勢三百人が船五十艘で伊豆江四郎を敗走させました。

これなどは当時すでに関東から駿河湾・遠州灘・伊勢湾を渡海して紀伊半島の伊勢・志摩への航路が成立しており、多数の兵や馬を船で運搬する能力があったことを示しています。さらに熊野を始め沿岸の海族たちは、あるときは船を漕ぐ水手《かこ》となり、あるときは荷を奪う海賊となって、かかわっていたことは明白です。

源平の戦いでは、これらの海賊が武士化して「海の武士団」である「水軍」として登場します。

元暦二（１１８５）年、湛増は源義経の要請によって平氏追討使に任命され、船二百余艘（一説では三百艘）に兵二千人（一説では三千人）を乗せて、最終決戦の地である壇ノ浦に向かいます。

海賊たちの壇ノ浦の決戦

元暦二（１１８５）年三月二十四日午前六時ごろ。源氏と平氏の船団は三百メートルくらいの間隔で対峙しました。戦場となった壇ノ浦は瀬戸内海の最西端で、周防灘と外海の玄界灘を結ぶ狭い水路です。そのため潮流の変化が勝敗を決めたといいます。当日はちょうど戦いが始まる少し前の午前五時ごろが高潮だったため、潮の流れは止まっていました。それから二時間くらいした午前八時三十分ごろから潮が内海に向かって東流し始め、午前十一時ごろには流れが最速になり、その後緩やかになり、午後三時ごろに潮は止まりました。その後、潮の流れが反転して外海に向かって西流し、午後五時三十分ごろに最速となり、午後八時三十分ごろには止まったのです。この間の潮流の最高速度は八マイルで時速十五キロ。しかも、全部が同じ方向に流れるのではなく、場所によっては渦潮になる所もあるのです。そのため、当時の人たちはこの流れを「たぎりて落つる潮」と表現しています。「さかまいて落ちる滝」のようだと言いたいのでしょうか。

平氏は前半の玄界灘から瀬戸内海に流れ込む東流の潮に乗って、源氏に襲いかかりました。そのため、潮に逆らう形になった源氏軍は苦戦しました。そこで、源氏軍は平氏の水手や梶取《かんどり》をあえて狙い撃ちして、平氏の船の自由な操船を妨げたのです。当時の戦いは武士だけで行なうのが

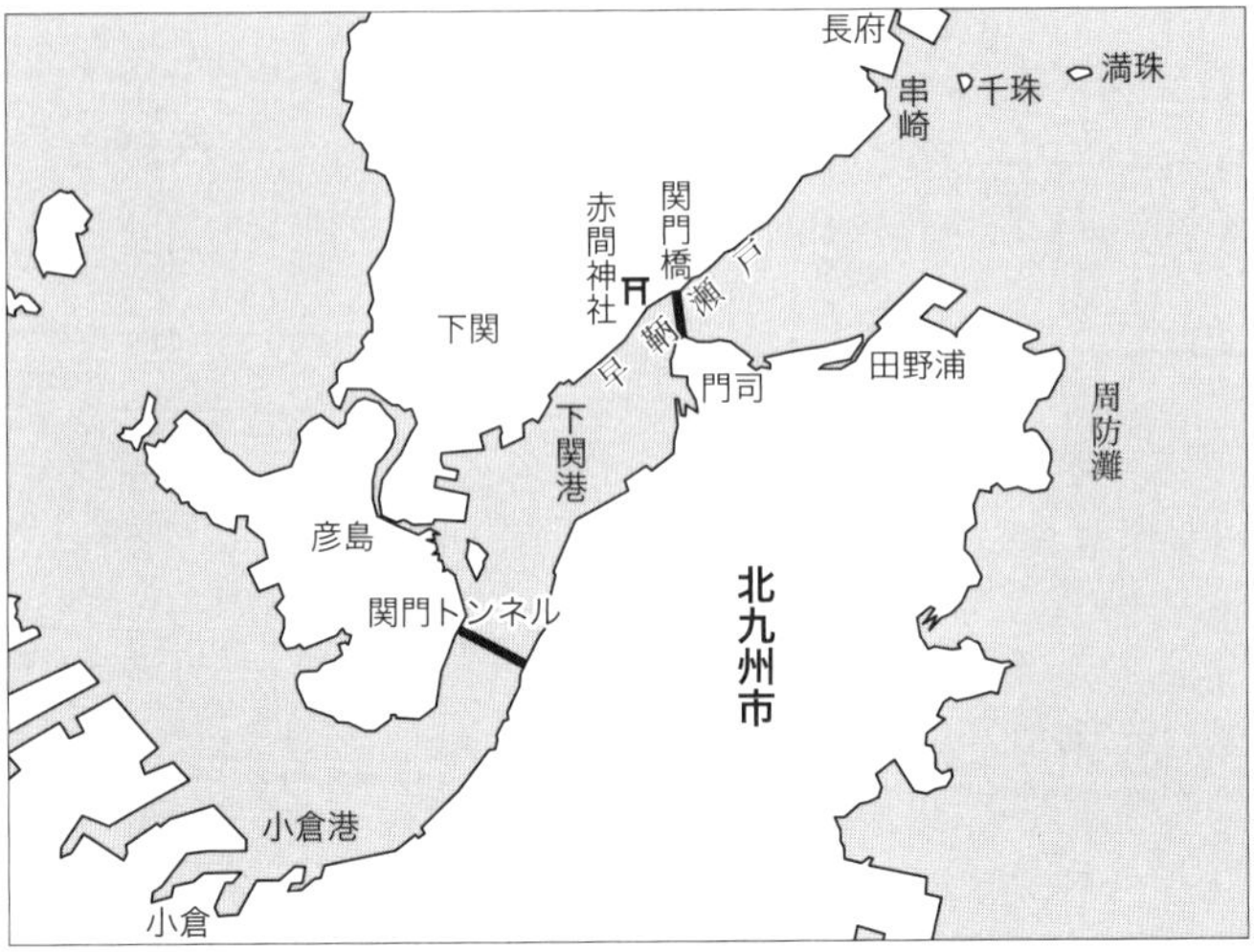

壇の浦図

常識であり、馬の口取りや、操船をする水手や梶取は身分が違うということで、戦う相手ではありませんでした。そのため、水手や梶取は生け捕りにして労働力としての奴隷とすることはありましたが、狙い撃ちすることはありませんでした。それをあえてやったのですから、武士の戦いに海賊の戦法が入ってきたのです。

平氏としては、潮流が優位な午前中に決着をつけたかったと思われますが、源氏方のしぶとい反撃にあって、とうとう午後に入ってしまいました。午後に入ると潮流が緩やかになり、午後三時には潮が止まり、潮の流れが逆転しました。これで劣勢に立たされていた源氏軍は優勢になり、夕方には勝敗が決したのです。

第十一項

守護地頭と海賊

⚓義経追討

元暦《げんりゃく》二（１１８５）年三月に平氏を瀬戸内海の西端の壇ノ浦で殲滅させた源氏でしたが、頼朝と弟の義経の間が不和となりました。

同年（文治元）十月、義経が後白河法皇から頼朝追討の院宣をもらうと、頼朝はそれに対抗して鎌倉から京を目指して出陣したのです。頼朝が出陣したことを知った義経は、十一月初めに西国で再起するために、主従三百人を引き連れて、一旦京を離れます。この段階でどこに行こうとしていたのか分かりませんが、摂津国大物浦《だいもつうら》（兵庫県尼崎市）で船を調達します。

大物浦は淀川水系の神崎川の河口に位置し、平安時代後期には京と瀬戸内海の物資輸送の接続点で、海上を運ばれた物資はここで川船に積み替えられて京へ運ばれ、また西国を目指す人々にとっては海の玄関口でもあったのです。まだ、この時点では義経に味方する者もいたのでしょう。なんとか船団を組んで船出をしました。しかし、沖合に出ると暴風が吹き、船が難破してしまいます。屋島攻めのときは、暴風を乗り切り、四国に上陸できましたが、今回の義経はすでに武運が尽きていたのでしょう。

再び摂津国のどこかに押し戻された義経は、主従もバラバラになり、西国に行く状況ではなかったようです。そのまま、吉野山中に身を隠しました。吉野では側室の静御前とのエピソードなどが生まれ、物語の地となっています。

さて、義経が吉野に逃れた十一月下旬、頼朝は義経を追討する院宣を手に入れます。そして、その追討を遂行するためと称して、十二月に守護と地頭を全国に設置する権限を獲得しました。守護と地頭の設置は、このあと海の統治に関しても強い権限を発揮していきます。

鎌倉の和賀江島

建久《けんきゅう》三（1192）年に征夷大将軍に任ぜられた源頼朝が、建久十（1199）年に死去すると十八歳の嫡男の頼家《よりいえ》が征夷大将軍となりましたが、北条時政を中心とする重臣たちと対立して、実質的な権力を奪われてしまいました。以後、幕府の政治は重臣たちの合議制となったのです。

しかし、それに反発した頼家と重臣たちの間で抗争が行なわれた結果、五年後の建仁《けんにん》三（1203）年に頼家《よりいえ》は将軍の座を追われ、弟の実朝《さねとも》が将軍となります。

鎌倉幕府の三代将軍となった実朝は建保《けんぽう》四（1216）年十一月に、突然自分の前世は宋（中国）にある医王山の長老だったので、ぜひ霊山を拝むために宋に行きたいと言い出したのです。そのために、宋行きの船造りを宋から来た陳和卿《ちんなけい》に命じます。翌年の四月に完成した船を由比ガ浜から海に向かって曳かせたところ、船は浮かぶどころか、解体破損してしまいました。

その後、陳和卿がどうなったか、記録にありません。陳は元々、平氏によって焼かれた東大寺の大仏と大仏殿の再建のために招請された工人だったので、船の建造ができたかどうか疑わしいのです。それに無理やり船造りを命じたのですから、実朝も罪作りなことをしたものです。

この事件から、十五年後の貞永《じょうえい》元（１２３２）年、同じ由比ガ浜で、今度は実朝亡き後、実質的に鎌倉幕府の頂点に立った北条義時が、人工島である和賀江《わかえ》島の築造を命じます。由比ガ浜は遠浅の砂浜だったため、大型の船舶は沖合に停泊して、そこから小船に荷物を積みかえていました。鎌倉の首都機能が拡大するにつれて物資の輸送量が増え、直接接岸できる岸壁の建設が望まれたのです。

伊豆半島あたりから切り出した石材を大量に積み上げただけの人工島ですが、工事期間はたったの一カ月間だったといいますから、いかに窮乏されていたかが分かります。現在、和賀江島は、満潮のときは海面に沈んでいますが、干潮になるとその姿を現します。すでにかなり形は崩れていますが昔を偲ぶことはできます。

承久の乱で没落した熊野海賊と河野海賊

さて、ここで話を九年前に戻します。承久《じょうきゅう》三（1221）年五月、鎌倉将軍が三代で途絶えたことを契機に、幕府の政治に不満を持った後鳥羽《ごとば》上皇が北条義時《よしとき》を追討する院宣を出し、続けて仲恭《ちゅうきょう》天皇も官宣旨を出したのです。このとき、上皇や天皇のもとには御所の警備の役目についていた北面、西面の武士以外にも、幕府から京都に派遣されていた検非違使判官《けびいしほうがん》の三浦胤義《たねよし》や、京都守護の大江親広《ちかひろ》も朝廷軍に加わり、千七百騎が集まったといいます。これで、すっかり朝廷軍の士気が盛り上りました。

京都の挙兵を知った幕府は、動揺する御家人に対して、頼朝未亡人の北条政子《まさこ》が頼朝以来の恩顧を訴える名演説をして、御家人の心を結束させたという有名なエピソードがあります。

挙兵を鎮圧するために、幕府軍は北条泰時《やすとき》を大将に十四カ国から集まった大軍で、京都を目指しました。対する朝廷軍は山城国（京都府）の宇治と瀬田に二万五千騎で迎え撃ちました。この朝廷軍の中に熊野別当・快実《かいじつ》（湛増の孫）が率いる熊野海賊の兵士が参陣していたのです。海賊といえども、実際には船戦よりも上陸して戦う陸戦のほうが多く、このときも宇治橋の警固軍の中にいました。

朝廷側についた理由は分かりませんが、源平合戦の後、紀伊国の守護に三浦氏という関東の海賊の一派が来るなどして、不満が溜まっていたのかもしれません。

結果は朝廷軍の敗退で、京都は幕府軍に占領されてしまいました。戦後の処分では熊野海賊が支配範囲としていた紀伊半島西南部には、新たに「新補《しんぽ》地頭」という領主が入りました。そのため、熊野別当一族の勢力は衰退し、熊野海賊も強力な指導者を失って、バラバラに解体してしまいました。以後、新たな支配者となった新補地頭と結びついた小規模な海賊勢力となり、その後の南北朝の動乱期を迎えるのです。

承久の乱ではもうひとつ古代より続く海賊が存亡の危機に陥ります。伊予国に拠点を置く河野海賊です。

平氏の全盛時代には、源氏との関係が深かったという理由で、所領の多くが没収されて河野郷だけという悲惨さでした。そのためか、頼朝が挙兵したと知ると、瀬戸内海の諸勢力の中ではいち早く源氏への味方を表明し、源氏の勝利に大いに貢献したのです。

しかし、戦後の論功行賞では、伊予国の半分である道後七郡の守護に任命されましたが、残り半分の道前守護には佐々木盛綱《もりつな》が起用されるという期待外れのものでした。それでも通信は頼朝の奥州征伐に従軍し、その後も鎌倉に留まって頼朝の近習として仕えました。

そのため、通信が鎌倉から伊予に帰るに際して幕府から伊予郡から越智郡まで高縄半島周辺の武士たちは、佐々木氏ではなく、通信の支配下に入るようにという命令を得ているのです。現実問題として、海で暮らす人々は鎌倉から来た名ばかりの守護やその代理人である目代《もくだい》の命令で活動することを嫌ったのではないでしょうか。そこで古代から盟主として仰ぎ、多くの血縁関係を結んできた越智氏や河野氏の存在が重要だったのです。

やっと幕府との関係もよくなってきたというのに、通信の子の通政《みちまさ》や孫の秀通《ひでみち》が鳥羽上皇の西面の武士として上皇に仕えた繋がりから、承久の乱に際しては上皇の招請に応じて京都に馳《は》せ参じたのです。しかし、守った広瀬口で敗北したため、そのまま伊予に戻って本拠地の高縄山城に立て籠もりました。

結果は幕府軍に打ち負かされ、通信は負傷して捕えられ奥州極楽寺（岩手県北上市）に配流されてしまいました。また、嫡男の通政は信濃国葉広（長野県伊那市）で斬られ、次男の通末《みちすえ》は信濃国友野荘（長野県佐久市）、通政の子・政氏《まさうじ》は常陸国久慈東郡（茨城県）にそれぞれ配流となり、河野氏の嫡流は一旦途絶えるのです。

ただ、通信の子の中で庶流だった通俊《みちとし》は伊予国桑原郡得能《とくのう》（周桑郡丹原町）で所領を許されました。これが、南北朝時代に活躍する得能氏の祖です。もう一人、通久は母が北条時政の娘だったので、幕府軍に参陣したため、阿波国富田荘が与えられました。のちに希望して伊予国温泉郡石井郷（愛媛県松山市）を領有して移りました。これも得能氏同様、南北朝時代に水軍として活躍する土居《どい》氏です。

第十二項　元寇と船戦

日元交渉

元寇《げんこう》の前兆はまだモンゴル（蒙古）帝国と名乗っていた北方民族が、朝鮮の高麗王朝への侵略を開始した寛喜《かんぎ》三（1231）年に始まります。降伏と反撃が繰り返されたのち、正元《しょうげん》元（1259）年に、朝鮮半島は完全にモンゴル帝国の支配するところとなったのです。もちろん、この辺の情勢は海を越えた日本にも伝わっていたことでしょう。そのためか、鎌倉幕府は国内の海賊の取り締まりや、その船団を直接統治するための登録制度など、いざというときのために水軍の整備を始めていたようです。しかし、まだこのときはモンゴルの本当の目的には気がついていなかったのかもしれません。

文永《ぶんえい》五（1268）年一月、モンゴルからの使者が高麗の使者を先導役として対馬経由で博多にやってきました。大宰府《だざいふ》の鎮西《ちんぜい》奉行・少弐《しょうに》資能《すけよし》は、モンゴル皇帝フビライからの国書「大蒙古国皇帝奉書」と、高麗国王からの書簡を受け取り、鎌倉へ送りました。当時は外国との儀礼は朝廷の担当ということになっていたため、この国書は京都に回され、後深草《ごふかくさ》上皇の院で評定されました。もちろん、その議論は幕府の意向が強く反映されたものだったのは確かです。結果、返事は書かずに無視することにしました。

国書の内容は、「大蒙古帝国が周辺諸国をみな従えたので、日本も帝国と国交を行なおう」というもので、最後に「軍事力を用いることは好まないので、日本国王はよく考えろ」という、脅しの一文がついていました。

それを無視したのですから、幕府にもそれなりの覚悟があったのでしょう。早速、西国の守護に対して、御家人たちにモンゴルの襲来に対する警戒をするように指示することを命じています。

翌年の九月、再びモンゴルと高麗の使節が国書を持ってやってきますが、これも前回同様に返書を受け取ることなく帰国します。

そして、三度目に当たる文永《ぶんえい》八（1271）年には、「返事がなければ、兵船を差し向ける」という強硬なものでした。それでも返事を出さなかったため、困ったモンゴルの正使の趙良弼《チョリヤンピル》は、偽の日本使節を皇帝フビライに謁見させるという大芝居を打ったのです。しかし、これも嘘が露見してしまいました。

ちょうどこのころ、1271年にモンゴルは国名を中国風に「大元」と改めましたので、本書でもここからは「元」と表記して進めたいと思います。また、「元寇」も鎌倉時代は「蒙古襲来」と言っていたものが、江戸時代以降の歴史編纂で「元寇」と呼ばれるようになりました。ここでは、一般に呼び慣わされた「元寇」と表記します。

第一次元寇 ～文永の役

さて、四度目の交渉の挑戦となった文永十（1173）年も失敗し、フビライは日本に軍船を派遣することを決めるのです。

翌年一月、フビライは高麗に大型の軍船三百艘の建造を命じます。高麗は三万五千人の船大工や人夫を動員し、たった半年間で大型船三百艘を完成させたというのです。しかも、他に船足の速い小型の兵船三百艘、給水のための小型船三百艘、合わせて九百艘も用意したというのですから、かなり過酷な命令だったのでしょう。もちろん船を操作するには、梶取《かんどり》や水手《かこ》が必要です。これもすべて高麗人で賄われ、その数一万五千人に達しました。

十月三日、モンゴル・女真・漢族の混成軍二万人と、高麗軍五千六百人、合わせて三万数千人の将兵を乗せた元の大船団が朝鮮の合蒲《がっぱ》（大韓民国馬山）を出航し、二日後には対馬西海岸の佐《さ》須《す》浦（小茂田湾）に姿を見せました。対馬の守護・地頭を兼ねる少弐氏の代官の宗資国《そうすけくに》が、来航の理由を尋ねようとしたところ、敵船から矢が放たれ、続いて兵士が島に上陸して戦闘になりました。八日間ほど暴れまって、多くの住民を惨殺したといいます。その間に資国の郎党が逃れて、博多に元軍来航の第一報を伝えました。

元軍は十四日に壱岐を襲撃し、十六〜十七日には肥前国の平戸島《ひらどしま》・能古島《のこのしま》・鷹島《たかしま》など松浦党の基地を襲い、住人を惨殺したり捕虜にしたりしました。もちろん、日本側の武士たちも応戦しましたが、多くの戦死者と捕虜を出しました。

十九日には元軍の一部が筑前国今津《いまづ》に上陸しました。ここは博多湾の入口ですから、大宰府と目と鼻の先です。九州各地から武士だけでなく、神主や僧侶も戦うために集まってきました。戦いは水際での戦いとなりました。

二十日には元軍本隊が博多湾の早良《さわら》郡沿岸に上陸して陣を布きました。日本側は戦いの始めに行なう矢合わせの小鏑矢《かぶらや》を放ったり、名乗りを挙げたりと、日本古来の合戦の礼法を行ないましたが、そんな礼法のない元軍には大笑いをされる始末。反対に元軍は太鼓を叩いたり、銅鑼《どら》を打ち鳴らしたり、さらには「てっぽう」（後の鉄砲とは違うもの）で火薬の破裂音までさせたため、将兵だけでなく、騎馬が怯《おび》えて暴れ出し、戦いどころではなくなってしまいました。このため、日本軍は元軍に惨敗してしまい、博多・筥崎《はこざき》は焼き払われてしまったのです。まる一日続いた激しい戦闘は、日没のころには終わり、日本軍は大宰府の守りの城である「水城《みずき》」に退き、元軍は沖合に停泊させていた船に引き上げたのです。

翌二十一日の朝。博多湾に停泊しているはずの元軍の軍船が、すべて消えていました。これが世にいう「神風」です。この神風に関しては、太平洋戦争以前は、「神国日本」の象徴的な伝説

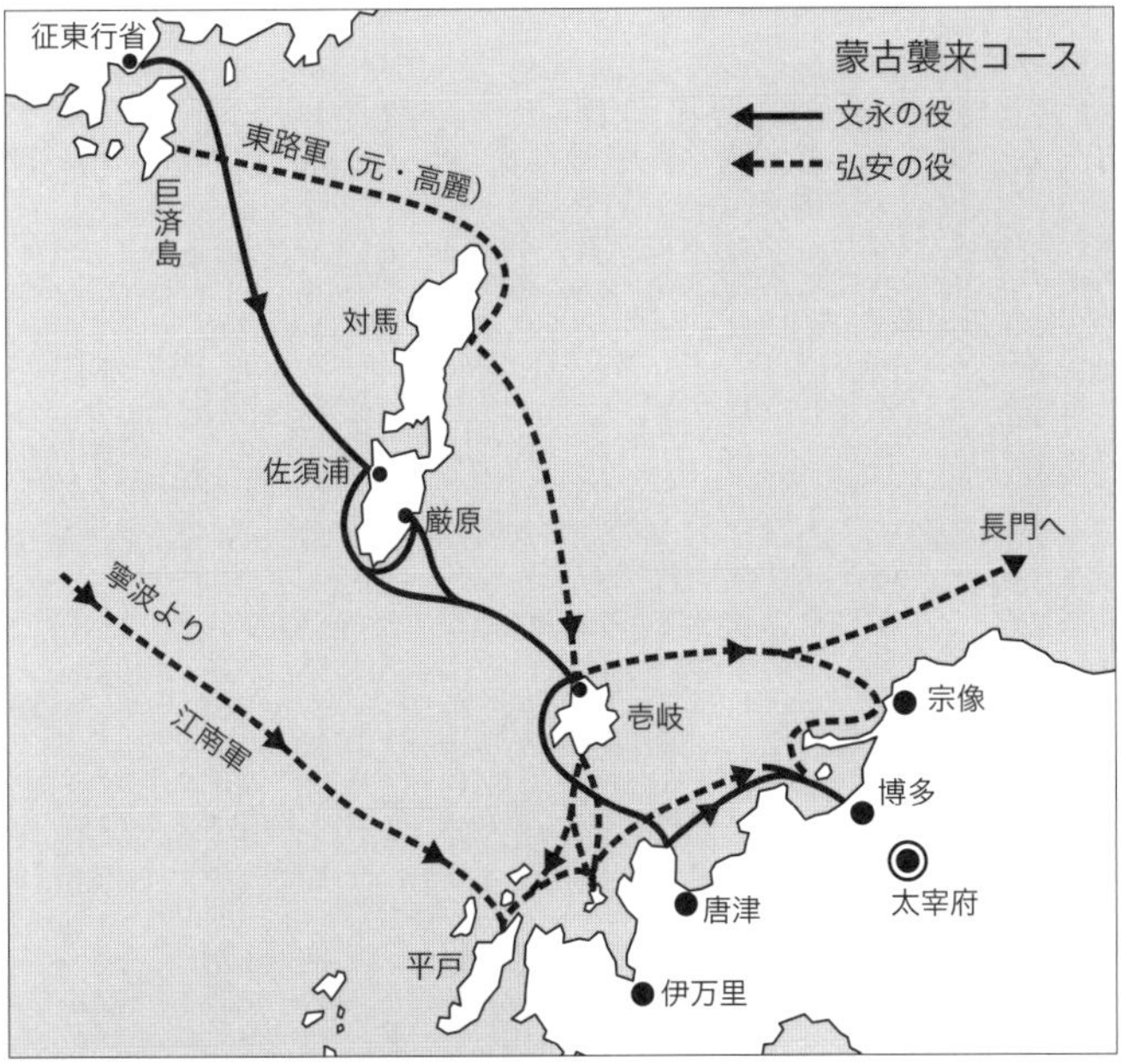

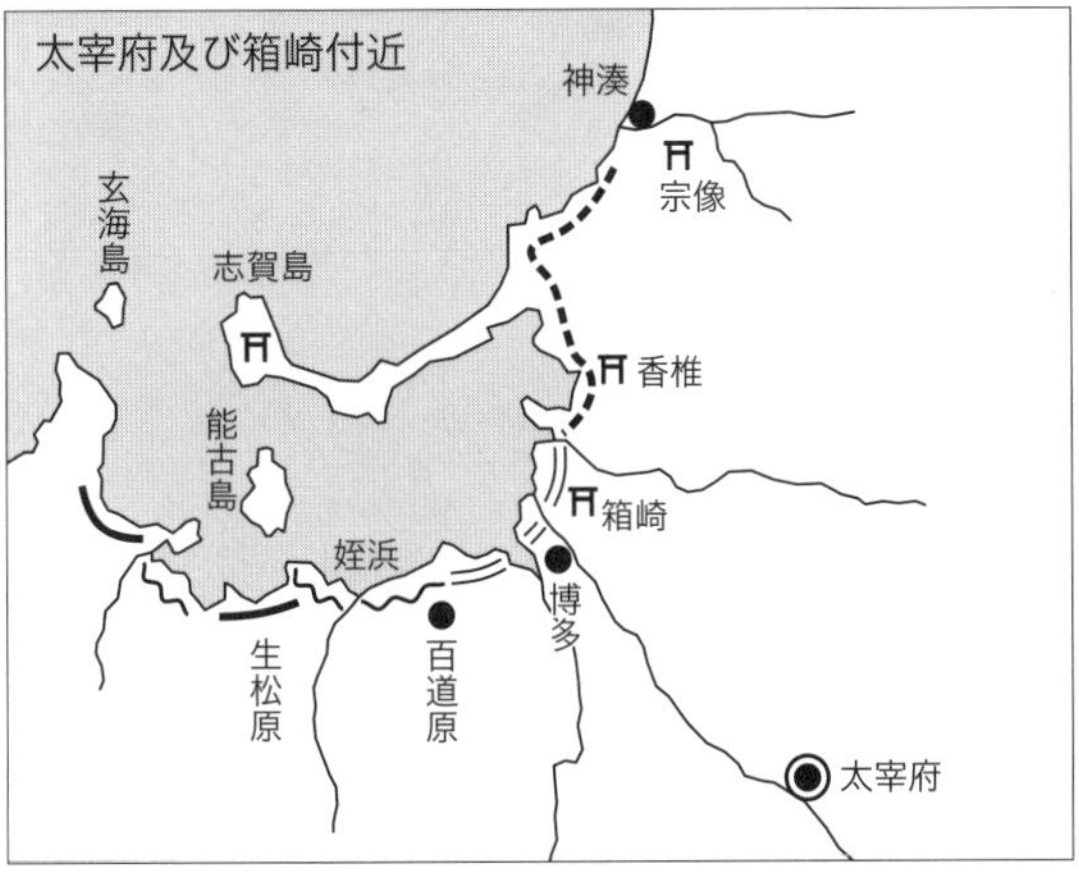

『日本水軍史』佐藤和夫（原書房）より

として肯定する人が多かったのですが、戦後は否定説のほうが有力になってきました。

その説をすべて紹介すると、長舌になるので、その中から著者がポイントになると思うものを紹介しておきます。

まず、二十日の戦闘は一方的に元軍が優位で、日本軍が惨敗だったと言われています。確かに、海岸の防御ラインを越えられ、博多や筥崎を焼き払われた日本側は、このままでは大宰府も数日のうちに占領されたかもしれません。しかし、元軍の損害も想像以上に多かったのです。指揮官の一人が負傷し、戦死者もかなり出たようです。しかも、元軍が三万近い兵だとしても、長期戦になれば日本軍には、九州全土から次々に応援の将兵が駆けつけてくるでしょう。さらに、モンゴル兵には慣れない船旅で疲労の色が見え始めていました。モンゴルの歴史書『元史』には「官軍整わず、又矢尽」と記載されていますから、元軍の指揮官たちは、一応日本本土に上陸したことを手柄にして、一旦合浦《がっぽ》に帰還することにしたのです。そして二十日の夜に、博多湾から壱岐対馬を目指して出航しました。

ところが沖合に出ると、天候が悪化して、元の船団は暴風に遭遇してしまったのです。冬の玄界灘はよほど天候がよくないと、渡海が難しいと言われていた時代ですから、もともと無理な航海でした。さらに高麗の梶取を徴発して水先案内をさせていましたが、九百艘の船団ともなると、全員が玄界灘を熟知しているとは限りません。そのため、多くの船が岩礁に衝突したり、船同士が衝突したりして沈没や破損をしたのです。

日本側の史料『金剛集』によれば、元軍が撤退した後、破損した船百余艘が所々に打ち寄せられていたといいます。また『皇年代略記』によると、十月三十日に大宰府より京都へ同じく漂流船百艘の報告がされていました。

藤原兼仲《かねなか》が書いた日記『兼仲卿記』の十一月六日には、聞き伝えではあるが、「賊船数万艘が海上に浮かんでいたが、俄かに逆風（南風）が吹いて、本国に吹き帰った」と書き遺しています。

これらの史料から、確かに暴風は吹いたのでしょう。しかし、場所は博多湾ではなく、沖合の玄界灘だったと思われます。いずれの史料にも暴風が吹いた日付は入っていませんが、壱岐・対馬には平常なら二日で行ける距離ですが、そこに入港したという記録はありませんから、暴風が吹いたのは、博多湾から対馬を目指した二十一日のことだったと推測されます。

元軍が出発した朝鮮の合浦に帰還したのは十一月二十七日でした。『高麗史』には「十月、日本を攻める。壹岐に至って戦い敗れ、軍の還らざる者は一万三千五百余人」と記載され、暴風のせいとはしていませんが、完全敗北を認めています。

さて、ここで気になるのが、元軍が海を渡って遠征してくるのに対して、日本は水軍で迎え討つという作戦は、まったくとらなかったのでしょうか。

元軍の対馬来寇の知らせを受けた安芸国の守護・武田信時《のぶとき》は、鎌倉幕府から事前に元軍来寇時には国内の津々浦々から百艘の船を徴発して、兵員を運ぶように指示されていました。しかし、実際はちょうど秋で収穫した米を京都などに運ぶ時期だったので、なかなか集まらなかったようです。ただ、この船も本来は輸送船ですから、いざ海戦となれば、十分機能しなかったと思われます。

また、松浦党のように海の武士団として活動していた海賊も今回は海上で戦った様子がなく、陸上戦だけだったようです。

第二次元寇～弘安の役

なんとか第一次の元軍の襲来（文永の役）は、九州の御家人たちの奮闘と、元軍の自主的な撤退で終わりましたが、これで完全に皇帝フビライが日本遠征を諦めたかどうか、分かりません。そこで鎌倉幕府は文永の役の翌年、元軍の遠征基地となった高麗へ、逆に侵攻して逆襲する計画を発表したのです。出兵は建治《けんじ》二（1276）年三月。大宰府の鎮西奉行の少弐経資《つけすけ》が中心となって九州に動員令を掛けて、博多に軍勢や船を集結させること。操船をする梶取《かんどり》や水手も、九州を中心に召集し、不足の場合は山陰・山陽・南海各道からも召集するよう命じました。

しかし、出兵計画は中止となりました。理由は分かりませんが、どうやら、遠征に使う船が集まらなかったようです。元軍が高麗に建造させたような大型船は国内になく、これから建造しても間に合わなかったのでしょう。これは源平合戦以来、幕府が船戦をほとんどしてこなかったからです。そこで同じ時期に計画された海岸での防護策にシフトしました。陸戦では文永の役で敵を追い払ったという自負がありますから、得策と思ったのでしょう。

幕府は建治元（1275）年の二月に、中国地方の御家人は長門国沿岸、九州各地の御家人は博多湾沿岸の異国警固番役を、三カ月ごと交代で行なうように命じました。「番役」とは、朝廷や幕府の警備をするために、順番で鎌倉や京都に家臣を連れて駐留する義務のことを言いますが、今回は元軍に対しての警備となったのです。また、西国の守護の多くが本貫地を関東や東海に持つ武士が多かったため、西国には代官を派遣して統治していましたが、これも守護本人が着任して直接指示するように指導されました。

次に、幕府が行なった対策が、のちに「元寇土塁」と呼ばれる「石築地《いしついじ》」の構築です。建治二（1276）年三月に築造を始めて五カ月で完成を目指しました。東は香椎《かしい》から筥崎・博多・百道原《ももちはら》・生《いき》の松原・今宿《いまじゅく》・今津大原に至るおよそ二十キロメートルに、高さが海側二・六メートル、陸側一・四五メートルで、幅は上面二・五メートル、底面三・一メートルの台形の石積みを造成しました。海側が垂直になっており元軍が昇り難くなっています。この工事をその区域の警固を担当する御家人たちに割り振って、競わせたのです。これで海からの攻撃に対しての防護が固くなりました。

さて、フビライは、日本から帰還した司令官たちから、たまたま吹いた暴風雨のために、船が失われて兵士を失ったが、日本での戦いは大勝利だったとの報告を受けていました。そのため、これで日本は十分恐怖心を持ったであろうと、翌年の建治元（１２７５）年に再び、杜世忠《トセイチュウ》を正使とした使節を派遣したのです。ただし、今回はいつも追い返される大宰府のある博多ではなく、より京都に近い長門国の室津《むろつ》（山口県下関市豊浦町）を選びました。この強硬姿勢に大宰府の守護は、とりあえず使節一行を幕府のある鎌倉に送ることにしました。しかし、鎌倉幕府は鎌倉に入る以前の瀧ノ口（神奈川県藤沢市）で、使節を処刑してしまったのです。

使節処刑の情報は、すぐにはフビライ皇帝には届かなかったようです。その間、１２７６年には元は南宋の首都・臨安を占領し、１２７９年には最後の皇帝も自殺させて、完全に中国全土を支配していました。これで元は日本遠征に再び本腰を入れることになり、高麗に戦船九百艘の建造を命じます。ちょうど、その時期に四年前に日本に派遣した使節が斬首されたという報告が届き、フビライはますます日本への征服に燃えます。

そこで今度の遠征軍の指揮官には、新たに海戦を得意とする南宋の将軍だった范文虎《ハンブンコ》を抜擢したのです。范文虎はそれに応えて、宋兵を中心に十万人という大軍とそれを運ぶ船三千五百艘を集め、「江南軍」として、中国の慶元付近から出航しました。慶元は東シナ海に面した浙江省の港で、明の時代には明州と呼ばれて日明貿易の基地となり、清以降は寧波《ニンポー》府と呼ばれています。

また、高麗も前回同様大小九百艘の船を用意しました。そこにモンゴル軍と漢人軍が一万五千人。高麗軍が二万五千人。梶取と水手一万七千人。兵糧十二万三千石を積みこみ、前回同様、合浦を出航しました。これを「東路軍」と称します。

「江南軍」「東路軍」は、六月十五日に壱岐で合流する作戦でした。五月三日に出航した東路軍は途中、巨済島《コジェド》や対馬に寄りながらゆっくりと進み、いよいよ日本沿岸に近づきました。本来なら壱岐で江南軍の到着を待たなければいけないはずですが、戦功を焦ったのか、東路軍はそのまま日本沿岸に来てしまったのです。今回は船団の一部を長門国沿岸にも配船して、直接京都を狙う態勢も見せたため、京都では元軍が攻め上がってくると、大騒ぎになっていました。

元寇の船戦

前回と違って、今回は日本側も船を使った船戦を想定していたようです。そこで、ここからは水軍の活躍をご紹介しましょう。

まず瀬戸内水軍の雄だった河野水軍もこの第二次元寇に参戦しています。頭目の河野通有《みちあり》は、前回の元寇の後、「十年以内に蒙古が来襲しなければ、自らが異国に渡って合戦する」という起請文を十枚も書いて、氏神である伊予国大三島の大山祇《おおやまづみ》神社に祈願していました。その甲斐あって八年目に来たのです。なぜ、そこまで河野通有は元との戦いに固執したのでしょうか。実はこれは河野氏の復興をかけたリクルート作戦だったのです。

通有は、前項に登場した河野通信の曾孫にあたります。通信は源平合戦でいち早く源氏方につき勝利に貢献し、源頼朝からの信任も厚く、有力御家人として伊予国半国を治めていました。しかし、承久の乱で朝廷側に味方したため、陸奥国（岩手県）に配流になり、その地で亡くなりました。以来、河野氏本流は没落し、一人幕府側についた通有の祖父の通久《みちひさ》がかろうじて家を存続させたのです。

通有の時代には、伊予国風早郡の双子山城に本拠地を置き、六波羅探題の命を受けて伊予国の海賊を束ねていました。文永の役での出陣はありませんでしたが、弘安の役では伊予の海賊を率いて出陣し、博多湾の海岸に元軍を迎え討つべく陣を布いたのです。石築地の海側に戦船を並べて、海上で元軍を迎え討つように陣を張り、石築地は陣の背後としました。本来、石築地は敵からの攻撃に身を守るためにあるのですが、通有はあえて、その前に身を曝《さら》したのです。この背水の陣ともいえる布陣は「河野の後築地《うしろついじ》」と呼ばれ、日本軍の士気を高めました。

六月六日、博多湾に姿を見せた元の船団は、これら日本軍の布陣を見て、石築地を挟んでの戦いを回避して、一旦石築地のない志賀《しが》島を占領し、周囲を軍船の停泊地としました。

これに対して、日本軍は六日の夜に元軍の船に夜襲をかけました。ただし、幕府の奉行からは勝手に夜討ちをしないように命じられていましたが、御家人たちは軍令に違反しても功名を争ったのです。日本軍の船は小型船が多かったため、昼間にモンゴル軍得意の石弓で狙われたら、ひとたまりもありません。そこで船戦に慣れている日本軍は、あえて見えない夜間に敵船に近づいて乗り込むという海賊さながらの夜襲を仕掛けたのです。陸戦しか考えていなかった幕府の奉行と、海賊働きを得意とした水軍の考え方の違いかもしれません。

この戦いで河野通有は、河野一族で村上氏の養子となって海賊を束ねていた頼久《よりひさ》を先頭に、船二艘で元船に近づきましたが、元船から放たれる石矢に当たって、頼久をはじめ一族郎党の多くが負傷してしまいました。それでもなんとか元船に接船することに成功しましたが、今度は元船の船端《ふなばた》が高くて乗り移れませんでした。そこで自らの船の帆柱を倒し、梯子の代わりにして、よじ登り船内に斬りこみました。通有も元軍から放たれた石弓で負傷していましたが、散々に元兵を斬り負かして、元軍の将を生け捕る武功を挙げました。

肥前国唐津を本拠地とする松浦党の草野経永《つねなが》も船二艘で夜襲をかけ、二十二人の首を取り、敵船一艘を燃やすという武功をあげています。

六日の夜間から始まった戦いでは、九州各地から集まった海賊衆が入れ替わり立ち替わり、元船を攻め立てました。陸からは志賀島に通じる「海の中道」を通って、島に上陸した元軍を攻めたのです。こうして、十三日まで一進一退の戦闘が続きました。元軍も奮闘しましたが、結果として元軍は博多への上陸はできず、一旦肥前国鷹島に引き上げて、後からくる宋兵を中心とした江南軍十万を乗せた船三千五百艘を待つことにしたのです。

本来は、六月十五日に壱岐で東路軍と江南軍は合流する予定でした。それを東路軍は守らなかったばかりか、先に日本を攻めて成果を上げられなかったのです。また、江南軍も本来はもっと早く出航する予定でしたが、総司令官の阿剌罕《アラカン》の急病で阿塔海《アタハイ》に交代した関係などから出航がかなり遅れました。結果、実際に出航したのは合流予定日を過ぎた十八日だったのです。そこで江南軍は待ち合わせ場所の壱岐ではなく、肥前国平戸島を目指しました。

この間に東路軍は肥前国鷹島や壱岐島に上陸をして、水の補給や兵士の休息をしていました。そこに日本の松浦党や彼杵《そのぎ》氏、高木氏、龍造寺氏など九州の御家人数万が船に乗って攻撃を仕掛けたのです。日本軍の猛攻撃に苦戦した東路軍は、ちょうどそのころに到着した江南軍と合流すべく、平戸に向かって撤退しました。文永の役では博多湾の沿岸での陸戦が中心でしたが、今回の弘安の役では、日本側も九州や瀬戸内海などから集めた船で海戦をかなり仕掛けています。一時は高麗に攻め込むと息巻いていた日本の面目躍如というところでしょうか。

東路軍の上陸基地となっていた肥前国の鷹島には、平戸から移動してきた江南軍十万を乗せた船が集結し、博多湾への進撃準備が整い始めていました。

弘安四（１２８１）年は、旧暦の七月が二回ある年で、江南軍が鷹島沖で東路軍と合流したのは、正七月晦日（三十日）で、その晩の夜半から大風が吹き出し、山のような大波が翌日まで続きました。これはちょうど夏の終わりに襲来する台風だと思われます。そして朝になると、海上に浮かんでいたおびただしい元軍の船が沈没や破損をしていたというのです。被害を大きくした原因は船が多すぎて、船間を空けなかったために、船同士がお互いに衝突して壊れたためです。被害は元船四千艘のうち残存船は二百艘という史料もあり、水死した死体が九州西北沿岸の浦をふさぐほどだったとあります。

これによって元軍の士気は下がり、閏七月五日、元軍の司令部は撤退を決めます。しかし、船の沈没や破損で海に投げ出された将兵の中には、なんとか島などに漂着した者もいましたので、それらが乗船する船の数が足りません。特に船が多く集結していた鷹島には十万の兵士が取り残されてしまいました。そこで日本軍は、この鷹島に籠る十万の元軍と、残留している元の船を掃討するために、七月七日に総攻撃を開始しました。そして二万〜三万人を捕虜として、あとは殲滅してしまいました。その死骸で、島の各所に山ができたと伝わります。

こうして、二度目の元寇も日本軍の奮闘と天の助けで、なんとか終わったのです。

日本軍は生きて捕えた元軍のうち、モンゴル人、高麗人、漢人は殺し、旧交のあった旧南宋の人たちは命を助け、奴隷にしました。また高麗人でも工匠などの技術や知識を持った人も捕虜にしたといいますから、この時期、大量の大陸文化が日本国内に持ち込まれたことになります。三百年後の豊臣秀吉の朝鮮出兵でも、朝鮮の匠たちを捕虜として連れてきたこともあり、戦争は戦いだけでなく、技術争奪戦でもあったのです。

第十三項

海賊対策と南北朝の始まり

　二度の元寇を乗り越えた鎌倉幕府は、三度目を想定して国防への対策を強化します。異国警固番役という沿岸を守る国防軍の動員は続き、弘安《こうあん》の役の前にも命令した九州に所領を持つ御家人の現地在住を強制しました。また北条一門が異賊警固の責任者である鎮西探題《ちんぜいたんだい》となって博多で御家人を直接統治することになり、いざというときの動員と指揮系統を確実なものにしました。

海防と海賊対策

　さらに、水軍力の強化も意識されました。建治《けんじ》二（1275）年の高麗への遠征計画のときに御家人に命じた所領内の船やそれを操船する水手《かこ》・梶取《かんどり》の名前や年齢を記載した台帳の作成によって、幕府は初めて国ごとの水軍力を把握することができました。これによって、文永の役のときは水際での陸戦しかできなかった日本軍が、弘安の役では、事前に動員した船で博多湾沿岸や壱岐・鷹島で、船同士の海上戦を行なって成果を上げています。

　そのため、幕府は元軍が退散した二カ月後に「賊船が退散したからといって、勝手に上洛や遠出をしてはならない」「港に出入する船は昼夜といわずよく点検する」「海人・漁船などの動員体制を整える」と海防に関しての命令を出しています。ここでいう「海人・漁船」は、いざというときには戦船やその梶取・水手になる人たちのことで、常時は漁業をしている船を徴用していたのです。

また、正安《しょうあん》三（1301）年には、鎮西探題から豊後国へ出された「海賊を鎮圧するため」の命令として、「津々浦々の船につき、船の大小にかかわらず、住所や船主の名前を船に刻み付けその数を報告せよ」というのがあります。現代でも船の船首部分に「○○丸」と書かれてありますが、どうやらこれが発端のようです。さらに命令には、その理由として「海賊の噂があれば、守護・地頭らは早船ですぐに賊船を追いかけ、たとえ陸に逃げ込んでも、船が捨ててあれば、船主の仕業か他人が借用してやったかを調べることができる」というのです。この海賊とは日本国内の海賊だけでなく、高麗や元から再び来襲するかもしれない敵船の意味も含まれています。しかし、実際にはこのころになると、元帝国の中でもフビライの死や国内の内紛によって、日本への襲来の危険性はほとんどなくなり、もっぱら異国警固よりも国内の海賊に向けた海上警備が目的になってきました。同様な命令は豊後国以外にも出されたようですから、幕府がやっと本腰で海の統治にも乗り出したのです。

このころの悪党の様子は「よい馬に乗って五十騎百騎と列をなし、引馬、唐櫃《からびつ》、弓矢、兵具の類には金銀を散りばめ、鎧《よろい》腹巻《はらまき》は光り輝くばかりである」と書かれています。現代の我々がイメージする小汚い山賊や海賊とは違い、上級武将のような姿です。また、その生業も海賊の場合、海族を手足として海上交通や運輸に携わり、製造された塩の搾取や売買をし、領主として税の取り立てもしていました。特に、瀬戸内海沿岸は九州や西国各地からの物資が通るルートだったため、著しく経済発展しており、海賊たちの活躍の場でもあったのです。

弘安の役から二十七年後の徳治《とくじ》三（１３０８）年、西国と熊野の海賊が蜂起するという噂が流れ、幕府は伊予国の河野通有《みちあり》にその追捕を命じています。しかし、通有は弘安の役の恩賞として与えられた肥前国神崎荘に滞在していたらしく、なかなか海賊討伐に出ません。そのため、翌年にも幕府から「先年命令したにもかかわらず、まだ鎮西（九州）にいるようだが、早く伊予に帰国して海賊の討伐に出動するように」という催促状が出されています。神崎荘といえば、平忠盛《ただもり》が鳥羽法皇の名義で、宋と密貿易をして財力を蓄えた所ですから、通有もここで海外との交易を狙っていたのかもしれません。

このときは河野通有も含めて山陽道と南海道の十五カ国から追捕の兵が出兵して鎮圧したようです。しかし、その後も海賊が出没したため、幕府は西国の地頭に対してその役目として「奈良や京都の守護、熊野への出陣、海上警固、流人の送迎」をあげ、従来の元寇に対する「異国警固」よりも、熊野だけでない国内の海賊に対する「海上警固」を強調するようになりました。

その甲斐あってか、正和《しょうわ》三（１３１４）年には伊予国の海賊左衛門次郎、元応《げんおう》元（１３１９）

年には弥五郎家秀が逮捕されましたが、それでも海賊の横行は続きました。

そこで幕府は文保《ぶんぽう》二（1318）年に、「西国悪党を鎮圧する」ために使節を山陽道・南海道の十二カ国に派遣しました。ここでいう「悪党」とは、もともとは山賊、海賊、夜討ち、強盗などに対する呼び名でしたが、この時代になると、もう少し広範囲な意味になり、守護や地頭の支配に反抗した武装集団にも使われるようになりました。その中でも海賊は組織化して、地域全体に及ぼす影響が大きくなっていたのです。

使節が来た国々では、守護や地頭・御家人だけでなく、海岸から三里（十二キロ）以内に所領を持つすべての者を悪党・海賊の追捕に当たらせました。結果、悪党の城砦や屋敷を焼き払ったり、海賊の首領を搦《から》めとったりして、かなりの成果を上げたようです。

そして以後は各国に一〜二カ所の警固役所が置かれることになりました。

しかし、幕府内部では北条得宗《とくそう》家の被官（御内人《みうちびと》）の所領支配が広がり、瀬戸内海沿岸十八カ国のうち、十二カ国の守護を独占しました。さらに北日本では得宗被官の安東《あんどう》氏が支配した陸奥国の十三湊《とさみなと》は大陸との交易も行ない、所属の船は「関東御免の津軽船」と呼ばれて、日本海沿岸を行き来して、各地で「関銭」が免除されていました。

せっかくの海上警固もこうした得宗被官の船の警固に動員されたり、ときには他の船を無理やり警固と称して、得宗家の管理下に置くなど、得宗家の軍事力として使われるようになったのです。そのため、公権力として設立された海上警固や警固役所は、得宗家の勢力となり、海賊だけでなく、反得宗家の武士たちからも反発される対象となっていきました。

建武の新政

正中元《しょうちゅう》（1324）年、京都では後醍醐《ごだいご》天皇と側近の日野資朝《すけとも》・日野俊基《としもと》、美濃国の土岐頼兼《ときよりかね》らが討幕計画を立てていました。しかし、未然に発覚したため、資朝たちが罪を被り、天皇は無罪ということで、一応収まりました。

七年後の元徳《げんとく》三（1331）年、後醍醐天皇は延暦寺や興福寺の寺院勢力を味方にして再び討幕を計画したのです。しかし、これも幕府の六波羅探題に察知されて、天皇は廃位となり、隠岐に流されてしまいました。

このとき、天皇の呼びかけを受けて、天皇の第一皇子で天台座主だった護良《もりよし》親王が吉野で挙兵し、楠木正成《くすのきまさしげ》が千早《ちはや》城で反旗を挙げたことで、各地に反幕府軍が蜂起したのです。その中に、源氏の血筋を引く幕府の有力御家人だった足利尊氏《たかうじ》が京都の六波羅探題を、新田義貞《にったよしさだ》が鎌倉を攻め落とし、元弘《げんこう》三（1333）年五月に、北条得宗家の高時《たかとき》が自刃して、鎌倉幕府は滅亡しました。

この鎌倉幕府滅亡の戦いには、元寇のときに河野水軍を率いて大活躍をした河野通有の子の通《みち》盛《もり》も、三百艘の船を率いて上京し、幕府軍として戦いました。しかし、留守を頼んだ同じ河野一族の土居氏、得能《とくのう》氏、河野氏の氏神である大山祇《おおやまづみ》神社の社家である祝《ほうり》氏、さらに近隣の忽那《くつな》海賊もが天皇方についてしまったのです。そのため、通盛は伊予国に帰国することができなくなってしまい、そのまま鎌倉に敗走しましたが、鎌倉もすでに天皇方が占領していたため、行き場を失い、一族出身の遊行上人《ゆうぎょうしょうにん》と言われた一遍《いっぺん》の繋がりで、建長寺の南山士雲のもとで出家して善慧と名乗りました。これで河野氏の総領家は消滅し、総領権は得能通綱《みちつな》に移りました。

承久《じょうきゅう》の変で鳥羽上皇方についたために、一族消滅の危機を迎え、なんとか支流で血脈を繋ぎ、元寇での活躍でやっと旧勢力を復活させ、瀬戸内海水軍の中核として熊野海賊退治では手腕を発揮したにもかかわらず、今回の鎌倉幕府滅亡でまた一族の危機を迎えたのです。

後の話ですが、後醍醐天皇は通盛の所領を没収しましたが、通盛の伊予国内への影響力を考慮して没収した所領の一部を伊予国内の替地で与えたため、通盛はなんとか伊予国に帰ることができました。そしてそれまでの本拠地だった高縄《たかなわ》城から松山の道後にある湯築《ゆづき》城に移ったのです。やはり、落ちぶれても河野氏のブランドはまだまだ生きていたわけです。

さて、後醍醐天皇は幕府滅亡前の二月に隠岐を脱出して、伯耆国名和《なわ》湊（島根県大山町）の豪族の名和長年《ながとし》によって救出されて、一旦船上山《せんじょうざん》で戦況を待つことにしました。名和長年の素性は元鰯売だったともいわれ、海運や漁猟を表の生業とする商人でしたが、裏では海賊働きをしていて、かなりの財力と軍事力を持つ豪族になっていました。長年はのちにその財を使って天皇の側近となり、京都に帰還後は京都の市場運営の権利を得ることになります。また天皇を助けた記念に、以後家紋を「帆掛船」にしました。

復位した後醍醐天皇は自らが直接政治を行なう「親政」を目指しましたが、結果は公家中心の復古調だったため、武士や農民たちの反発を招きました。

二年後の建武二（１３３５）年には、信濃国で鎌倉幕府の最後の得宗だった北条高時の息子の北条時行《ときゆき》が、幕府の残党を集めて反乱を起こし、一時は鎌倉を奪還しました。これを鎮圧するために派遣された足利尊氏は反乱を鎮圧後も京都に戻ることはなく、反対に天皇に対しての反乱を起こしたのです。尊氏は翌年一月には京都に攻め上り、一旦は後醍醐天皇を比叡山に追いやりました。しかし、このときに天皇の要請で陸奥国多賀城から、父親房《ちかふさ》とともに東北地方を治めていた北畠《きたばたけ》顕家《あきいえ》が帰京したため、尊氏軍は敗北して丹波に逃げました。

海では兵庫の沖に、天皇方として伊予国の土居氏と得能氏の兵船が三百艘と、尊氏方として周防国の守護大内氏と長門国の守護厚東《こうとう》氏の二百艘が応援のために待機していました。そこで、播磨国の赤松円心《あかまつえんしん》の勧めで、尊氏軍は九州で再起を図るべく、二月十二日に大内氏の船に乗り込んで瀬戸内海を西に向かったのです。

途中、播磨国室津《むろつ》、備後国鞆《とも》、長門国赤間関《あかまがさき》に寄りながら、筑前国芦屋に上陸して博多へ軍を進めました。その間、尊氏は寄航した先々で、まるで凱旋将軍のごとく、勲功恩賞をしたり、領国安堵の沙汰をしたりして、敗軍の将の風情はまったくありませんでした。

しかし、九州はすでの天皇方につく勢力が多く、博多を攻めて、陥落させていたのです。尊氏は筑前国宗像《むなかた》（福岡県宗像市）を本拠地とする宗像氏範《うじのり》らを味方にして、筑前国の多々良《たたら》浜（福岡市東区）に布陣した菊池氏率いる天皇方と戦い、勝利しました。

当初は天皇方の菊池軍が優勢でしたが、内部に裏切り者が出たため総崩れをして敗北したといわれています。この戦いによって九州のほぼ全域が尊氏方につくことになり、尊氏は体勢を整え直すことができたのです。

そこに京都の情勢に詳しい赤松円心から、「至急上洛するように」という知らせが届きました。尊氏は九州や瀬戸内海の各地から集めた船に兵糧や兵を乗せて博多を出発します。この船は「津々浦々の船を上洛のための兵船として、大小を問わず出すように。また操船する水手と梶取は厳密にその用意をするように」という指示が事前に出されていました。やはり、いくら兵の数があっても九州から兵庫まで、無事に辿りつけなければ意味がありません。そのため、十分な準備をしていたのです。

四月に博多を出発して、安芸国厳島《いつくしま》を経て、音戸《おんど》の瀬戸を通り、備後国鞆で軍勢を海と陸の二手に分けて、海路を尊氏が陸路を弟の直義《ただよし》が指揮をして、平行して進むことにしました。途中、九州や中国、四国から船や軍勢が駆けつけてきたため、総勢が船七千五百艘、兵二十万人に増えたのです。

この中には、伊予国の河野通盛も入っていました。通盛と尊氏は、通盛が鎌倉の建長寺で出家したころに南山士雲和尚に紹介されて知り合ったといわれています。のちに尊氏が京都に入って室町幕府を開くと、通盛は再び河野氏総領の地位に復し、対馬守護と伊予守護にも任じられました。これで、また河野氏は勢力を盛り返したのです。

海路と陸路をとった尊氏軍は、兵庫の沖合と浜辺に集結しました。これを迎え討ったのが、新田義貞と楠木正成を中心にした天皇軍です。夜明けから日没まで戦いが繰り広げられ、直義の陸路軍に加えて、次々に上陸する尊氏軍の攻撃に、新田軍は京都に退却し、楠木正成は湊川で自刃して果てたのです。

この戦いの敗戦を聞いて、後醍醐天皇は比叡山に逃れ、京都に残った名和長年は尊氏軍を迎え討ったのですが、討ち死にをしてしまいました。戦況の好転が望めないと思った天皇は尊氏からの和睦の申し入れを受け入れ、京都に戻りました。和睦に反対だった新田義貞は皇太子だった恒《つね》良《よし》親王を奉じて北陸へ落ち延びました。

これで動乱は収束したかに見えましたが、十二月、後醍醐天皇が突如、吉野山に入り、吉野朝（南朝）を樹立したため、ここから全国を二分する南北朝の動乱の時代が始まります。

余録②

寄船と関銭

鎌倉時代の初めは平家の所領が多くあった西日本の支配体制が大きく変わりました。まず、平氏の所領が没収され、源平合戦に功労のあった御家人に分け与えられました。さらに、義経追討の名目で設置された守護と地頭の設置によって、国府の管理が幕府に移され、全国に幕府の統治が及んだのです。さらに承久《じょうきゅう》の乱によって、朝廷と近畿周辺にくすぶっていた不満分子が一掃されて、幕府の支配体制は完全に整ったのです。

この時期になると、幕府から海に関する法令が出されます。寛喜《かんぎ》三（1231）年ごろに出されたと推定される「西国海賊事」には幕府に従っていない海の集団に従うように命じ、反抗するものは守護の責任で名簿を幕府に提出し、船を没収するように命じています。また同時期に「海路往反船事」では、幕府から西日本を統括する六波羅探題にあてた命令で、「航行中の船が海難で遭難すると、各地の地頭が寄船《よりふね》といって難破船を差し押さえてしまう。これはもっての他の無道だから、以後は禁じる。差し押さえたものは返却するように」と命じているのです。

「寄船」とは、海難事故に遭って船や積み荷が岸に漂着すると、その船や積み荷は持ち主がいない拾得物になるという慣習で、古代からあったようです。確かに、海岸に流れ着いたものの所有者を探すのは大変なことです。そのため、漂流物は拾った者の所有になったのです。しかし、この慣習を拡大解釈して、船がそんなに破損していなくても、なんらかの理由で航行不能状態になれば、即漂着船だと言って押し掛け、積荷を奪うという行為が行なわれるようになりました。船側としたら、まるで海賊に遭ったようなものです。

さらに無事に港に入っても、積荷が濡れていると、海水に浸かったものは海に浮かんだ漂着物という屁理屈で、港に暮らす人々に奪い取られたのです。しかもそのリーダーが各地の地頭だというのですから堪《たま》りません。

こんな慣習が横行していたら、安心して航海もできなければ、港に入港することもできなくなり、物資の輸送が滞ってしまいます。

そこで、幕府が「寄船」の慣習に制限を加え、積物を返却するように命じたのです。

幕府は「西国海賊事」「海路往反船事」という法令を出した翌年の貞永《じょうえい》元（1232）年に、鎌倉幕府の基本的法典である「御成敗式目《ごせいばいしきもく》」を制定します。その第三条で、「守護の仕事は、大番催促《おおばんさいそく》と、謀反人《むほんにん》と、殺人犯の取り締まりと、夜討《ようう》ち、強盗、山賊、海賊の取り締まりである」と、海賊の取り締まりは守護の役目だと明確にしました。これで地方ごとにバラバラに支配していた海を、幕府直轄の守護で一元化して統治をしようとしたのです。

しかし、現実には、それまで寄船の慣習を盾に利益を得ていた人々が、黙って見逃すはずはありません。奪う側にも、それなりの生活がかかっているのです。

そこで、生まれたのが「関銭」です。「関銭」とは、川や海の港に停泊した船から、徴収した津料（停泊料）のことです。陸上の道に関所を設けて、通る人や荷物から通行料を徴収する「関銭」と、同じ意味だと言われています。

江戸時代の関所は、治安のために、通行人や荷物に問題はないか、チェックするのが目的でしたが、平安期から戦国期にかけての関所は、同時に通行料の関銭を徴収して、関の設置者の収入にする目的があったのです。

関銭は、船の帆の大きさで決まる「帆別《ほべつ》」や、一回碇《いかり》を降ろすごとに支払う「碇公《いかりく》事《じ》」などの種類がありました。

しかし、関銭は決して朝廷や幕府が徴収する税金的なものではなく、あくまで港の管理者と船との交渉で決められていました。そのため、金額が折り合わず、揉めることも多かったのです。その場合にはやはり寄船だと言って、人々が乗り込んでくることもあり、これが海賊行為の一つと認識されていたのです。

また、入港して関銭を徴収されるのを避けて、沖合を通り過ぎようとしても、港に所属する船が沖合まで押しかけてきて、走行を止めて、無理やり港に引き入れるか、その場で関銭を徴収しました。交渉がまとまらなければ、積荷を奪ったのです。そのため、関がある周辺海域では海賊が出ると言って恐れられるようになりました。

これら幕府の命令を守らない者を「悪党」とか「海賊」と呼んでいました。

鎌倉幕府の法典ともいうべき「御成敗式目」を制定した後も、海賊に関しては、仁治《にんじ》二（1241）年には「畿内・西海の悪徒蜂起」、寛元《かんげん》二（1244）年には「伊勢国阿曾山と熊野の悪党蜂起」が起こり、さらに同年「鎮西諸国（九州）の山賊海賊を搦めとるように」と命じています。しかし、取り締まりの効果はあまり上がらなかったようで、幕府は「原因は守護や地頭の熱意が乏しいからだ」と苛立《いらだ》っていました。中には地頭自身がやっているのですから、取り締まるのは無理だったのです。

第三章

戦国時代前夜

南北朝・応仁の乱で活躍した海賊たち

第十四項　南北動乱と瀬戸内海

建武《けんむ》三（１３３６）年から明徳《めいとく》三（１３９２）年まで五十六年間続いた南北朝の動乱は、海の武士団にも大きな混乱をもたらしました。

河野氏の総領である通盛《みちもり》が幕府方についたため、幕府滅亡で所領や総領の座を奪われたものの、足利尊氏の縁で伊予国守護に就任するなどの復活劇を演じていたころ、一時は河野氏の総領家になった得能《とくのう》氏や土居《どい》氏についての歴史をみていきましょう。

南朝政権樹立に伊勢・志摩の海賊の活躍

得能氏の祖は承久《じょうきゅう》の乱で朝廷方について敗北した通信《みちのぶ》の子の通俊《みちとし》ですが、母が北条氏だったために幕府方につき、通俊は伊予国桑村《くわむら》郡得能荘（愛媛県西条市）を与えられ、得能山に常石《つねいし》城を築いて本拠とし、得能氏を称するようになりました。

土居氏の祖は元寇で活躍した通有《みちあり》の弟の通成《みちなり》から始まり、伊予国久米《くめ》郡石井郷南土居（愛媛県松山市）に居住したため、土居を称するようになりました。

得能氏や土居氏は大三島の祝《ほうり》氏や忽那《くつな》諸島の忽那氏と共に、後醍醐《ごだいご》天皇の挙兵時から天皇方につき、一時は河野氏の頭領として伊予水軍の指揮にあたっていました。しかし、戦況が逆転して、足利尊氏が九州から京都に帰還し、天皇方の新田《にった》義貞《よしさだ》が恒良《つねよし》親王と尊良《たかよし》親王を擁して越前国敦賀に向かうと、得能通綱《みちつな》と土居通増《みちます》も同行したのです。しかし、木ノ芽峠（福井県南越前市・敦賀市）にさしかかったとき、足利方に挟み撃ちに遭い、しかも季節が冬だったため、「馬は雪に凍えて働かず、兵は指を落として弓を引けず、太刀の柄も握れず」という状態になり、伊予軍三百騎は敗北してしまいました。ここで土居通増・得能通綱ともに討死。さらに二人の親王も亡くなり、新田義貞も暦応《りゃくおう》元〈南朝年号・延元《えんげん》三〉（1338）年閏七月に亡くなったのです。

同じ年の一月、太平洋側では北畠《きたばたけ》顕家《あきいえ》が鎌倉で斯波《しば》家長《いえなが》を撃ち、鎌倉幕府の最後の執権高時《たかとき》の息子の北条時行率いる兵を含め、三十万騎とも五十万騎ともいわれる軍勢を率いて東海道を西に向かい、五月美濃国青野原（岐阜県大垣市）で、迎え撃つ尊氏軍の高師冬《こうのもろふゆ》と美濃守護・土《と》岐《き》頼《より》遠《とう》に勝利しました。しかし、顕家軍は旅の疲れと脱落した兵も多かったため、再び尊氏軍とぶつかるのを避け、近江への道を選ばず、伊勢・伊賀・奈良から京都に向かう道筋を選びました。しかし、顕家軍の動きはすでに尊氏軍には読まれており、奈良から京都に向かう般若《はんにゃ》坂（奈良市）で尊氏軍の桃井直常《ただつね》に敗れ、その後は河内国・摂津国・和泉国内で尊氏軍と衝突を繰り返していました。しかし、五月和泉国堺浦石津（大阪府堺市）で高師直《もろなお》と戦い、討死をしたのです。享年二十一歳という若さでした。

北畠顕家と新田義貞の死は、南朝の主力戦力の消滅を意味します。この後、南朝と北朝の戦いは、各地での地域戦闘の状態に入ります。

顕家亡き後、南朝の軍事的中心に立ったのは、顕家の父の親房《ちかふさ》でした。親房は後醍醐天皇の信頼が強く、従二位大納言にまで登り詰めた貴族です。元徳《げんとく》二（1330）年に出家して宗玄と名乗っていました。建武の新政が始まると嫡男の顕家が十六歳で陸奥守となり、義良《のりよし》親王に従って陸奥鎮守府に赴任したので、父の親房もその後見として陸奥国多賀城に行き、東北の武士団の掌握に努めました。

建武二（1335）年、足利尊氏の新政離反を受けて、鎌倉から京都に進軍する尊氏軍を追って顕家とともに上洛しました。尊氏が九州へ敗走した後、顕家は再び陸奥に帰任しましたが、親房は京都にそのまま残り、後醍醐天皇の傍《そば》に仕えたのです。しかし、尊氏が九州から帰って、京都を占領すると、親房は宗良《むねよし》親王を擁して、伊勢守だった次男の顕信《あきのぶ》と顕能《あきよし》を伴って伊勢外宮《げぐう》の山田にくだりました。ここで禰宜《ねぎ》や神領の人々の協力によって、海上輸送力を把握し、伊勢・志摩の海賊勢力との連携を強めたのです。こうして伊勢・志摩を固めた親房は、後醍醐天皇を吉野に迎えて、南朝政権を樹立させました。

北畠親房の海上作戦

陸での軍事力が期待できなくなった親房は、海路を使った大胆な戦略を立てていきます。
吉野が位置する紀伊半島は、東側で伊勢国大湊《おおみなと》（三重県伊勢市）から伊勢湾・遠州灘を進めば関東・東北にダイレクトに繋がり、西側では熊野灘・紀伊水道・播磨灘から中国・四国・九州に繋がる東西日本の中継地点です。

そこで東北の拠点として顕家の弟の顕信を鎮守府将軍に任じて、義良親王を奉じて陸奥に派遣する。中部地方の拠点として宗良《むねよし》親王を遠江国に派遣する。瀬戸内から九州には懐良《かねよし》親王を派遣する。こうして日本を三ブロックに分割して、それぞれに南朝の拠点を築いて、京都の足利尊氏を囲もうという作戦です。

特に東北は一時、親房自身が顕家とともに、多賀城で一大勢力を蓄えた所なので、今回も親房と、陸奥国白河から同道していた結城宗広《ゆうきむねひろ》も一緒に行くことになりました。

足利尊氏が征夷大将軍になった暦応元〈延元三〉（１３３８）年の九月、義良親王と途中で遠江に分かれる予定の宗良親王を奉じた親房一行は、伊勢国大湊から五百艘の大船団で東北に向けて出航しました。しかし、伊豆の沖合で大風雨に遭い、船団はばらばらになってしまいました。先頭を進んでいた親房は常陸国に、宗良親王は遠江国に、後方を進んでいた義良親王・顕信・宗弘は伊勢国に吹き戻されてしまいました。その他の将兵が乗った船は、伊豆大島・布良《ふら》（千葉県館山市）・相模国の神奈川・三浦・鎌倉・江の島の海岸に打ち寄せられて、事実上南朝軍団は解体してしまったのです。

常陸国にたどり着いた親房は、常陸国内の南朝方の武将が立て籠もる城を約五年間にわたって転々としながら、南朝勢力の結集に努めましたが、北朝方が高師冬を関東に派遣したため、成果が上げられず、康永《こうえい》二〈興国《こうこく》四〉（１３４３）年に吉野へ帰還したのです。

親房が伊勢国大湊を出航した翌年には後醍醐天皇が崩御して、東北に行く予定だった義良親王が後村上天皇として即位していましたので、親房はその側近として南朝の中心人物になりました。

中部地方を押さえるために派遣された宗良親王は、遠江国井伊谷の井伊道政《みちまさ》を頼りました。しかし、二年後には足利方の高師泰《もろやす》・仁木義長《にっきよしなが》らに攻められて井伊谷城が落城したため、越後国寺泊《てらどまり》（新潟県長岡市）、越中国放生津《ほうじょうづ》（富山県射水市）などに滞在した後、暦応五〈興国三〉（１３４２）年に信濃国伊那郡（長野県伊那郡）の香坂高宗《こうさかたかむね》を頼って、大河原城《おおかわら》（長野県大鹿村）に入りました。大宗良親王はこの地を約三十年間にわたり拠点とし、「信濃宮」と呼ばれるようになりました。大河原は伊那谷に属し、南に下れば井伊谷（井伊氏）から東海地方へ、北上すると長谷を経由して諏訪（諏訪氏）や関東へと通じる位置にあり、別名「南朝の道」とも呼ばれる、のちの秋葉《あきば》街道の中心に位置していました。そのため、劣勢が続く南朝方にとっては最重要拠点となり、各地で破れた南朝方の武士たちが逃げ込むこともありました。

その後、宗良親王は何度か吉野へ戻ることがありましたが、最後は長らく拠点にしていた信濃国か遠江国で薨去《こうきょ》したと考えられており、遠江国伊那谷（静岡県浜松市）には、宮内庁が管理している宗良親王の墳墓があります。

北畠親房にしろ、宗良親王にしろ、紀伊半島中央部の吉野とは遠隔地にありながら、吉野とは頻繁に連絡を取っていたり、自身も往来していたりします。陸伝いでは、途中に北朝方の守護や武将もいるので困難が多かったと思われます。そこで多用したのが、海路です。途中、風待ちなどで湊に停泊することはあったでしょうが、陸路のような直接対決を避けることはできました。また、遠江国からなら直接伊勢を目指すこともできたかもしれません。これが親房の考えた、少ない軍勢で神出鬼没の動きをして、全国に南朝包囲網をつくる作戦だったのではないでしょうか。

⚓ 懐良親王を迎えた瀬戸内海

一方、瀬戸内から九州を目指して吉野を出発した懐良親王の動きを見てみましょう。

親王は当時八歳とも十歳ともいわれ、元服前にもかかわらず征西大将軍に任じられていました。子だくさんの後醍醐天皇もいよいよ親王が足りなくなったのでしょうか。五条頼元《ごじょうよりもと》と北畠親房の弟の冷泉持房《れいぜいもちふさ》が従っていましたが、やはり親王が現地に行くということが、南朝方の士気を高めるには大切なことだったのです。暦応元〈延元三〉（1338）年九月に吉野を出発した一行は、紀伊の湯浅か田辺から出航し、十二月に讃岐国に到着しましたが寄港地は不明です。ただ讃岐国は征夷大将軍となった足利尊氏の有力守護だった細川氏がいたため、四国側の寄港が難しく、中国側の塩飽《しわく》諸島に上陸したのではないかと考えられます。塩飽諸島は古代から一つの海族が長く治める島ではなく、その時々に各地の海賊衆が占領していましたので、このときは南朝方の海賊がいたのでしょう。ここで、その次に行く伊予国内や九州の諸勢力と連絡を取っています。特に伊予国に行くための船や滞在先に関して、九州の阿蘇大宮司に手配を命じています。どうやら、阿蘇神社のネットワークを利用したようです。

伊予国で滞在したのは、忽那諸島の中島《なかじま》（愛媛県松山市）の神浦《かみうら》の忽那義範《よしのり》の館でした。義範は親王を歓待し、食事や衣服の面倒までみたようです。滞在は三年間にもおよびました。もちろん居心地がいいからではなく、次に行く九州への渡海の目処が立たなかったからです。この時期は九州の南朝方である阿蘇氏は内紛に陥っており、菊池氏も一族をまとめ切れておらず、懐良を迎え入れられる状態ではなかったのです。この間、忽那海賊が懐良を守って安芸武田氏や伊予河野氏による来襲も撃退しました。

河野氏は総領家の通盛が尊氏の恩顧に応えるために、直属の配下として京都を中心に活動していましたが、南北朝に分かれたのちは伊予国に帰っていました。しかし、伊予国では南朝方についた支流の土居通重《みちしげ》や通世をはじめ、忽那義範、村上義弘《よしひろ》、そして国司の四条有資《ありすけ》の勢力が強かったのです。

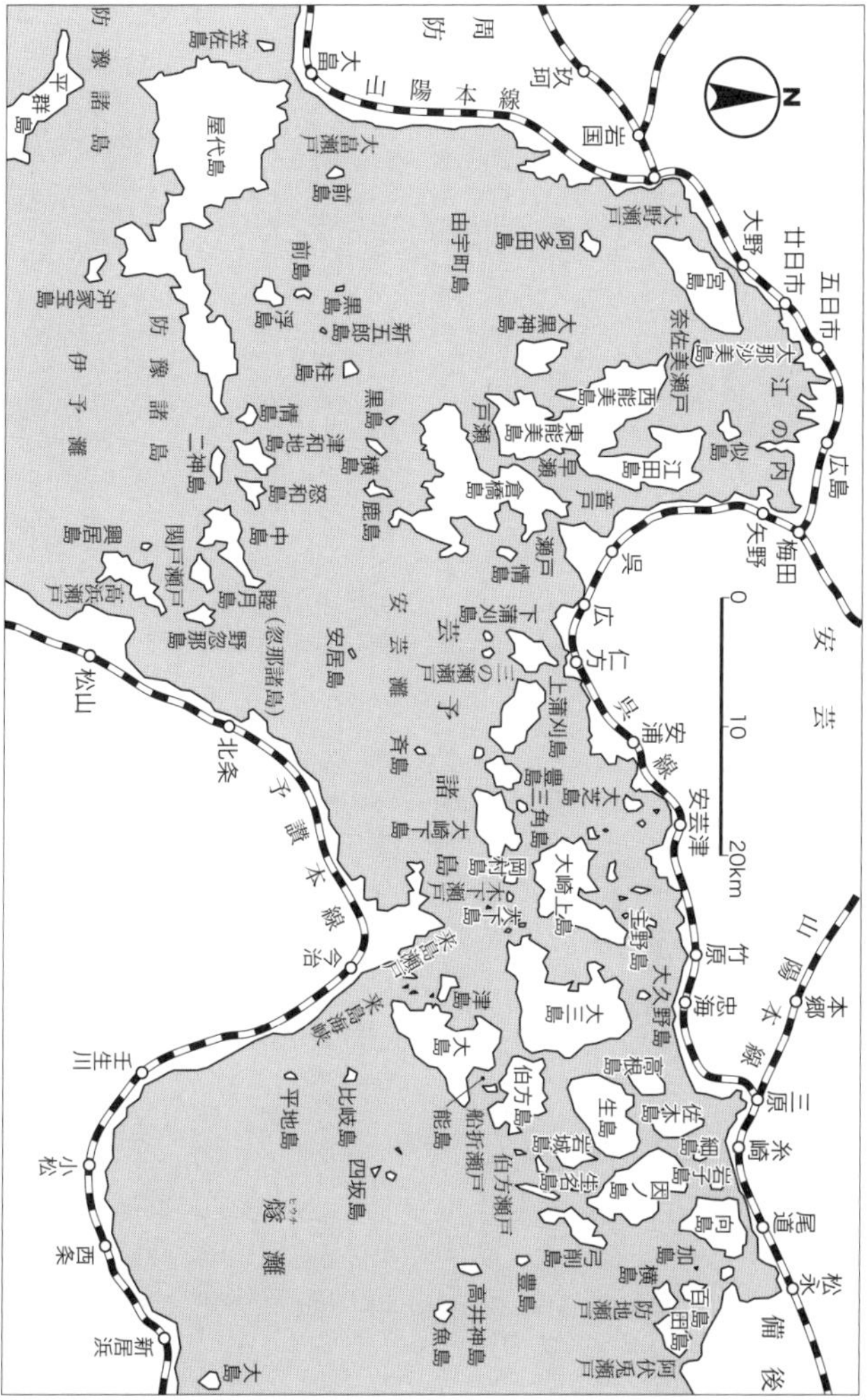

芸予諸島『瀬戸内水軍史』松岡進（瀬戸内海文化研究所）より

河野通盛も足利直義の指示で、何度か中島を攻撃しましたが、反対に忽那・土居の連合軍に、河野氏の本拠地である湯築城（松山市道後）を奪われるということもあり、影の薄い存在でした。

その間の暦応二〈延元四〉（１３３９）年には、吉野で後醍醐天皇が崩御して、後村上天皇が即位しています。翌暦応三〈興国元〉（１３４０）年、脇屋義助《わきやよしすけ》が後村上天皇の勅命により伊予国に下ることになりました。懐良親王一行の派遣で、瀬戸内方面で南朝勢力の復活が見られるようになりましたが、親王が九州に行くと、また北朝方に寝返る者も出てくるので、バラバラになりやすい海賊集団の指導者を派遣してほしいと伊予国の南朝方より要請があったからです。そこで新田義貞の弟で、戦闘経験が豊富な義助の派遣が決まりました。

義助は吉野から高野山を経て紀伊路を通り、紀伊国田辺から出航しました。このとき、熊野海賊の熊野新宮別当湛誉・湯浅入道定仏・山本判官四郎次郎忠行・東四郎・西四郎から馬や武具、兵糧の提供を受け、船も三百艘用意してもらい、最初の寄港地・沼島《ぬしま》（兵庫県南あわじ市）まで警固してもらいました。沼島には、源平合戦以来、梶原景時が培ってきた沼島海賊がおり、安間《あま》（阿万）・志知《しち》・小笠原氏の一族が出迎え、次の寄港地の備前国児島まで警固してくれました。次の児島では北朝方から寝返った佐々木信胤や梶原景久が出迎えてくれました。

そして伊予国に入った義助ですが、なんと発病してすぐに亡くなってしまいました。義助の到着を待っていた得能氏や土居氏をはじめとした南朝方はがっかりしたことでしょう。もちろん反対に北朝方の讃岐国の細川頼春《よりはる》はこの機会に伊予国の南朝方を殲滅させようと、七千余騎で土居義昌《よしまさ》の川之江《かわのえ》城を攻めたのです。これに対して、新田義貞・脇屋義助兄弟に従って、冬の北陸路を戦った得能・会田・二宮・羽床《はゆか》・三宅・高市《たけち》氏に忽那氏も加わって、新田氏の支族で当時伊予国の守護だった大舘氏明《おおだてうじあき》を大将として兵船五百艘で、土居氏の後方支援のために集結したのです。

これを知った北朝方は、備後・安芸・周防・長門の兵船千艘で、押し出してきて、両軍の間で戦闘が始まりました。夕方になり、風が強くなって、北朝は伊予側に、南朝は備後方面に吹き寄せられてしまいました。夜になり、南朝軍は備後国鞆《とも》（広島県福山市）の大可島《おおかしま》城を占領してしまったのです。そこで、北朝の陸軍三千余騎が押し寄せてきたのですが、南朝は繰り返し襲っては船に戻る作戦を繰り返しました。

十日余日後、土居氏の川之江城が落ちたため、鞆にいた南朝方は伊予に引き上げました。また、伊予でも南朝軍三百余騎と細川頼春軍七千余騎が戦い、南朝方が負け、大舘氏明が立て籠もる世《せ》田山《たさん》城（愛媛県西条市）も落城し、氏明も自害しました。これで伊予国の南朝方の勢力は壊滅状態になったのです。

九州政権樹立

同じころ、忽那島を出発した懐良親王が、忽那海賊に警固されながら、豊後《ぶんご》国（大分県）日向《ひうが》国（宮崎県）を経由して、南朝方の薩摩国坊ノ津《ぼうのつ》谷山《たにやま》城（鹿児島市）に到着しました。

谷山城は北朝方の守護・島津氏の拠点である東福寺城から九キロしか離れていなかったため、両者は対峙しました。貞和《じょうわ》三〈正平《しょうへい》二〉（1347）年には、忽那海賊が三十余艘を率いて日向から大隈の沿岸を荒らし、さらに熊野海賊が島津氏の拠点である東福寺《とうふくじ》城を襲撃して九州の北朝方を大いに怖がらせたといいます。熊野海賊や忽那海賊の南朝応援のためのパフォーマンスでしょうか、それにしても熊野海賊の行動範囲の広いことに驚かされます。

その間、懐良親王側は九州の諸豪族の勧誘に努め、肥後の菊池武光《たけみつ》や阿蘇惟時《これとき》を味方につけることができました。そこで貞和四〈正平三〉（1348）年に肥後国宇土《うど》津の隈部《くまべ》城（熊本県山鹿市）に入って征西府を開き、九州攻略を開始したのです。このころ、足利幕府は博多に鎮西総大将として一色範氏《いっしきのりうじ》、仁木義長らを置いており、これらと攻防を繰り返していたのです。

同年、河内国四条畷《しじょうなわて》で、南朝の楠木正行《まさつら》軍と、北朝の高師直・師康兄弟が戦い、正行が討ち死にをして敗北しました。これに危機感を抱いた後村上天皇は北朝軍の襲撃を恐れて、吉野から賀名生《あのう》（奈良県五條市）に逃れました。

しかし、同じころ、足利政権内で師直と尊氏の弟・直義の対立が生まれ、師直を庇《かば》う尊氏と直義の間の対立に発展したのです。観応《かんのう》元〈正平五〉（1350）年には、将軍である足利尊氏と弟の直義との争いが表面化し、直義の養子で尊氏の庶子である直冬《ただふゆ》が九州に入りました。九州探題の一色範氏と対立していた筑前国大宰府の少弐頼尚《よりひさ》が直冬を迎い入れ、九州は幕府、直冬、南朝の三勢力が並び立つという状況になったのです。

その間に直義は四国や北陸などから馳《は》せ参じた兵で京都に迫り、摂津国打出《うちで》の浜《はま》（兵庫県芦屋市）で尊氏軍を破り、師直・師康は負傷しました。また、関東に派遣していた師冬も死亡し、尊氏は直義と和議を結ばざる負えなくなります。しかし、一旦和議が成立したものの、その後に師直と師康が殺されたことで和議は破綻してしまったのです。

そこで尊氏は南朝の後村上天皇と和睦し、直義討伐の勅許を得たのです。再び直義軍と戦った尊氏は勝ち、最後は相模国早川尻（神奈川県小田原市）で直義を降伏させて、幽閉したうえで殺しました。養父の直義が殺害されると、直冬は九州探題の一色範氏によって九州を追われ、長門に移り、南朝方に帰順したのです。これを機に範氏は少弐頼尚を攻めましたが、反対に頼尚に支援を求められた菊池武光によって大敗をして、九州から撤退しました。その間に勢力拡大の好機とみた懐良親王は菊池・少弐軍を率いて豊後の大友氏泰《おおともうじやす》を破り、島津氏に迫りました。一色範氏が去った後、少弐頼尚が幕府方に転じたため、菊池武光ら南朝方は少弐を破り、康安《こうあん》元〈正平十六〉（1361）年には九州の拠点である大宰府を制圧したのです。

九州の動きに対して、尊氏は自ら九州に行く決意を固めますが、その直前の延文《えんぶん》三〈正平十三〉（1358）年に死亡します。二代将軍になった足利義詮《よしあきら》は斯波氏経《うじつね》・渋川義行《よしゆき》を九州探題に任命しますが、なかなか九州制圧は進みませんでした。

再び河野氏の危機

伊予国では、建武の新政で幕府方についたために失った所領を、尊氏に忠勤を励んだおかげで取り戻した河野通盛が伊予国に戻っていました。常に尊氏方だったため、南朝だけでなく、その後に起こる直義や直冬の反乱にも警戒態勢をしいていました。

そんなとき、阿波国守護細川頼之《よりゆき》から細川清氏《きようじ》追討のための出陣を要請されます。清氏は頼之の従兄弟で、二代将軍義詮の執事として幕政の実権を握っていました。しかし、義詮の意に逆らうことも多く、康安元〈正平十六〉（１３６１）年に、義詮が後光厳《ごこうごん》天皇に清氏追討の勅許を仰ぐほどに険悪になりました。清氏は一旦若狭国へ落ち延びるも、斯波高経《たかつね》の軍に敗れたため、南朝方に転じました。翌年、細川氏の地盤である四国に渡り、小豆島の佐々木信胤や塩飽海賊などを味方につけて海上封鎖を行ない、白峰城（香川県坂出市）に立て籠もっていました。しかし、最後は幕府から清氏追討を命じられた細川頼之に討ち取られてしまいます。

河野通盛はすでにかつての本拠地であった風早郡河野郷の土居館を善応寺《ぜんおうじ》に改めて隠居生活を送っていましたが、後を継いだ息子の通朝《みちとも》と共に南朝方に対抗するためと称して、この追討軍への出陣要請を無視していました。どうやら細川氏が共倒れか、消耗戦をしてくれることを狙っていたようです。しかし、あっさり頼之が勝利してしまったため、怒った頼之は出陣しなかった河野親子を裏切りものとして幕府に訴え、討伐の許しを得るのです。翌貞治《じょうじ》三〈正平十九〉（1364）年十一月六日、世田山《せたやま》城（愛媛県西条市）で細川軍に包囲された通朝が戦死し、その二十日後にはかねてから病気であった通盛も死んでしまいました。

その後、伊予国を制圧した細川頼之は新たに河野氏の当主になった通朝の息子の徳王丸（後の通堯《みちたか》）を伊予国から追放してしまいます。こうして、四国のほとんどを手に入れた頼之は自らを「四国管領《かんりょう》」と称するようになります。一方、通盛が再興した河野氏は再び存亡の危機に陥ることになったのです。

貞治五〈正平二十一〉（1366）年、南朝の後村上天皇の皇子良成《よしなり》親王が懐良親王の補佐するために九州に渡りました。とはいえ、幼児だったために、懐良親王の跡継ぎという意図だったようです。後に「後征西将軍宮」と呼ばれる親王です。

貞治六〈正平二十二〉（1367）年には二代将軍義詮が死去して、十歳の義満《よしみつ》が三代将軍となります。そのため、幕府の政治は管領に就任した細川頼之を中心とした細川氏一門が行なうようになりました。

一方、細川頼之から伊予国を追われた河野通堯は、伊予海賊の船で安芸国能美島《のうみ》（広島県江田島市）の重見《しげみ》通宗《みちむね》・通勝《みちかつ》親子を頼りました。重見氏は南朝方についている河野一族の得能通綱の従兄弟で、河野氏の総領家が消滅することを憂い、南朝への帰順を進めます。通堯は征西大将軍懐良親王に従うことになり、後村上天皇から本領・惣領職を安堵され、名を「通直《みちなお》」と改名しました。こうして長年北朝一筋できた河野氏の総領家は、南朝に転じたのです。

宿敵の細川頼之が幕府管領として、将軍義満を補佐するために京都に滞在することになると、通直はその留守を突いて、伊予海賊の今岡通任《みちとう》や村上義弘らの協力を得て、豊前国から伊予国松前浦《まさまうら》（愛媛県松前町）に渡海し、河野氏一族や南朝方の国人らを合わせ、応安元〈正平二十三〉（１３６８）年に北朝方の守護仁木義伊《よしただ》を駆逐して、伊予国府中を奪還したのです。さらに翌年には伊予国新居《にい》郡や宇摩《うま》郡へ侵攻し、伊予の大半に勢力を及ぼしたのです。

九州では頼之の推挙により今川貞世《さだよ》（了俊）が鎮西探題として大宰府に派遣されました。菊池武光が征西大将軍懐良親王を奉じて大宰府を占領しているし、足利尊氏の庶子で直義の後継者である足利直冬もまだ勢力を持っていました。

了俊《りょうしゅん》は周防・長門の大内弘世《ひろよ》、義弘《よしひろ》父子や九州の阿蘇惟村《これむら》、松浦党の協力を得て、大宰府を攻め、応安《おうあん》五〈文中《ぶんちゅう》元〉（１３７２）年には懐良親王と菊池武光を菊池氏の本拠である肥後国隈部《くまべ》城（熊本県山鹿市）まで追い、南朝勢力から大宰府を奪回したのです。

その後、足利直冬も幕府に屈服したため、九州は軍事的にほぼ北朝・幕府が平定。しかし、まだ懐良親王が征西大将軍の職を良成親王に譲っていましたが健在だったので不穏な状態でした。

第十五項　海賊の代名詞的存在・村上一族の歴史

⚓海賊大将・村上義弘

村上海賊の統領である村上氏の祖は、五十六代清和《せいわ》天皇の流れを汲む清和源氏だとも、六十二代村上天皇の流れを汲む村上源氏だともいわれています。中には、清和源氏の男と村上源氏の娘が結婚して生まれた子が祖だという説まであり、早い話が源氏には違いないが、はっきりしないというわけです。

その中で瀬戸内海史に、はっきりと名前を残しているのが、平安後期の源仲宗《なかむね》です。承暦《じょうりゃく》四（1080）年に村上氏の菩提寺の一つである高龍寺《こうりゅう》（愛媛県越智大島吉海町）の中興開祖として出てきます。仲宗の生きた時代は、白河上皇の院政が始まったころです。従兄弟には、奥州で大暴れをした八幡太郎義家《よしいえ》や新羅《しんら》三郎義光など清和源氏の有名人がいます。

仲宗は、嘉保《かほう》元（1094）年、息子の惟清《これきよ》が白河上皇を呪詛《じゅそ》したため、連座の罪で周防国に配流になりました。仲宗のその後は不明です。保元《ほげん》の乱が起こる三年前の仁平《にんぴょう》三（1153）年、延暦寺と興福寺の間に紛争が起きたとき、孫の定国《さだくに》と為国《ためくに》が巻き込まれました。そのため、二人は京に居られなくなり、定国は河野氏を頼って伊予に、為国は信濃国に移住してそれぞれ土着したといいます。この定国が事実上の瀬戸内海の村上氏の祖となるのです。ちなみに信濃国に行った為国が信濃の村上氏の祖で、その家系には戦国武将として有名な村上義清《よしきよ》が登場します。

平清盛が全盛の時代、源氏流の河野氏とその配下に入った村上氏は不遇をかこっていたのか目ぼしい動きはありません。しかし、治承《じしょう》四（1180）年、源頼朝が伊豆で挙兵すると、河野氏と村上氏は翌年の養和《ようわ》元（1181）年に伊予国で反平氏の旗を上げたのです。

源平合戦の詳細は第二章に譲って、ここではその後の村上氏を続けます。

源氏が勝利し、源頼朝が鎌倉幕府を開くと、幕府は源平合戦に貢献した瀬戸内海の海族に冷たい仕打ちをします。それまで海の領主として航行する船に海賊行為していた者たちを徹底的に取り締まりました。しかも、全国に派遣した地頭に、所領内の船の数、水手《かこ》や梶取《かじとり》の人数や名前と年齢もすべて調べて報告させました。さらに、登録した船には船体に船の在所（所属地）や船主の名前を彫り込ませました。

しかも、村上氏の主家だった河野通信《みちのぶ》が、承久《じょうきゅう》三（1221）年に起こった承久の乱で後鳥羽《ごとば》上皇に味方したため、陸奥国に流罪となってしまい、村上氏はさらに動きがとれなくなりました。

それが鎌倉時代後期に元寇が起きると、再び海賊の力が見直されるときがくるのです。

陸奥国に流罪になった河野通信の曾孫にあたる通有《みちあり》が幕府から筑前博多への出陣を命じられ、

村上海賊も出陣します。通有はのちに「河野の後築地《うしろついじ》」と呼ばれる、博多湾に築かれた防塁を背にした「背水の陣」で敵に対し、さらに元の旗艦に斬り込んで大暴れしました。それが評価されて、以前通り芸予海域の海賊取り締まりの役を命じられ、村上氏も息を吹き返したのです。

しかし、このときの戦闘で、村上氏の頭領の頼久《よりひさ》が跡継ぎのないまま戦死しました。ただし、この頼久自身も、その養父である頼冬に後継ぎがなく、河野氏から養子に入っているため、純粋な村上氏の血脈ではなくなっていたのです。頼久の後は、やはり養子を入れて頼泰、頼員と続き、時代は建武の新政から南北朝の動乱期を迎えます。

後醍醐天皇の挙兵から建武の新政までは、ほぼ陸戦だったため、水軍である村上海賊の出番はなかったようです。しかし、足利尊氏が天皇と袂《たもと》を分かって九州に落ちるとき、その輸送を手伝ったことから、この内乱に巻き込まれていきます。尊氏が九州から反転して再び京を目指す軍勢には村上氏も主家の河野通盛《みちもり》の配下として参加しました。尊氏が湊川合戦で、新田・楠の連合軍を破ったとき、河野通盛軍も陸戦ながら、戦いに参加して、楠正成《まさしげ》の首を上げています。

京に入った尊氏が新しい天皇を擁立したため、後醍醐天皇が吉野に移り、南朝と尊氏が擁立した光明《こうみょう》天皇の北朝という二つの朝廷が誕生しました。尊氏に味方した河野通盛は、再び伊予国の守護となり、芸予海域の支配権を手に入れます。

南朝の首班ともいうべき北畠親房《ちかふさ》は、北朝方に従っていない奥州や四国・九州の勢力を集めて、京を挟み撃ちする作戦を立て、後醍醐天皇の子である義良親王《のりよし》と宗良親王《むねよし》を東国へ、懐良親王《かねよし》を四国九州へ派遣しました。このとき、吉野からの陸路はすべて尊氏軍に抑えられていたため、親王たちは海路を取ることになりました。

西に向かった懐良親王は紀伊国田辺から、熊野海賊の船団で瀬戸内海を進みました。まず淡路島の南にある沼島《ぬしま》に寄港し、次に讃岐国に寄港しました。ここで熊野海賊は警護を終えて帰り、ここからは村上海賊が引き継ぎ、村上海賊の海域にある新居大島（愛媛県新居浜市）に数カ月滞在したようです。延元《えんげん》四（１３３９）年になると、伊予国忽那《くつな》諸島の中島に移動しました。忽那諸島は忽那海賊の勢力下にありましたが、頭領の重清《しげきよ》は北朝方、弟の義範《よしのり》は南朝方に分かれていたため、義範を頼って行ったのです。

これらの動きをみると、海賊にはそれぞれ縄張りがあって、その海域に入ると引き継ぐというルールがあったことが分かります。

ではなぜ、村上海賊は南朝方へと転じたのでしょうか？

それは村上義弘《よしひろ》という「海賊大将」と呼ばれた武将の登場によるところが大きいのです。出生は不明ですが、この時期に突然登場して、村上海賊の頭領的な立場になったようです。本来なら主家の河野氏が北朝方なので、村上氏も北朝方のはずですが、ここで南朝方に転じます。義弘は懐良親王を讃岐で受け取り、自領の新居大島に預かり、次の忽那島から九州に渡る際に、自ら村

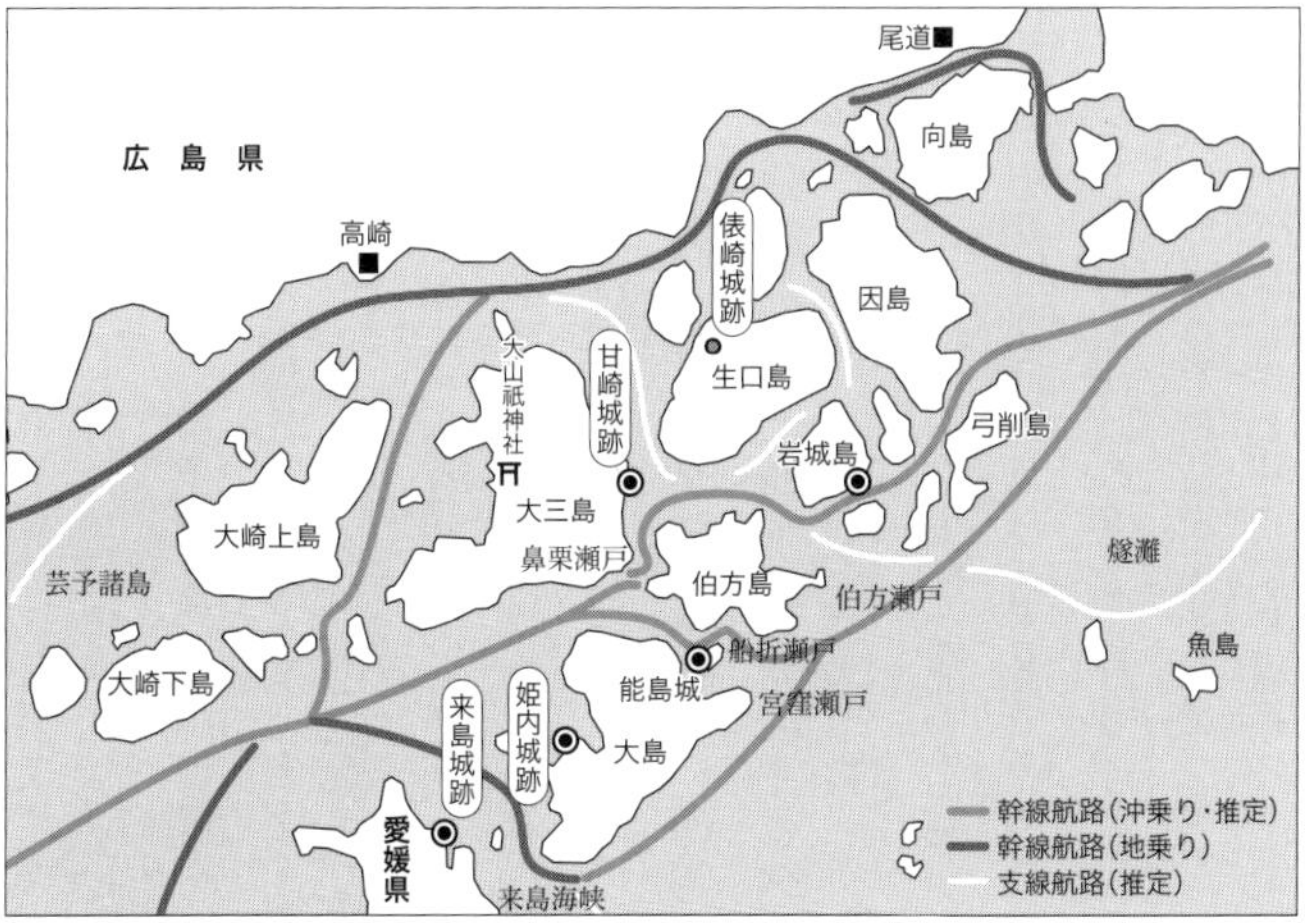

芸予諸島の航路と海域

上海賊を率いてついていきました。そして九州到着後は九州の瀬戸内海沿岸で、北朝方と小競り合いをしたり、周辺の海賊たちを南朝方に引き入れるのに力を注いでいました。

ちょうどそのころ、主家の河野氏は足利幕府の有力者となっていた細川氏の策略で南朝方と疑われ、本拠地伊予国を追われてしまいました。伊予国から九州に脱出してきた当主通尭《みちたか》（通直）は、大宰府で南朝方の勢力を拡大させていた征西将軍宮懐良親王を頼りました。そこで義弘も、河野氏の本国奪還作戦に参加して大奮闘します。その甲斐あって、通尭は伊予に帰還することができ、義弘の武勇が高まりました。

ここで気になるのが義弘の名前です。村上氏は、伊予国の守護・河野氏の傘下の海賊として四代にわたって河野氏の諱《いみな》の「頼」の一文字をもらい、頼冬・頼久・頼泰・頼員と名乗ってきました。それが突然、義弘と名乗っています。普通なら頼弘でしょうか。ただ、同じ村上氏に代々「義」の文字を諱につける家系がありました。それが二百年前に伊予国と信濃国に分かれた、もう一方の源氏の家系である信濃国の村上氏です。この時代の信濃源氏も同じく村上と名乗り、建武の新政では護良親王に従い、北条氏滅亡に貢献しました。その一族の中に村上義光《よしみつ》という武将がいます。『太平記』の中にも登場し、元弘《げんこう》三（1333）年に、護良親王の身代わりとなって吉野山で討ち死にしたという忠臣で、第二次世界大戦前は修身の教科書に載るほどの人物でした。

その義光の孫にあたるのが、義弘ではないかという説があります。なるほど、同じ「義」の字繋がりです。義光一族は護良親王に従って信濃国から京周辺に出てきて、当主の義光は戦死。しかし、建武の新政の時期にはそのまま後醍醐政権に仕えて、懐良親王が西国に派遣されるとき、それに従って瀬戸内海に来たのではないかと考えられます。

このとき、瀬戸内海東部は熊野海賊が南朝方であり、その他の海賊も南朝方が多かったので、その繋がりで懐良親王を九州まで送ろうとしたのです。その過程において、義弘は同じ村上氏ということで村上海賊の客分となり、のちに発揮される武勇が幸いして、村上海賊の頭領もしくはその代理のような地位を占めたのではないかと考えられます。

ちょうど頼員には男子の後継者がいなかったため、婿養子に入ったようです。しかし、義弘自身は単なる養子ではなく、あくまで南朝の忠臣として尊敬されていた村上義光の威光を大切にして、最後まで名前の「義」にこだわったのだと考えられます。

もう一つ、義弘に関して不思議なのは、河野通直が伊予国に帰還した応安《おうあん》二〈正平《しょうへい》二十四〉（1369）年以降、ぴったりとその消息が途絶えるのです。河野氏の滅亡の危機を救い、「海賊大将」と呼ばれたにもかかわらず、村上氏の歴史から消えてしまった。やはり、同じ村上氏でも、山国信濃から来た家系の義弘は海の村上氏になれなかったのでしょうか。

ということで、村上氏の家系も頼員で途絶えたままとなってしまったのです。

ここまでが歴史上、村上海賊の頭領村上氏の前期と呼ばれています。

瀬戸内海の三国の境を支配する海賊 ～忽那義範

忽那《くつな》氏の本拠地は瀬戸内海の安芸国・周防国・伊予国との境に位置する忽那諸島（愛媛県松山市）で、現在は「中島」と呼ばれている忽那島に館がありました。その出自については諸説ありますが、平安時代に藤原道長の後裔親賢がこの地に配流されたことに始まるといわれています。

その後、忽那氏を名乗るようになり、開発した土地を後白河院へ寄進し、その見返りとして、忽那諸島の荘宮に任じてもらいました。鎌倉時代には幕府の御家人となり、忽那島地頭職に任じられました。その後、忽那諸島の各島に城郭を設けて勢力を拡大。忽那諸島は瀬戸内海の西部にあり、周防の屋代島《やしろ》（山口県周防大島）を繋げれば飛び石伝いとなり、その間を抜ける航路はすべて抑えられる要衝にあります。そのため、次第に瀬戸内海西部の制海権を握るようになります。

蒙古来襲では忽那重俊《しげとし》が河野氏に従って、一族を率いて出陣し軍功を挙げました。しかし、重俊の代に諸職や所領を兄弟に分割相続させたため、これが裏目に出て一族の間で所領をめぐる争いが起きるようになります。

それが再び団結するのが、後醍醐天皇の倒幕のときです。伊予国では幕府方に河野氏、大森氏、宇都宮氏がつき、天皇方には河野一族の土居《どい》・得能《とくのう》氏と、重見《しげみ》氏、村上義弘、そして河野氏の氏神である大三島の大山祇《おおやまづみ》神社の祠官だった祝安親《ほうり》がつきました。まさに同族同士の戦いになったのです。忽那氏もそれまでの河野氏従属の態度を改めて天皇方につきました。このとき、忽那氏を率いたのは総領の重義《しげよし》の嫡男重清《しげきよ》と二男の義範《よしのり》および一族の重明《しげあき》でした。

忽那氏ら伊予の天皇方は伊予国内の城郭を次々に攻め落としたため、幕府方の長門探題北条時《とき》直《なお》が伊予に侵攻しましたが、激戦のすえに時直軍を撃退したのです。

南北朝の時代になると、忽那氏は重清・義範兄弟が北朝と南朝それぞれに分かれてしまいます。これは尊氏が北畠氏らに敗れて九州に下向しながらも、帰路のために瀬戸内海沿岸の勢力を積極的に自らの陣営に誘っていたためで、重清は忽那一族の興亡を尊氏に賭けたようです。対する弟の義範は、重清が北朝に転じた後も南朝方に残り、中島神浦を本拠に南朝方として活動を続けました。尊氏が吉良貞義《きらさだよし》に忽那諸島攻略を命じましたが、土居氏の応援を得た義範によって撃退されました。さらに、尊氏は讃岐国の細川氏および河野氏の連合軍を送りましたが、義範は土居氏と結んでこれも撃破。さらに河野氏の城郭を攻略するなど、義範の勢いは止まりませんでした。

そんな中、暦応《れきおう》元〈延元《えんげん》三〉（1338）年に懐良親王が征西大将軍として九州に向かうことになります。そのときに南朝方から頼りにされたのが、忽那義範だったのです。翌年、懐良親王は五条頼元・良遠父子、冷泉持房らを従えて忽那諸島に上陸しました。親王の滞在は三年間に及び、その間、安芸国守護の武田氏や河野通盛らの来襲を受けましたが、義範は村上義弘、土居氏らと結び、退けたばかりでなく、通盛の本拠地湯築城や中予・東予の北朝方の諸城も攻略したのです。

懐良親王が九州に移った後、新田義貞の弟の脇屋義助が伊予国に下向して来ますが、これも迎え入れています。その後、熊野水軍が薩摩国の島津氏を攻撃するために、瀬戸内海を通過するのに対して、義範は兵糧を送ってそれを援助しています。

また、貞和《じょうわ》四〈正平三〉（1348）年には、塩飽《しわく》諸島を攻撃しています。これは懐良親王が瀬戸内海を通って九州に行くときには、南朝方として熊野海賊と共にその警固をした塩飽氏が、このときには北朝に寝返ったことに対する攻撃だったと思われます。

以後、義範の動向は分からなくなるので、ほどなく死去したものと思われます。その後は、北朝方についていた重清の子である重勝《しげかつ》が惣領となりますが、一時の勢いはなくなりました。

第十六項　倭寇と日明貿易

倭寇の黒幕は南朝の懐良親王だった!?

明徳《めいとく》三〈元中《げんちゅう》九〉（1392）年、南朝の後亀山《ごかめやま》天皇が退位して、六十年近く続いた南北朝の動乱は終わりました。室町幕府は三代将軍・足利義満の時世となり、各地に残っていた南朝勢力もその勢いを失っていました。しかし、その間に各地では政権の統治を受けない無法集団が生まれ、「多くの盗賊が押し入り、駅路（宿場）には駅屋の長もなく、関屋（関所）にすら関守もいない」という状態になっていたのです。

また海では「朝鮮や中国の港に押し寄せて財宝を奪ったり、官舎や寺院を焼いたりしたので、住人がいなくなり、土地が荒れた」といいます。これを襲われた側の朝鮮や中国では「倭寇《わこう》」と呼びました。「倭」は日本を、「寇」は外敵を指します。

そこで朝鮮の高麗王朝は、貞治《じょうじ》五〈正平《しょうへい》二十一〉（1366）年に日本へ取り締まりを求める使者を送りました。しかしそのとき、日本ではまだ南北動乱が続いていたため、幕府は「四国や九州の海賊がすることだから、幕府が処罰を加えられない」という理由で何も対応しないままに放置しました。つまり、南朝の支配地域の海賊だから、何もできないというのです。

その後も倭寇の被害が続きました。主な略奪物が米などの食糧だったことから、日本国内が長い戦乱で生産能力が落ちていたため、その穴埋めを朝鮮に求めたようです。また船団の規模も、高麗軍の反撃を受けるようになったため、はじめ二十艘くらいだったのが数百艘規模になっていき、内陸部まで侵攻するようになりました。

そこで今度は応安《おうあん》二〈正平二十四〉（１３６９）年に、元を倒して新たに明を建国した皇帝太祖（朱元璋）から、九州の大宰府に征西府を置いていた南朝の征西大将軍宮の懐良親王に使者が遣わされたのです。内容は建国の通知と朝貢を促すことの他に、日本が倭寇の害を押さえないと、明自らが出兵して討伐するという警告でした。しかも同時に、明に倭寇として抑留されていた日本人を返還してきたのです。これに対して、懐良親王は倭寇が拉致してきた捕虜を七十人を送り返しています。どうやら、懐良親王政権と倭寇は裏で繋がっていたようで、九州制圧のための権威として明王朝から「日本国王」と認められようとしたのです。

しかし、実際には倭寇の被害はエスカレートしていきます。その影響か、１３９６年に朝鮮の高麗王朝が滅亡し、かわって倭寇討伐の功績があった武将の李成桂《リソンギエ》が李王朝を建国します。

そこで早速日本に使者が派遣されましたが、今度は日本側もちょうど南北朝が統合された後で、幕府の鎮西探題《ちんぜいたんだい》に就いていた今川貞世《さだよ》が交渉にあたりました。ここでは円滑な外交関係を樹立し、貿易の促進を希望した将軍義満が倭寇を鎮圧することを約束したのです。

今川貞世の鎮西探題解任後、義満の信任が厚く周防・長門・石見・豊前・和泉・紀伊六カ国の守護だった大内義弘《よしひろ》が交渉の窓口と倭寇の取り締まりの責任者となっていました。そこで義弘は「自分は百済王族琳聖太子の末裔」と自称して、応永《おうえい》六（１３９９）年に朝鮮に渡海し、「倭寇を討伐したので、百済の故郷に土地を賜りたい」と李国皇帝に申し入れました。実際には成功しませんでしたが、自らが朝鮮や中国と独自の貿易をするための基地造りを望んだと考えられます。

しかし、倭寇の禁圧によって貿易の独占を狙う義満と、自らも貿易をやりたい義弘の対立は深刻化していきました。有力守護大名の勢力拡大を危惧した義満は、義弘に対して上洛命令を出しましたが、命の危険を感じた義弘は命令に応じませんでした。さらに続く上洛命令に対して、義弘は挙兵を決意。応永六（１３９９）年十月、義弘は弟の弘茂《ひろしげ》と共に軍勢を率いて、分国である和泉堺ノ浦（大阪府堺市）に上陸し、城砦を築き、反幕勢力の結集を図りました。しかし、義満は細川頼元《よりもと》、赤松義則《よしのり》、畠山基国《もとくに》、斯波義将《よしゆき》らを主力とする三万余の兵士を率いて堺へと迫り、義弘を討ち取ったのです。これが応永の乱と呼ばれるものです。

幕府の財政を支えた日明貿易

義満が独占を目指した明との貿易（日明貿易）は、どんなものだったのでしょうか。

明王朝は周辺諸国の王から明の皇帝に朝貢をして、その見返りに頒賜物を与えるという朝貢貿易しか認めていませんでした。しかし実際は民間や倭寇の船を利用した、事実上の密貿易をしていたのです。国内の支配権確立のために多額な資金を必要としていた義満は貿易をしたかったのですが、幕府が密貿易をやるわけにもいかず、屈辱的な朝貢貿易を受け入れることにしました。

そこで明と幕府は民間や倭寇の密貿易と正式な貿易を区別するために、幕府が送る正式な遣明使船であることを証明する勘合符を使用しました。このことからこの貿易を勘合貿易《かんごうぼうえき》とも言います。勘合符とは木の札に字を書いたものを、中央で二つに割ったもので、両者が片方ずつ所持し、照合の際に合わせてみて、ぴたりと合えば本物ということになります。

輸出品としては硫黄・銅・金などの鉱物、工芸品として刀剣・漆器などで、輸入品は銅銭、生糸、綿糸、織物、陶磁器、書籍などです。銅銭は日本ではすでに貨幣経済が浸透し、中国の宋銭が多く使われていましたが、当時日本国内では貨幣が鋳造されなかったため、銭が不足していました。そこで幕府が明銭を導入すれば、そのまま幕府財政が豊かになるというわけです。

日明貿易は朝貢ですから、関税はなく、朝貢品に対しては賜与という名目で、価格以上の代価が支払われたうえ、携えてきた物資の交易すら認められていましたから、元手の五～六倍の利益があったといわれています。

日明貿易は、義満が明との約束である倭寇の禁圧を積極的にしたため、順調に行なわれました。

しかし、応永十五（１４０８）年、義満が死去して義持《よしもち》が四代将軍になると、日明貿易は臣下の礼をとる卑屈なものだとして中止にしました。そのため、倭寇は再び活発化しました。

応永二十六（１４１９）年、倭寇の船五十艘が朝鮮庇仁《ひじん》県や海洲を襲い、さらに一カ月後には中国の遼東《りょうとう》半島を襲うという事件が起きました。これに対して明軍が反撃し、倭寇の八百五十七人が斬首、八百五十七人が捕虜になりました。この倭寇の船の所属が壱岐・対馬だったことから、朝鮮側は対馬に倭寇の基地があると判断し、朝鮮は報復として対馬を襲撃しました。これが「応永の外寇」とよばれるもので、船二百二十七艘、兵一万七千二百八十五人という大軍で、対馬の船百二十九艘、民家千九百三十九軒を焼いたそうです。どうやら、このとき対馬の主力部隊は中国に行っていたらしく、被害者は老人や女子どもでした。この事件により対馬や北九州の諸大名の倭寇取り締まりは厳しくなり、しばらく活動が鎮静化します。

六代将軍足利義教《よしのり》時代になると、幕府の財政が厳しくなっていたため、永享《えいきょう》四（１４３２）年には、回数制限などの条件付きで日明貿易を再開することにしました。

以来、天文《てんぶん》十六（１５４７）年までの百数十年の間に十九回、延べ五十艘が派遣されました。遣明船ははじめはすべて幕府の直営船でしたが、幕府の弱体化に伴い、再開後は有力守護大名や寺社の船も参加するようになりました。次第に貿易の実権は堺商人と結んだ細川氏、博多商人と結んだ大内氏という有力守護大名の手に移っていったのです。

第十七項　宋希璟の海賊日記

応永《おうえい》の外寇があった翌年の応永二十七（１４２０）年、四代将軍足利義持《よしもち》は、李王朝の真意を探るために使節を送りました。その使節に対する回礼使として宋希璟《そうきけい》が来日します。

希璟がこの来日のことを書いた紀行文に『老松堂日本行録《ろうしょうどうにほんこうろく》』がありますのでご紹介しましょう。

当時の海賊事情がわかる貴重な史料

宋希璟は閏一月十五日に首都・漢陽《ハニャン》を出発して、二月十五日の朝に富山浦《プサンポ》（釜山）を出航して、草梁《チョリャン》（釜山）に一泊。十六日の午前九時に出航して午後五時には対馬の北岸に到着しています。風が順風だったと希璟は喜んでいますが、朝鮮と対馬は帆船でたった八時間の距離でした。その後対馬の沿岸を進みますが、風雨に阻《はば》まれてなかなか外洋に出ることができません。やっと三月一日の朝に対馬を離れて壱岐に向かいますが、風がなかったため壱岐に到着する前に日没になってしまいます。そこで近くに見えた何島か分からない島影を頼りに停泊して、夜を明かしました。その間、倭寇に襲われるのではないかと、心配で眠ることができなかったようです。夜が明けてみれば、その島影は壱岐だったので、みんなほっとしたと書かれています。しかし、勝本《かつもと》方面から三艘の小船が矢のように早く近づいてきたため、「海賊！」と叫び、太鼓を打ち鳴らし、旗を振り、甲を被って身構えていました。すると、その船は使節を迎えにきた人たちでした。

そして三月三日の夕方、無事に筑前国志賀島に到着しました。ここでも迎えにきた小船が武装していたので、海賊ではないかと疑っています。

倭寇とそれに対する報復をした朝鮮の国交修復の使節ですから、途中で倭寇に襲われる可能性が高いということで、希璟一行はかなり緊張していたようです。

志賀島から博多に進み、上陸して九州探題の代官が用意した馬に乗り換えて宿泊先に向かいます。博多という町には城壁がなかったため、倭寇が使節を襲う可能性も考え、新たに辻ごとに門を造らせ、夜間は木戸を閉めて警備をしました。しかし、昼間は大勢の見物人が宿泊先の庭をうめ、中には刀を持った武士たちが混ざっていたので、希璟は怯えていました。

使節は博多で十六日間逗留しました。これは使節の到着を京都の幕府に知らせ、入京の許可が出ないと、博多を出発できなかったからです。

三月二十四日に志賀島を出航して、二十五日に関門海峡の赤間関に停泊し、安徳《あんとく》天皇の菩提を弔《とむら》うために建立された阿弥陀《あみだ》寺を参拝しています。三十日に赤間関を出航しましたが、すぐに風が止まったので、対岸の豊前国田野浦（福岡県北九州市門司区）に停泊して夜を過ごすことになったのですが、ここには海賊がいるというので、また徹夜となりました。そのとき、近くの山で変な声がするので怖がっていたら、翌朝に雉《きじ》の鳴き声だと分かりほっとするのです。

翌四月一日は周防国室積《むろづみ》（山口県光市）に停泊しましたが、陸に建つ人家の灯を見て、これも皆海賊だと思い、不安を募らせました。周防国西関（山口県上関町）を通過したころから大風が出たため、唐加島（山口県周防大島町又は広島県倉橋島）に船を寄せると、そこが海賊の城だというので、船内はまた恐怖に包まれます。

唐加島から安芸国高崎（広島県竹原市）に向かう途中に、鳥の頭の形をした島が見えてきました。通訳の尹仁輔《ユインボ》の説明によると、１４１０年に朝鮮使節が海賊に遭遇した場所だといいます。賊の小船が島影に隠れていて、使節の船が通り過ぎようとしたところに飛び出してきて、船に積んであった贈答品や食糧から衣服、果ては船ごと奪って、使節と警備の兵をこの島に置き去りにしていったという事件だったそうです。それを聞いて希璟が恐怖心を起こしているところに、本当に小島より小船が出て矢のような速さで使節の船に近づきました。「海賊だ」ということで、太鼓を打ち、旗を振り、角を吹き、鐘を鳴らし、希璟自身も甲を被って武装して構えました。そこに伴走していた博多の商人・亮倪と宗金の船二艘が追いついてきたので、海賊船は不利だと思ったのか、去っていきました。

高崎から尾道（広島県尾道市）に入ると、人家が海岸に沿って並び、山頂には寺院が連なっていました。現代と変わらない風景が展開していたようで、希璟はここで寺院巡りをしています。

四月八日、尾道を出航して播磨国室津（兵庫県たつの市）に入港します。ここで伴走してきた博多商人の宋金が、京都に人をやって使節の到着を知らせます。十五日、室津を出航して牛滄（兵庫県明石市付近？）に停泊しますが、ここも海賊が出るというので、護送船が九艘来て護ってくれました。十六日に船の終点である兵庫（兵庫県神戸市）に到着しました。早速翌日には京都に向けて出発しようとしましたが、まだ許可が下りてないので留まるように指示されます。そして二十日にやっと陸路で出発したのです。

使節団の船旅は、朝鮮の富山浦（釜山）を二月十五日に出発して、博多経由で四月十六日にやっと兵庫に到着するという二カ月間に及ぶ旅でした。途中、幕府の許可待ちで博多に十六日滞在したので、正味四十五日の船旅でした。とはいえ風待ちや天候不良で、停泊していることが多かったため、停泊地でかなり観光も楽しんだようです。

しかし、ここで注目すべきは夜間に停泊するごとに、ここは海賊のいる所だといって、武装をしたり徹夜で警備をしたりしている点です。それまで朝鮮は倭寇の被害が多く、今回の宋希璟が来日した目的も、その禁圧の徹底を幕府に確認させるためのものでした。そのため、希璟にとって海岸に住む人々は皆、海賊に思えたのかもしれません。

さて、ここから京都での出来事が続きますが、本著は再び宋希璟が瀬戸内海を通る帰路に密着します。

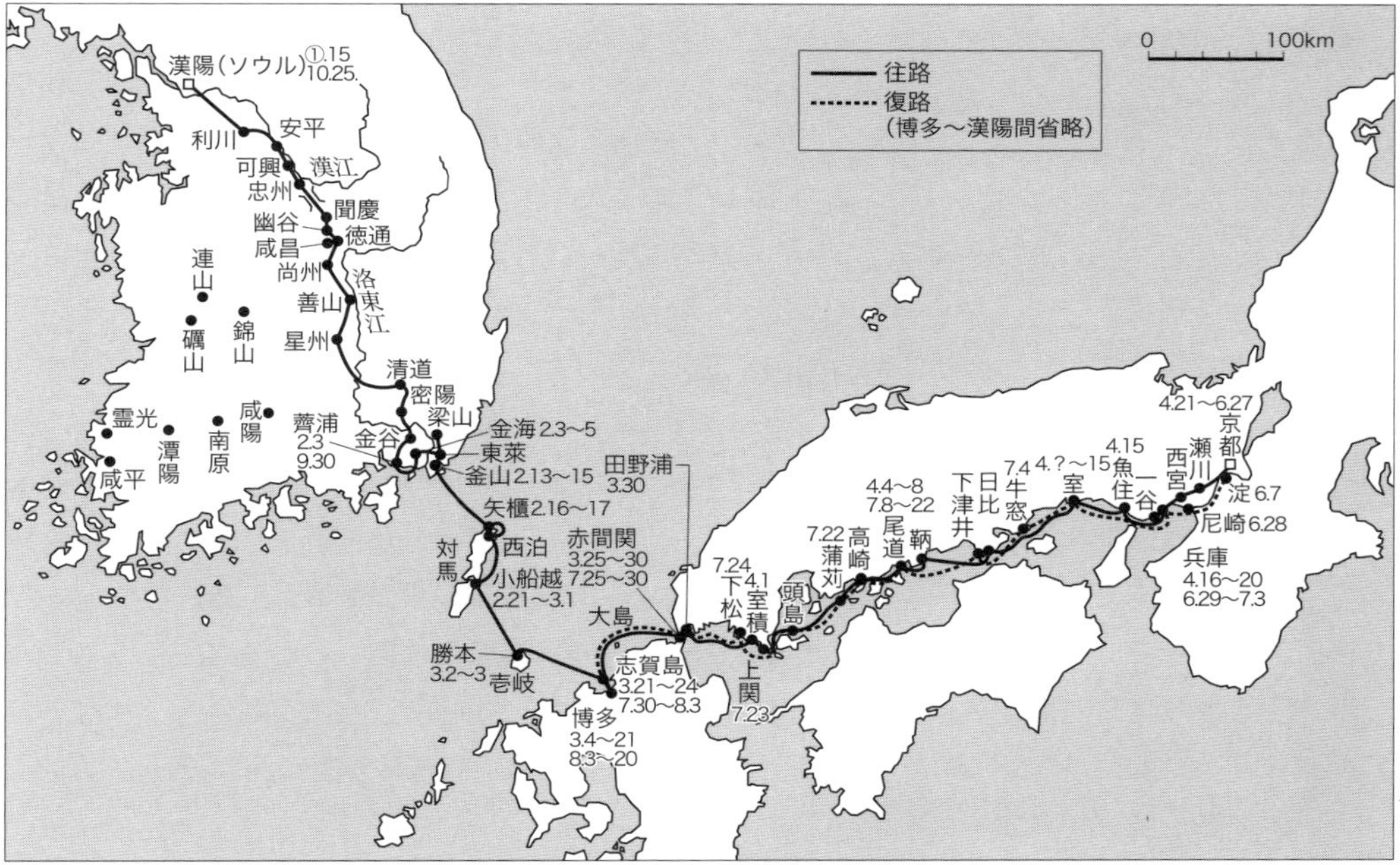

1420 年　宗希璟の行程図『海の武士団』黒嶋敏（講談社）より

六月十六日、京都で四代将軍足利義持に朝鮮国王のからの国書を伝え、無事にその役目を果たします。

六月二十七日、京都の外港で淀川を下る航路の起点だった淀（京都市伏見区）を午前零時ごろに出発して、兵庫に向かいます。七月三日に兵庫を出航しますが、逆風になったため、津口（兵庫の津口）に停泊して、四日に備前国牛窓（岡山県瀬戸内市）を通過して室津から、海賊がいるという下津井（岡山県倉敷市）に向かいます。希璟は「この地より生還することは天の幸い」と大袈裟なことを書いています。ここに護送のために来たという人物を乗せた船が到着しました。希璟は名前を「謄資職」と記していますが、実名は分かりません。乗船したいというので乗せて、酒を振舞うと、自分の船からも酒を取り寄せて、希璟にすすめるのでした。

七月七日、下津井に入港しようとしましたが、逆風で入れなかったために海辺に停泊したが、護送をする船はそのまま西に向かって帰っていってしまいました。そこに今度は北から船が近づいてきました。また、海賊かと思い、大騒ぎをしたら、「魚を獲る船だ」と言います。しかし、船内には多くの人が隠れている様子で、なかなか離れないので、希璟たちは緊張します。そこに先ほどの護送船が戻ってきて、一緒に下津井に入港したのです。しかし、深夜になっても先ほどの怪しい船が立ち去らなかったため、折角の七夕なのに酒も飲めなかったようです。

七月八日、再び備後国尾道で風待ちをしますが、なかなか順風にならないので、二十日も停泊することになります。そのとき、前回の上京の折に立ち寄った天寧寺《てんねいじ》の住職と交遊したりして楽しいときを過ごします。しかし、その間にも希璟一行の帰路を待って食糧を獲ろうという海賊船が十八艘もいるという噂を聞いています。

二十二日にやっと尾道を出航して高崎の海賊のいる所を進みます。午後四時ごろに安芸国蒲刈《かまがり》（広島県呉市）に停泊します。この地は群賊の居るところで、幕府の命令も届かない所で護送船もいないといいます。日が暮れていくので、仕方なく群賊の家が見えるところに停泊しました。蒲刈には東西に海賊がいて、東から来る船は東の海賊を一人乗せていれば、西の海賊は害を加えないといいます。西から来る船も西の海賊を乗せていれば襲わないというのです。

そのため、伴走船に乗っている博多商人の宗金は事前に銭七貫文を払って東の賊を乗せていたのです。その海賊が小舟に乗って希璟の船にやってきて「私が来たから心配はいらない」と言って、今度は岸の海賊の家に行って、間もなく帰ってくると「よく頼んできたので、安心しなさい。先方が言うには『上陸して我が家に泊まりませんか』と言っているというのです。しばらくすると、島の老若男女が小舟に乗って争うように近づいてきて、使節の船に乗りたいと頼んできました。そこで希璟が許すと、皆乗り込んできました。その中に朝鮮語を話し、しぐさも朝鮮人と同じようにする海賊の頭領らしき僧がいたので希璟も親しく話をしました。また僧の希望で、希璟の馬の鞍や船底も見せてあげました。帰りがけには希璟に我が家でお茶を飲みませんかとのお誘いがありました。希璟がその気になっていると、密かに僧と手下の会話を盗み聞きしていた日本語の分かる部下が、「朝鮮の船は金目の物を積んでいないが、後から来る琉球の船は積んでいるので、そちらを襲撃したほうがよい」という会話をしていたと報告がありました。また、随行している博多の三浦兵衛三郎も「この地の人心は分からないので、降りないほうがよいですよ」と止めたので、結局下船しませんでした。この後、海賊が再び来ることはありませんでした。

この部分は、海賊関係の本には必ずといっていいほど引用されています。なぜなら、「東西どちらかの海賊を雇って乗せている船を、他方の海賊が襲わない」という海賊同士のルールがあったことが分かる貴重な史料だからです。しかもその費用が銭七貫文という具体的な相場まで分かります。

もし財宝を隠し持っていたら、ちゃっかり奪おうという魂胆や、頭領という人物が朝鮮語を話し、朝鮮の礼儀作法をするといいますから、もしかしたら朝鮮に滞在した経験があるのかもしれません。希璟もそんなこともあり、海賊の頭領に関心を持ったのでしょう。

さらに、朝鮮使節の後に琉球からの船が、しかも財宝をたくさん積んでくるという情報を持っているなど、海賊間に情報ネットワークがあったことも推察できます。

日朝間の緊迫な外交模様

さて翌朝、蒲刈を出航した船は突然の嵐と、船の破損という事態に夜通し奔走されますが、翌朝なんとか周防国西関に入ります。ここで海水に濡れた物を干しています。七月二十三日の暁に西関を出航した船を、夜に入ったころに東から追いかけてそのまま過ぎ、先で旋回して待ち構えている三艘の船がいました。宗金が「海賊だ」というので、帆を降ろして船を停めて護送船を呼ぶことにしたのです。その間、武装をするだけではなく、小舟を出して近くの小島から投石用の小石を拾ってきました。そのうちに護送船が来たので一緒に航行し、周防国下松（山口県下松市）に入港したのです。三艘の船はいつの間にか消えてしまいました。

下松を発した船は夜に赤間関に着きましたが、また風待ちをします。やっと三十日に出航して博多に向かいますが、志賀島の沖でまた暴風に遭い、船は大揺れに揺れ、沈没寸前になります。そこに岸から小舟が来たので米を与えて雇い、なんとか希璟だけを岸まで運んでもらい、老婆が一人住む家に泊めてもらいます。その後、島の寺に移り、風の止むのを待ち、三日にやっと博多に入ることができました。

八月二十日、役目を終えた希璟一行は、壱岐・対馬経由で九月三十日に朝鮮のチエ浦《ポ》（慶尚南道鎮海市）に無事帰還しました。

こうして朝鮮を出発した途端から、常に海賊の恐怖に怯えながらも、ときには甲を被り、太鼓を叩き、旗を振って海賊を威嚇し、ときには金で雇った海賊に護られ、幕府の護送船に助けられて、宋希璟の船旅は続いたのです。これほど、綿密に日本の海賊の恐怖を描いた史料はありません。また、蒲刈で行なわれた海賊たちとの交流も見逃せない海賊の一面です。

まさに「宋希璟の海賊日記」とも呼べるものです。

日本の海賊は基本的には、海に生活の場を持つ海の民の集団です。海岸に群れをなして住み、それぞれ海の縄張りを持ち、ときには争いながらも船舶による運送業や、魚を獲って暮す漁業をしていました。そこを知らない船が通れば、水先案内と称して乗り込み（上乗《うわのり》）通行料の徴収をしていたのです。もちろん払わなければ略奪をしました。

これは、海だけの習慣ではなく、陸路でも街道に関を設け、「関銭」をいう通行料を徴収していました。

鎌倉幕府が健在なころは、各国の守護によって、略奪行為は禁止されていましたが、南北朝の動乱が六十年にも及ぶと、農業生産や生産物を運ぶ船舶輸送が減少していき、海の民の生活も苦しくなっていきました。そのため海賊行為の頻度は増し、活動範囲も広範囲になって朝鮮や中国にも及ぶようになって「倭寇」と呼ばれるようになります。

幕府に依る日明貿易が開始され、国内政治も安定してくると、倭寇も一旦減少しましたが、希璟が来日したころは日明貿易が中断し、倭寇が再び激しくなっていました。それに伴い朝鮮が倭寇の基地があるとして、対馬を攻撃するという「応永の外冦」という事件も起きて、日朝間に緊張が走っているときに、その修復のために来日したのが宋希璟だったのです。

最後に、今回の宗希璟訪日のお膳立てをした博多の商人で、その祖先は台湾から来たという平方（陳）吉久と、希璟の会話をご紹介しましょう。

吉方が言うには、「今年の夏、朝鮮が再び兵船を派遣するというので、博多の人々が騒いでいます。私がこのことを幕府に報告したら、貴方は朝鮮に帰れないでしょう」。

これに対して希璟は「今年の夏、朝鮮に来た日本人で、日本に帰れない人は一人もいないでしょう。我が国の兵船は来ません」と答えます。

さらに吉久が「しかし、九州探題はすでにこの話を知っています」と言えば、希璟は「そんな噂話を言うものは捕えて罰しなさい。なぜやらないのですか」と怒るのです。すると吉久は微笑しながら、「日本人が疑うのも無理はありません。昨年は朝鮮が対馬に攻めてきました。また、対馬の人が売り買いのためや、魚を獲るために朝鮮に行ったのに捕えて帰してくれません。そのため、日本の人たちは今回来た朝鮮の使節を、幕府は帰さないだろうと言っていました。だから、京都に行った貴方が無事に博多に帰ってきたので、とてもうれしく思いました」。

これに対して希璟は、「今や朝鮮と日本の間には少しも隙はない。幕府が私を捕える心配はない」言い、吉久も笑って答えたのです。

第十八項　海賊大将列伝

鎌倉時代には「悪党」「海賊」と呼ばれ、社会秩序からはみ出したアウトロー集団として、弾圧の対象とされてきた人たちが、それぞれの政権と結びつくことで、より広範囲に行動するようになってきました。それに伴い、単に「悪党」という否定的な言葉は使われなくなります。それに反して、「海賊」は海を地盤とする武装集団として多用されるようになり、室町時代には「海賊大将」という肩書を名乗る武将たちも現れます。

悪名高い「海賊」を肩書きとした理由とは？

朝鮮の政治家であり、著名な学者でもあった申叔舟《シンシュクチュ》が１４７１年に刊行した『海東諸国紀《かいとうしょこくき》』という本があります。１４４３年に朝鮮の使節として日本に来たこともあり、その後の日朝関係の制度を作成した人物でもあります。本の内容は日本と琉球の歴史・地理・風俗・言語・外交などに関して克明に記録されており、日本側で欠落している情報まで記載されています。その中に日本から朝鮮に交易を求めてきた人々のリストが、その出身地ごとに掲載されています。その数およそ百八十名。

本来、交易ができるのは、将軍の使い、畠山・細川・斯波・京極・山内・大内・少弐などの有力守護大名の使いに始まり、中小の豪族、「受図書人」と呼ばれる通交を保証する図書（銅印）を朝鮮から与えられた者、そして「受職人」という朝鮮の官職を受けた者でしたが、中には無資格で来て「微者《いやしきもの》」と記載された人までいました。

これらに対して李王朝は、それぞれのランクに合わせて、接待や通商の利便を与えたのです。そうなると特別な待遇や通商の利便を求めて、日本国内での地位が高いことを誇示するために付けた肩書もありました。中には無人島の代官や、実在しない称号、果ては架空の高官を創りあげて、その使いを名乗る者まであったのです。

さて、これから紹介する肩書は「海賊大将」です。

伊予州鎌田関海賊大将　源貞義
備後州海賊大将　槙原左馬助源吉安
安芸州海賊大将　藤原朝臣村上備中守国重
周防州大畠太守海賊大将軍　源朝臣芸秀
出雲州留関海賊大将　藤原朝臣義忠
豊前州簑島海賊大将　玉野井藤原朝臣邦吉

この「海賊大将」たちの名前は、現在のところ日本の史料では見つかっていませんが、申叔舟が嘘を書く必要もないので、本人たちが朝鮮に対して、名乗っていたのは確かだと思います。

朝鮮に交易を申し込むにあたり、数十年前に日本を訪問した『老松堂日本行録《ろうしょうどうにほんこうろく》』の著者・宋希璟が、毎夜のように怯えた「海賊」という名称を、日本人はあえて誇らしく肩書にしているのです。

この変化は何でしょうか。

『海東諸国紀』を著した申叔舟が日本に来日した十四年前の１４２９年に、同じく朝鮮使節をして来日した朴瑞生《パクソセン》の報告書には、博多湾の志賀島・周防国上関・屋代島（山口県周防大島）の賊は大内氏、玄海灘の宗像大島（福岡県宗像市）・的山大島（長崎県平戸市）は宗像氏、豊後沿岸は大友氏、壱岐・対馬は松浦党の支配にあると記載されています。この記載によって、海賊がそれぞれ守護やそれに準じる上層権力の中に、自分の立ち位置を求めていることが分かります。

しかし、この上層権力は幕府内の権力争いによって浮き沈みがありました。永享《えいきょう》四（１４３２）年に復活した日明貿易の警固を担当するはずの九州探題の渋川氏は、少弐氏や対馬氏との抗争で警固する力を失っていました。そこで代わって警固を担当したのが、中国地方の播磨・但馬・因幡・伯耆・備前・石見・美作・備後・安芸の守護だった山名氏だったのです。山名氏はそれまでの伊予・周防の海賊に加えて、配下の備前の村上氏を中心とした海賊の連合体「海賊衆」で、遣明船の警固を北九州から瀬戸内海まで行ないました。もちろん、警固料として山名氏からそれなりの所領（土地）または所職（職務に伴う利権）があったことでしょう。これが主従関係として発展し、「警固衆」と呼ばれる「水軍」として認識されることに繋がっていきました。

　そのため、「海賊」は肯定的に使われるようになり、その頭領は自らを海の武士集団のリーダーとして「海賊大将」と称するようになったのです。

後期村上氏の創始「師清」の謎

　ここで、『海東諸国紀』にも登場した「安芸州海賊大将　藤原朝臣村上備中守国重」の周辺を見てみたいと思います。

　村上氏に関しては、第十五項で「前期村上氏」を紹介し、南北朝に「海賊大将」と呼ばれていた村上義弘の前後で、一旦その家系が途絶えたのではないかと推量しました。ここではその後、戦国時代に瀬戸内海賊の雄として名を挙げる後期村上氏について見てみます。

　一説に、村上義弘の死亡は応安《おうあん》七〈文中《ぶんちゅう》三〉（１３７４）年だともいわれ、この後、芸予諸島では再び争いが起こりました。南朝方の義弘という強力な指導者がいなくなり、北朝からの攻勢にさらされるようになると、一族の中で混乱が始まったのです。

　これを治めるために、南朝の事実上の指導者だった北畠親房《ちかふさ》が嫡男・顕家《あきいえ》の子で、顕家死去後は信濃国更科《さらしな》に庇護されていた顕成《あきなり》を義弘の後継者として村上氏の養子に入れたといいます。

顕成は永和《えいわ》三〈天授《てんじゅ》三〉(1377)年、大和国の賀名生《あのう》宮で名前を「師清《もろきよ》」に改めて、紀伊国雑賀《さいか》の浦から船出しました。まず讃岐国塩飽《しわく》諸島に押し寄せ、七島の家々に放火をしたうえで、義弘の旧臣だった塩飽光盛に使いを出し、「放火をしているのは、北畠師清である。これから同じ村上天皇の血を引く者として、村上義弘の跡を継ぐために西海に下るので、急いで味方をしなさい」という、かなり上から目線の申し入れをします。これに対して光盛は「参る」と答えたといいます。

光盛を先導として村上の旧臣の協力で務司《むし》城に入り、総領家である河野氏に村上氏を継承する挨拶を入れると、「怠りなく忠勤を尽くせ」と言われ、一族に列せられたといいます。

これは『南海通紀』『予陽河野盛衰記』など江戸時代に書かれたものに出てくるお話なので、どこまで信用していいか分かりませんが、他に史料もないので紹介しておきます。

ただ、ここで見過ごせないのは、北畠親房の動きです。村上氏は元寇などで活躍しますが、河野氏の支族です。そこに急場とはいえ、名門意識の強い親房が自分の孫を養子に入れたのです。自らは最高官位の従一位准大臣、父の顕家は正二位鎮守府大将軍です。その孫をいくら「海賊大将」と呼ばれて、軍功のあったとはいえ義弘や村上氏の養子に差し出すでしょうか。あまりにも格が違い過ぎます。

別の史料には、顕成は南朝の公家として同じころに従二位権大納言に叙任されたというのもありますから、村上氏が名門志向で顕成の名前を借りたのかもしれません。

しかし、北畠親房にとっては、九州で征西大将軍として孤軍奮闘をしている懐良親王との連携を繋ぐためにも、瀬戸内海の海賊の協力はぜひとも欲しかった。そのためには頭領を失い、分裂の危機にある村上氏をまとめることは、とても重要なことだったと考えられます。そこで一族内で続いて後継者争いを治めるために、誰もが納得する人物を送り込む必要があったのです。そのとき、もしかして孫の身代わりを送った可能性はあります。

また、別の説では吉野で大塔宮護良親王の身代わりで死んだ忠臣の村上義光の子孫の一人を親房が送り込んだのではないかというのもあります。ただし、これでは信濃国の村上氏なので、瀬戸内海の村上氏にとっては格不足だったため、あくまで北畠顕成としたほうが都合よかったのではないでしょうか。

そんなことで、実際はどこから来たか分かりませんが、歴史の上では後期村上氏は「師清」という人物から始まります。

師清の嫡男には三人の息子がいて、それぞれを能島・因島・来島の三島に配しました。これが後に「三島《さんとう》村上」と呼ばれる三家です。伊予国の高縄半島から、現在の「しまなみ海道」沿いに燧灘《ひうち》・安芸灘・備後灘という瀬戸内海中央部の制海権を押さえる軍事勢力となるのです。

陸から海へ押し出された多賀谷海賊

もう一組、安芸国の海賊をご紹介しましょう。

『老松堂日本行録』を著した朝鮮使節の宋希璟が交流した蒲刈《かまがり》の海賊です。蒲刈とは安芸灘に点在する芸予諸島の西に位置する蒲刈島のことで、上蒲刈島と下蒲刈島があります。上下の島の間の海峡を三之瀬《さんのせ》の瀬戸と呼び、室町時代はその両岸を「かまがり」と呼んでいたようです。現在は下蒲刈島の側を三之瀬という地名で呼んでいます。ここに希璟が来たのです。

応永二十七（１４２０）年、この蒲刈にいた海賊が多賀谷《たがや》氏です。多賀谷氏の祖先の地は、江戸時代に仕えた毛利家に提出した『萩藩譜録』によれば武蔵国埼玉郡多賀谷（埼玉県加須市田ヶ谷）だと申告しています。

武蔵国には平安時代後期から鎌倉時代にかけて「武蔵七党」（元は九党）と呼ばれる同族的武士団があり、多賀谷氏は武蔵国埼玉郡を中心に勢力のあった野与《のよ》党に属していました。武蔵七党の多くが、源平合戦で源氏方として戦ったように、多賀谷氏も頼朝配下として活動していたと思われます。建久《けんきゅう》元（１１９０）年に、頼朝が初めて上洛するときには、上洛軍の中に多賀谷小三郎の名があります。幕府成立後には御家人として仕え、『吾妻鏡』の中では御弓始の射手として多賀谷氏の名が何度か出てきます。

仁治《にんじ》二（１２４１）年には、多摩川から用水を引いて新田開発をする奉行の一人として多賀谷兵衛尉《ひょうえのじょう》の名前が出てきます。当時としてはかなり大掛かりなプロジェクトの責任者です。

その三年前には、幕府から、「京都の治安対策のために辻ごとに篝火《かがりび》を設置することになったので、その薪の代金を美濃国日野村（岐阜県岐阜市）と伊予国周敷《しゅうふ》郡北条（愛媛県西条市）の地頭の収入から毎年十貫文、多賀谷兵衛尉と分担して出しなさい」と、同じ多賀谷姓の多賀谷二郎入道に命じています。

これらの史料から、多賀谷氏一族は同時期に関東・美濃国・伊予国の地頭職を務めていたことが分かります。

それでは多賀谷氏がいつごろから伊予国の地頭になったのでしょうか。これについてははっきりしたことは分かりませんが、承久《じょうきゅう》の乱の後、朝廷方から没収した荘園や公領に、幕府が派遣した地頭（新補《しんぽ》地頭）として、関東から来たものと考えられます。総領家の兵衛尉が関東に残り、分家の二郎入道が伊予国に来たのでしょう。

多賀谷氏が地頭を務めた「伊予国周敷《しゅうふ》郡北条《ほうじょう》」とは、現在の愛媛県西条市北条です。多賀谷氏の屋敷跡と言われる場所は、西条市立多賀小学校の敷地となっています。昭和初期までは、小学校の敷地は要害屋敷と呼ばれ、回りには溝が巡り、東を東堀、西を西堀と呼んでいました。これは中世の居館の特徴を色濃く残すものです。屋敷から伸びた水路は屋敷の北西を流れる崩口《くえくち》川に繋がり、そこには河港が形成されていたようです。崩口川は燧灘に繋がる河川で、北条は海に面していたため、廻船も直接入港できたようです。そのため、江戸時代には伊予小松藩の「お舟《ふな》停《て》」という施設もありました。

鎌倉時代から南北朝の動乱期に入ると、多賀谷氏は讃岐国の守護細川氏と伊予国の統一を目指す河野氏の総領家の北朝方と、河野氏の庶家である得能氏と土居氏の南朝に挟まれます。この段階で、どちらについたかは分かりませんが、北朝方の勝利に終わると、今度は伊予国に進出してきた細川氏と、伊予国を守ろうとする河野氏の間にまた挟まれてしまいます。そこで多賀谷氏が選んだのは細川氏で、その被官として河野氏との戦闘の先陣に立ちました。

ところが、永徳《えいとく》元（1381）年に、幕府の仲裁で細川氏と河野氏の和睦が成立しました。しかも、多賀谷氏のいる北条は河野氏のものとなったのです。そこで細川氏に泣きついて、河野氏に多賀谷氏の所領安堵を申し入れ、なんとか多賀谷氏は北条に留まることができました。

しかし、多賀谷氏は伊予国北条に安住はできませんでした。泰応《こうおう》元（1389）年に室町幕府三代将軍足利義満が厳島神社に参拝すると称して、瀬戸内海の視察を行ないました。そのときの記録『鹿苑《ろくおん》院殿厳島詣記』には、「この国の多賀谷氏が義満の船が安芸国蒲刈島の沖合を通るときに、周防・長門・豊前の守護だった大内義弘の使いとして義満の御座船に近づき、義弘がもうじき来ますと伝えている」と記載されています。つまり多賀谷氏はこの時点で、安芸国の蒲刈島周辺に拠点を持ち、大内義弘の被官になっていたことが分かります。

多賀谷氏は伊予国北条の本領を安堵されながらも、八年後には安芸国にも拠点を持っていたのです。いつどのような過程で移動したのか不明ですが、その後のことを考えると、伊予国には居ずらくなり、支配体制が弱かった諸島部に進出していったのでしょう。

同じように、伊予の他の地頭領主たちも、南北朝とその後の河野氏と細川氏の対立によって、四国本土から諸島部に移動していますから、単に多賀谷氏だけのことではなかったようです。

義満が蒲刈島周辺を通過してから三十九年後の応永二十七（１４２０）年、朝鮮使節の宋希璟が来たときには、蒲刈島周辺は海賊の出没する危険海域となっていました。希璟が停泊したのが、どこなのか詳細な地点は分かりませんが、蒲刈島には江戸時代に広島藩の海駅の三之瀬という港がありました。そのため、広島藩の朝鮮通信使の接待所として本陣などの施設もあり、多くの船で賑わう港でした。

三ノ瀬の北西には海に向かって細長く伸びた「天神鼻」と呼ばれる半島があります。尾根上に、堀切の跡や廓の跡もあるので、これが多賀谷氏の「丸屋城」があった場所だと推定されています。半島の両脇には現在は埋め立てられていますが、古くはそれぞれ「丸屋の湊」と「大津の泊」と呼ばれた入り江があり、船溜りもしくは船隠しとして利用していました。希璟は「半島の上に屋敷がある」とは書いていませんから、日常は海岸沿いに集落を形成して住んでいたのでしょう。

この多賀谷氏は海賊働きをしながらも、義満の迎えの使者になっているように、大内氏の被官としても働いていています。特に応仁の乱では、応仁元（1467）年に大内政弘が海路を堺に向かう途中に、蒲刈島に逗留しているので、上洛軍に参陣した「海賊衆」の能美・倉橋・呉などと一緒に出陣したと思われます。

多賀谷海賊の丸屋城（広島県下蒲刈島）

また、十一年後の文明《ぶんめい》十（1478）年には伊予国の河野通春《みちはる》の援軍要請に応えて、大内正弘《まさひろ》が派遣した軍の中に呉・能美・蒲刈「三ヶ島船衆」として登場します。

しかし、大内氏の被官としての活動以外にも、多賀谷氏は海運にも関わっていたと思われます。文安《ぶんあん》二（1445）年に兵庫北関に入港した船を記録した『入船納帳』には一年間に十四艘の蒲刈船が米・豆・布などを積んで入港したとあります。この船が多賀谷氏と無関係とは思えないので、直接運行はしないまでも、その保護下に入っていたと思われます。海賊働きと海運業は経済活動として表裏一体のものだったのでしょう。

第十九項　海の応仁の乱

守護大名の傘下で「警固衆」と呼ばれた海賊たち

永《えい》享《きょう》元（１４２９）年に来日した朝鮮通信使の朴《パク》瑞《ソ》生《セン》の書いた訪日の記録が載っている『世宗荘憲大王実録』によると、「対馬から兵庫に至る間の海賊を観察すると、対馬・壱岐・大島・平戸など、赤間関（関門海峡）を境にして西部の賊と、四国の北、竈戸屋代島など瀬戸内海の東部の賊がいる。その兵力は幾数万、船は千艘を下らない。もし東西相呼応して兵を起こしたら、防ぐことは難しい」と、西日本の海賊が関門海峡を境にして、玄界灘と瀬戸内海で二派に分かれていると記載されています。

さらに「宗氏が対馬の賊を、大内氏が東の賊を、宗像氏が内外大島の賊を、大友氏が豊後の賊を、志佐・佐志・田平・呼子ら松浦党の諸氏が壱岐・平戸・肥前の賊を支配している」と書いています。もちろん、宗氏・大内氏・宗像氏・大友氏・松浦党が直接海賊行為をしているというわけではありませんが、地域の海賊衆を傘下に入れて、それぞれの海域の制海権を握っていました。

この時代から海賊衆を「警固衆」と呼ぶようになります。海賊を傘下に入れた守護大名たちが幕府の遣明船や、自らが派遣する朝鮮への貿易船の海上警固を、傘下の海賊に命じるということが多くなったからです。

応仁《おうにん》元（１４６７）年に起った「応仁の乱」は、海賊衆または警固衆と呼ばれていた海の武士団にも無縁のものではありませんでした。守護大名の合議制による連立政権であった室町幕府は成立当初から将軍の権力基盤は脆弱であり、三管領（細川氏、斯波氏、畠山氏）などの宿老の影響を強く受けていました。そのため、管領の畠山氏と斯波氏でそれぞれ家督争いが起き、さらに各地の守護家でもお家騒動が勃発したため、それぞれに加担した幕府の上層の間では複雑な敵対関係が生まれたのです。そんな中、足利将軍家でも八代将軍義政の後継者である弟の義視《よしみ》と実子の義尚《よしひさ》の間で跡目争いが起きてしまったのです。初めの頃は、お互いに協力をしていた最大勢力の細川勝元《かつもと》と山名持豊《もちとよ》（宗全《そうぜん》）も、それぞれの争いに巻き込まれたり、ときには黒幕となったりしていましたが、最後にはお互いが直接衝突をする争いに発展したのです。

京都に集結した軍は、『応仁記』によれば細川方（東軍）が十六万、山名方（西軍）が十一万以上と記されています。当初、戦場は京都のある山城国が主戦場となっていましたが、次第に東海地方や西日本へ戦線が拡大していきました。これは大内政弘《まさひろ》や土岐《とき》成頼《しげより》など西軍の主力大名に対して、東軍の細川勝元が仕掛けた後方撹乱策などが原因と言われています。

文明《ぶんめい》九（１４７７）年までの十一年間には寝返る者や、お家騒動によって同族が東西に分裂して相争う大名や豪族も多くいました。また同じ陣営にいながら大名同士が争う例もあり、長い戦いの間に、東西両軍の構成は複雑に絡みあっていったのです。

海賊たちにとって応仁の乱は無駄な戦だった？

さて、海の武士団である海賊衆は、応仁の乱にどう関わっていったのでしょうか。

長門国周防国の守護だった大内政弘は、西軍山名方として大船六百艘を含む二千艘の大船団を率いて上洛しました。この中には伊予国の河野氏もいました。さらに大内氏は海賊の村上・今岡・忽那・寺町・矢野氏に命じて、九州の勢力が瀬戸内海を東上して細川方に参陣しないように、海上封鎖を命じました。その他にも、四国の海賊は伊予国の新居・高市・土居・得能・多田・金谷・合田・二宮・御庄・川庄・七森氏が西軍の山名氏側に、讃岐国の寒川・安富・香西《こうざい》・奈良・香川氏が細川方についていました。

ここで面白いのは、東軍の細川勝元から讃岐国の島々へ出された命令です。

「このたび周防の兇徒が瀬戸内海を通って上洛するという噂がある。当国の海岸の者たちは掟を守り、敵の船に攻撃を仕掛けてはいけない。海岸や島の漁民などは浦にすべて集めて落ち着いて住むようにせよ」というものです。ここで「周防の兇徒」と言っているのは、明らかに大内政弘のことです。それなのに、「敵の船を攻撃するな」と命じているのです。

反対に西軍山名方の応援に向かう河野氏の配下の伊予国能島（村上）兵部大夫から、讃岐国の浦の長に宛てて、次のような知らせが届きました。

「このたび大内家と河野家の軍勢が君命によって上洛することになった。乗船する軍兵には、戦うことを禁じているし、船で必要なものは金を出して買うように指示してある。また嫌がるものを無理して買うことも禁じている。島々や浦々の人はこのことを知っておいてほしい」

細川側は上洛する大内軍の船を攻撃するなと言い、大内や河野側は乱暴なことをしないから黙って通過させてほしいと言っています。どちらもこの戦いは私闘ではなく、大義名分のある公の戦いだから、命じられた京都では戦うけれど、自分たちの領地では戦って犠牲を出すのをやめようと、呼びかけているのです。

自分たちの利益のためなら、大海原にも漕ぎ出す海賊衆は、応仁の乱がいかに無駄な戦いかということをよく知っていたのでしょう。だからお互いに被害を最小限に食い止めようという配慮をしていたわけです。

文明五（1473）年に、東西の総大将である山名宗全と細川勝元が相次いで亡くなり、細川・山名氏の間で和睦が成立します。しかし各地に飛んだ戦乱は、本来の戦う大義名分から逸脱して、それぞれの遺恨合戦となって行きました。さらに、将軍義政が能登守護畠山義統《よしむね》と越後守護上杉房定《ふささだ》が畠山政長《まさなが》の領国越中を侵略した際に「諸国の沙汰は力次第である」と言ったことによって、守護が他国を侵略することも是認されるようになったのです。このため室町幕府の権威によって守られてきた守護は、国人領主に対する支配力を大きく低下させたのです。その反対に国人領主たちは守護の影響を排除して自らの地盤を固め、戦国大名として台頭していきました。

⚓応仁の乱は日明貿易の利権争いだった⁉

応仁の乱の開戦から二年目の文明元（１４６９）年に明から帰国した遣明船三艘のうち、大内氏の船は本来のコースである瀬戸内海を通って兵庫に入港しましたが、あと二艘の幕府船と細川船は九州南端から土佐沖を回って堺に入港するということがありました。これは乱の最中で大内氏が瀬戸内海と兵庫の港を押さえているために、船が奪われる可能性があるからです。

日明貿易の発着点の兵庫津は元々は幕府の直轄地でしたが、細川氏が守護を務める摂津国内にあったため、遣明船の派遣に関して深く関わり、しかも幕府の管領という立場から経営にも参加していました。

大内氏も中国地方と北九州に守護国を持ち、古代から中国や朝鮮の窓口になっていた博多を押さえていたのです。そのため、日明貿易にも深く関わっていました。また瀬戸内海の海賊衆をその支配下に入れていました。遣明船の航海には、海賊の協力が不可欠だったのです。

この両氏が応仁の乱で敵対したのです。最初は細川氏と山名氏という対立軸が、細川氏と大内氏に変わったのは堺津が兵庫津に代わったことなど、日明貿易の対立も影響しているはずです。

文明八（1476）年には遣明船が兵庫津ではなく、初めて堺津から出航しました。これは明らかに細川氏の大内氏に対する挑戦です。この遣明船派遣の費用は、財政難で費用を拠出できない幕府に代わって堺の商人が負担しました。巨額な投資をしても十分儲かる貿易だったのです。

応仁の乱が終結した後の文明十五（1483）年の遣明船もやはり堺津から派遣されました。続く明応《めいおう》二（1493）年も出発はやはり堺津です。

永正《えいしょう》三（1506）年に堺の北住吉から出発した遣明船が帰国したのは永正十（1513）年になっていました。これは明で正徳帝（武宗）が即位したため、皇帝の代替わりに新しい勘合符が発行されるのを待っていたためです。それを持ち帰った遣明船から、大内氏が勘合符を奪うという事件が起きました。さらに大内氏は幕府からその保管の委任を受けることになり、以後、日明貿易の権利を独占することになります。大永《たいえい》三（1523）年、大内氏はその勘合符を持った遣明船を送り出したのです。それに対して、細川氏もその前まで使っていた古い勘合符を幕府から手に入れ、ほぼ同時に遣明船を送り出しました。大内・細川両氏の遣明船は数日違いで中国の寧波《ニンポー》（浙江省）に入港したため、どちらが本物の遣明船かということで問題になりました。手慣れた細川方は明の役人に賄賂を贈り、先に荷物を陸揚げしてしまったのです。これに激怒した大内方は細川方を襲撃して船を焼き払い、細川方の使節を殺してしまいました。

事件は外交問題となり、対日感情の悪化から遣明船による貿易は一旦中止になりますが、天文《てんぶん》五（1536）年には大内氏によって再開され、以後は博多を起点にした遣明船の派遣が独占されることになります。

応仁の乱が倭寇の息を吹き返すことに

鎖国政策を取り、朝貢貿易しか認めない明王朝に対して、民間の貿易を求める集団は非合法な密貿易を行ないました。しかし、商談がまとまらなければ、暴力に訴えるという意味では倭寇と変わりません。さらに、日本が応仁の乱などで、国内の戦乱が長引く中、倭寇の活動が再び激しくなっていきました。

後期倭寇の構成員の多くは私貿易を行なう中国人であったといいます。『明史』日本伝には「本当の日本人は十人のうち三人だけで、しかも指導者だ」と記載されています。当時、日本は戦国時代に入っていて、外国まで行って海賊働きをしようというのですから、腕に自信のある者だったのは確かでしょう。しかし、多くが日本人以外の中国人などで構成されるようになると、中国沿岸の有力豪族と結託したり、アジア地域に進出してきたポルトガルやイスパニア（スペイン）などのヨーロッパ人とも密貿易を行なうなど、東アジア全域を舞台に活動をするようになります。

中国人倭寇の頭目として王直《おうちょく》・徐海・李光頭・許棟などが挙げられます。その中でも王直は日本の五島列島に拠点を持ち、島の領主五島氏とも結託をしていました。さらに、北九州最大の海賊だった松浦党の松浦氏からも本拠地の平戸に住むことを許されていました。王直の船団は「数百の船を連ねて海を蔽うように来たので、沿岸数千里が同時に警戒した」という巨大な規模だったのです。

天文十二（1543）年、嵐にあった王直の船が種子島に漂着。このとき、領主の種子島時堯《ときたか》に献上したのが西洋式鉄砲の伝来だといわれています。この船にマカオから乗船していたポルトガル人がいたので、のちの歴史では鉄砲はポルトガル人が伝えたということになりました。

倭寇の活動はさらに活発になり、そのピークを迎えます。これを明の元号「嘉靖《かせい》」（1422年〜1566年）に因んで、「嘉靖の大倭寇」と呼びます。こうした状況から明王朝内部からも「鎖国をしているから、密貿易を兼ねた倭寇が止まらないので、鎖国を緩和して、ある程度の貿易を認めれば、倭寇も減るのではないか」という主張が出るようになり、1567年に海禁令（鎖国）が解除されます。しかし、認められたのは東南アジア諸国やポルトガルなど南方方面だけで、日本に対しては倭寇への不信感から貿易の禁止を継続しました。そのため、倭寇は1588年に豊臣秀吉が海賊禁止令を発令するまで続くのです。

ちなみに倭寇のことを「八幡《やわた》船」と呼ぶことがあります。これは倭寇の船が「八幡《はちまん》大菩薩」の幟を好んで掲げていたためだといわれています。

余録③

上乗りと警固料

第十七項でご紹介した応永《おうえい》二十七（１４２０）年に来日した朝鮮使節の宋希璟《そうきけい》が書いた紀行文『老松堂日本行録《ろうまつどうにほんこうろく》』の中に、海賊の収入源だった「上乗《うわの》り」と「警固料」についての記述があります。

「安芸国蒲刈《かまがり》には東西に海賊がいて、東から来る船は東の海賊を一人乗せていれば、西の海賊は害を加えない。西から来る船も西の海賊を乗せていれば襲わない」

これは「上乗り」と呼ばれる行為で、海賊たちが連携している海賊同士だと、お互いを襲わないという約束があったのです。

もちろん無料ではありません。希璟の場合も、伴走船に乗っていた博多商人の宗金が事前に東の海賊に銭七貫文を払っていたのです。銭七貫文を現在の金額に換算するのは大変難しいのですが、百万円くらいだと考えます。

一方の海賊に上乗り料ともいうべき「警固料」を払えば、他方の海賊にもその分け前がいったのか、お互いさまということで、チャラになったのかは不明ですが、両方が潤ったことは確かです。

宋希璟から百五十年後、同じく瀬戸内海で海賊に警固料を払った記録があります。九州の肥前国で龍造寺氏やその重臣で後に大名になった鍋島氏の御用を務めていた商人の平吉氏の記録によると、「天正《てんしょう》のころ（1573〜1592）、鍋島氏の御用で京・大坂を行き来するのに、瀬戸内海の野島（能島）・来島・犬之島（因島）で海賊が徒党を組んで乱暴しているので困る」というのです。

そこで「船を仕立てて、海賊に使いを出し、『他国はいざ知らず、肥前鍋島領内の船を異議なく通してくれたら、謝礼を銀で一貫文差し上げます』と申し入れると、海賊たちは納得して、許可書と船旗をくれたのです。以後、この船印の旗を掲げて航海すると、海賊に襲われることがなかった」というのです。

天正のころとは、豊臣秀吉が「海賊禁止令」を布告する前で、まだ能島・来島・因島の三島村上氏が瀬戸内海の覇権を握っていたころの話かと思います。ここでも、銀一貫文（およろ一千万円）を海賊に払い、その見返りとして、海賊から通行許可書と船に掲げる旗をもらっているのです。この旗を船に掲げると、海賊が襲ってこなくなったといいます。

天正十四（1586）年に、キリスト教イエズス会の副管区長のコエリョが、泉州堺から豊後国臼杵まで旅をしたときに、日本最大の海賊である能島殿から通行許可書と紋章入りの旗をもらったというのです。実際はこの前年に、秀吉が四国平定を行っており、瀬戸内海の覇権も秀吉に移り始めていました。そのため村上氏の海賊働きも下火になっていたはずです。しかし、宣教師たちはそれ以前に各地で海賊に遭遇しており、かなり疑心暗鬼になっていたようです。そのため、「能島殿は多数の家臣や船を持ちそれらの船は絶えず獲物を襲っていた。そのため他国の沿岸や海辺に住む人たちは、破壊されることを恐れて、毎年彼に貢物をしていた。」と恐れていたのです。コエリェに警固を頼まれた能島殿（村上武吉）は、「すでに天下の主である関白殿の好意を得ていられるのだから、私ごとき者の好意はいらないでしょう」と、謙遜したようです。それでも懇願されたので、自分の紋章が入った絹の旗と署名を渡したというのです。

それではこの旗とはどんなものでしょうか。最近和歌山県で発見されたものでは、縦五十七・九センチ、横四十三センチの絹製で、中央に大きく「上」の文字が書いてあり、左右に小さな文字で「紀州雑賀之内向井強右衛門尉」と「天正九年三月廿八日武（花押）」と書いてあります。これは能島の村上武吉が紀伊国雑賀《さいか》の向井強右衛門尉に与えた旗です。真ん中の「上」は村上氏の家紋「丸に上の字」と同じように村上氏の印です。

これ以外にも、山口県文書館には武吉から厳島神社の神官「祝師《ものもうし》」に渡したほぼ同じ大きさの旗が現存しています。

こうして見ると、鍋島氏以外にも、村上武吉からもらった旗を掲げていた船はたくさんあったようです。

本来は、宋希璟の船のように、海賊の一人が船に乗り込む「上乗り」だったのが、時代が下がるにつれて、それに代わるものとして、通行許可書や船印の旗などが代用されるようになったのでしょう。

通行許可書は、当時「切手」とか「免符」と呼ばれていたもので、武吉の署名が入っていたようです。

第四章

戦国時代

海賊から水軍に、そして大名へ

第二十項　戦国大名と警固衆

海賊の名称として「警固衆《けいごしゅう》」というのがあります。本来「悪党」や「海賊」と呼ばれ、荘園領主や守護に抵抗していた同じ集団を、室町時代中期になると「警固衆」と呼ぶようになります。では、何を警固したのでしょうか。

南北朝時代が終焉し、室町幕府が明との朝貢貿易を開始すると、往復する遣明船の安全を確保する必要が出てきました。当時、日本・朝鮮・中国が囲む東シナ海は倭寇《わこう》が頻繁に出没する海域でした。たとえ遣明船といえども、その獲物に違いなかったのです。

そこで室町幕府は沿岸の守護に遣明船の警固を命じました。守護は分国内の沿岸領主にこの警固を命じるのですが、その中には「海賊衆」と呼ばれた勢力も入っていました。すでに見てきたように、海賊衆も単に窃盗をする集団ではなく、海上運送に携わっていたり、関銭《せきぜに》などの通行税や警固料を徴収して安全航行の水先案内や警備をしていました。そこで幕府や守護はその海の勢力を取り込んで、遣明船の警固を委託したのです。これを「唐船警固」といいます。委託料として守護は、海賊がすでに占有した所領を正式に安堵したり、恩賞として与えたりして、主従関係を築いていったのです。以後、これらの海賊衆を「警固衆」と呼ぶようになりました。

海賊から警固衆へ ～海賊一族の流れ

・河野氏の警固衆…〝海の神の子孫〟の滅亡

伊予国の河野氏は讃岐国の細川氏からの侵攻を受けて、一時は総領の通尭《みちたか》（通直）が九州に逃れるということもありましたが、至徳《しとく》三〈元中《げんちゅう》三〉（１３８６）年に、三代将軍足利義満《よしみつ》の仲介で通尭の子・通義《みちよし》は細川頼之《よりゆき》と和睦するのです。

しかし、応永《おうえい》元（１３９４）年に通義が若くして死に、嫡男の持通《もちみち》（通久《みちひさ》）が幼かったため、家督を一旦弟の通之《みちゆき》（予州家の祖）が継ぎ、持通が成人したのちに譲るということになっていました。これに通之の息子たちが反対し、河野氏の家督をめぐる内紛が始まったのです。この争いは両者の死後も続き、本家の教通《のりみち》（通直《みちなお》）と予州家の通春《みちはる》の争いは瀬戸内を挟んで細川氏と大内氏を巻き込んだものとなりましたが、応仁《おうにん》の乱の最中の文明《ぶんめい》五（１４７３）年に、本家の教通が伊予守護職に任じられ、通春が死亡したため、一応の決着をみたのです。

戦国時代に入ると、予州家との抗争は終息したものの、七十年後再び家督をめぐる内紛が起きます。室町幕府の御相伴《ごしょうばん》衆にも加えられた通直《みちなお》が、娘婿で警固衆の頭領だった来島《くるしま》の村上通康《みちやす》を跡継ぎにしようとしたのです。これに対して、通春の孫の通政《みちまさ》と家臣団が反発したため、通康とともに本拠地の湯築《ゆづき》城（松山市道後）から来島城へと退去したのです。その後、家督を通政

（晴通《はるみち》）に譲って権力を失いますが、晴通の早世後には河野家の実質的な当主の座に復帰します。しかしまた晴通の弟である通宣《みちのぶ》とも家督を巡って争い、最終的には村上通康にも見捨てられる形で失脚したのです。

この時代の河野氏の警固衆は「島衆」と「下島衆」と呼ばれたグループがありました。「島衆」では、今岡民部大輔《みんぶたいふ》・村上右衛門大夫・東左近大夫・岩城左衛門大夫・東条藤兵衛・村上和泉守・村上源四郎・村上源三郎・村上右衛門・村上備後守・今岡治部《じぶ》・村上河内守の名前が並んでいます。主体は村上氏で、村上右衛門大夫は村上三島の来島氏。村上河内守は大三島の甘崎城主で、大山祇《おおやまづみ》神社の大旦那だった村上吉継《よしつぐ》に推定できます。あとの村上氏はその一族と思われます。岩城氏は大三島近くの岩城島《いわぎしま》、今岡氏は来島の隣の古城島と推定できるので、このグループは伊予国越智郡を中心にした地域で、現代の「しまなみ海道」の海賊ということになります。「下島衆」とは、忽那《くつな》新左衛門・忽那豊前守・寺町市与・武市・丹下・忽那四郎兵衛・矢野兵庫助で、こちらは早見郡の忽那諸島と松山周辺です。

忽那氏は平安時代から定住し、南北朝時代には南朝方として懐良《かねよし》親王を三年も庇護した海賊です。室町時代に河野氏の被官となり、忽那島だけでなく本土にも知行をあてがわれて優遇されていました。しかし、戦国時代になると、河野氏の衰退に伴い、忽那氏も衰退していきました。

通宣が家督を継いだころの河野氏は、家臣の謀反や豊後国の大友氏、土佐国の一条房基《ふさもと》の侵攻を受け、国内では宇都宮豊綱《とよつな》とも対立し、領内はまさに危機的状態にありました。さらにそれに乗じて、天文《てんもん》二十二（１５５３）年に大野利直《としなお》が、翌年には和田通興《みちおき》が反乱を起こしたのです。これらの反乱は重臣の村上通康や平岡房実《ふさざね》が鎮圧しましたが、もはや国内を独力でまとめる力がなかった通宣は姻戚関係のあった毛利元就《もうりもとなり》に援助を求め、小早川隆景《こばやかわたかかげ》を中心とする毛利軍によって、土佐一条氏や宇都宮氏を撃退するしかありませんでした。

通宣には嗣子がなかったため、永禄《えいろく》十一（１５６８）年に家督を一族の通直《みちなお》（一説には村上通康の子）に譲って隠居しました。

元亀《げんき》元（１５７０）年、河野氏の警固衆のリーダーで、重臣だった来島の村上通総《みちふさ》が、河野通宣が室町幕府に納めようとした公用銭を横領するなど、次第に河野氏から独立する姿勢を見せ始めました。そして天正《てんしょう》十（１５８２）年には、織田信長の重臣・羽柴秀吉の勧誘を受けて通総は毛利方から織田方に寝返ったのです。河野氏の跡目を継いだ通直は、天正十三（１５８５）年の豊臣秀吉の四国征伐において、小早川隆景の説得を受けて降伏し、新たな伊予の支配者となった小早川隆景の元に庇護されました。そして天正十五（１５８７）年、通直が竹原で嗣子がないまま没したため、海の神の子孫といわれた河野氏は滅亡したのです。

・大友氏の警固衆…岐部氏を中心に土着の海賊たちで編成

豊後《ぶんご》国の守護・大友氏は早くから海上に基盤を持っていたようで、国内を大きく四つの地域に分けて警固衆がいました。大友氏の拠点があった府中（大分市）周辺と別府湾や臼杵《うすき》湾には直轄の警固衆である渡辺氏・法花津《ほけづ》氏・若林氏・田口氏などがいました。さらに国東《くにさき》半島には古代からの土着の浦部《うらべ》海賊の勢力である岐部《きべ》氏、富来《とみく》氏、櫛木《くしき》氏がおり、特に岐部氏は大友警固衆の中心的な存在でした。

津久見《つくみ》湾から佐伯湾には、土着の津久見衆がいて奈須氏がまとめ役でした。また、領主を持たない伊美《いみ》寄合中・竹田津寄合中・姫島寄合中のような地域集団も警固衆に編成していました。

大友氏の警固衆のトップを務めていたのが警固大将の若林氏で、大友氏が永禄《えいろく》初年に本拠を若林氏の海賊基地のあった臼杵・津久見に移したのも、その関係と思われます。

・武田氏の警固衆…海上交通の要所、広島デルタが本拠

安芸国の守護・武田氏の祖は甲斐国の守護・武田氏です。承久《じょうきゅう》の乱の戦功により、すでに甲斐国の守護だった武田信光《のぶみつ》が安芸国守護にも任じられたため、初めは守護代を派遣していましたが、南北朝時代に信氏《のぶうじ》が分家をして安芸武田氏を興しました。

武田氏の本拠地は、広島湾に注ぐ太田川の下流地域にある佐東銀山《さとうかなやま》城（広島市安佐南区）で、天文《てんぶん》十（1541）年に毛利元就に攻め落とされるまで武田氏の居城でした。

武田氏の警固衆は、広島湾の仁保《にほ》島に本拠をおいた白井《しらい》氏です。上野国白井荘（群馬県渋川市）の出身で、千葉氏の一族でした。鎌倉時代に安芸国沼田（三原市）・周防国熊毛《くまげ》郡（山口県光市周辺）

の地頭になりましたが、室町時代には本拠地を安芸国に移し、守護武田氏の被官となりました。明応《めいおう》四（１４９５）年には守護の武田元信《もとのぶ》から広島湾から呉に至る海上支配権を認められていました。本拠地とした仁保島（広島市南区）は太田川の河口に位置する広島デルタの南端に位置し、島の頂上から湾内の全体を見渡せる海上交通の要所です。

そのため、安芸国に進出してきた大内氏から攻撃の対象とされ、大永《たいえい》二（１５２２）年には大内氏の警固衆である多賀谷武重《たけしげ》と能美弾正《だんじょう》に攻められましたが、白井光胤《みつたね》が撃退をして落城を免れました。しかし、大永七（１５２７）年になると、光胤の息子の膳胤《よしたね》と白井彦七郎が大内氏に寝返り、仁保島を離れたのです。そして天文十（１５４１）年には大内氏警固衆として河野氏警固衆と戦っています。

大内義隆《よしたか》が陶隆房《すえたかふさ》（晴賢《はるたか》）に倒された後は、陶氏の奉行として厳島《いつくしま》合戦で毛利氏と敵対しました。これは毛利氏が広島湾に進出し、白井氏の所領を脅かしたからです。白井氏は外様ながら、譜代の周防国岩国（山口県岩国市）の弘中《ひろなか》氏に代わり警固衆の奉行人を務めているのは、白井氏に十分な水軍力があるからです。

毛利氏が勝ったあとは、その水軍力を買われて毛利一門の小早川水軍の一翼を担い、天正十（１５８２）年の秀吉軍との合戦では、秀吉軍となった水島水軍と戦いました。その後は島津征伐、朝鮮出兵に従軍し、小早川氏が改易後は毛利氏の配下となったのです。

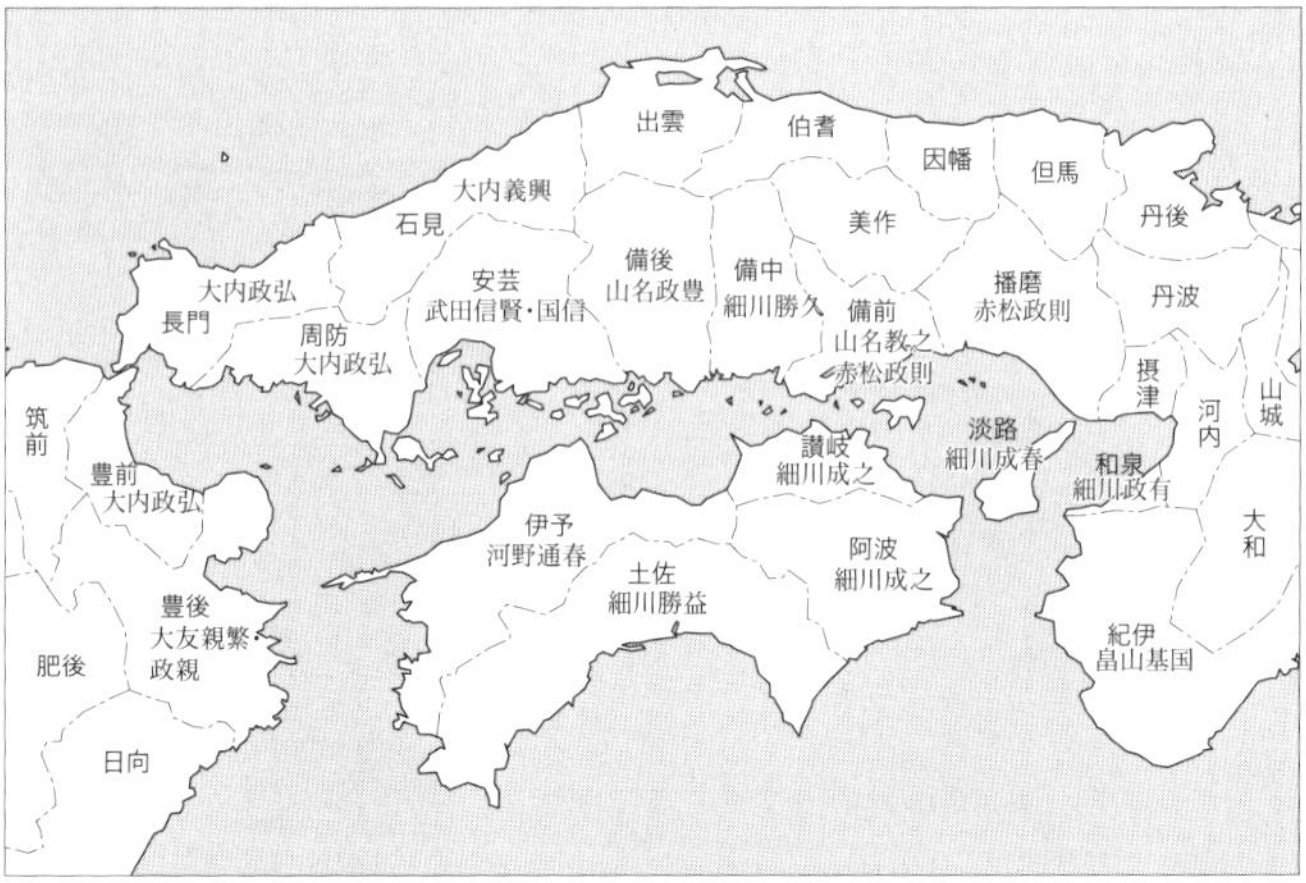

文明年間ごろ（1486年ごろ）における瀬戸内海沿岸と周辺の守護大名
『戦国水軍の興亡』宇田川武久（平凡社）より

・大内氏の警固衆…屋代島周辺の海賊で編成

大内氏の警固衆に、屋代《やしろ》島（山口県周防大島町）に居住したものが多くいました。屋代島は瀬戸内海では淡路島・小豆島に次ぐ三番目に大きな島です。周囲に二十数島の小島が点在し、合わせて屋代諸島を形成しています。九州と近畿を結ぶ海上交通の要所で、西の伊予灘と東の安芸灘の間に屋代島諸島とそれに繋がる忽那《くつな》諸島があったため、古代から海の関所や風待ち潮待ちの湊がありました。

南北朝時代には、周防国の守護大内氏が進出してきました。六カ国の守護になった義興《よしおき》の時代には周防国の本土から移住してきた被官もいました。それが沓屋《くつや》氏です。

沓屋氏は長禄《ちょうろく》（１４５７～６０）のころには屋代島で大きな勢力を持つようになり、島内各所に一族がおり、その結束で大内氏の警固衆を務めました。大永《たいえい》三（1523）年から翌四年まで沓屋通種《みちたね》が「五枚帆の関船一艘で、軍役に従事した」という記録があります。

沓屋氏以外にも屋代島には、小原氏、神代《こうじろ》氏、守友氏・櫛辺氏・原氏・長崎氏・栗田氏・塩田氏・伊加氏などがいました。中には河野氏から離脱してきた桑原氏、浅海《あさみ》氏、重見氏などの警固衆もいました。そして、屋代島の北方にあった浮島《うかしま》には、宇賀島《うかしま》衆という海賊いました。厳島合戦のときには屋代島と宇賀島から一千余艘が出陣したとありますから、大内警固衆の中核がこの屋代島周辺の海賊だったことが分かります。それらをまとめていたのが、大内氏譜代の岩国の弘中氏だったのです。

大内警固衆は、厳島合戦後は毛利氏に編入されています。弘中氏は当主と嫡男が討ち死にしたため、嫡流が途絶え、族は毛利氏に編入されました。

・毛利氏の警固衆…川ノ内警固衆、沼田警固衆など二大勢力に発展

毛利氏は鎌倉幕府の政所別当大江広元《ひろもと》の四男・大江季光《すえみつ》を祖とする一族で、名字の「毛利」は、大江氏の所領だった相模国愛甲《あいこう》郡毛利《もうり》荘（神奈川県厚木市）の地名から名乗ったものです。南北朝時代、毛利元春が懐良親王の征西府を討伐するために室町幕府が派遣した今川貞世《さだよ》（了俊《りょうしゅん》）の指揮下に入り、安芸国吉田郡山《こおりやま》（広島県安芸髙田市）に下向し統治を始めました。

戦国時代初期には、周防国の大内氏と出雲国の尼子《あまご》氏が中国地方を二分する勢力として対立し

ていました。両氏に挟まれた安芸国の国人領主たちはそれぞれに分かれながら乱立している状態でした。その中で、毛利元就《もとなり》は大内氏の被官としてなんとか存続していました。

天文《てんぶん》十（1541）年、毛利元就が大内氏の命を受けて安芸国の守護武田氏の佐東銀山城を攻め落としました。佐東銀山城には大内氏の城番として冷泉隆豊《れいぜいたかとよ》が入りましたが、元就にはその恩賞として広島湾に面した佐東川（太田川）河口周辺の川ノ内《かわのうち》地域が与えられたのです。

そこには武田氏の警固衆だった福井氏・福島氏・山県《やまがた》氏などがいました。それまでの毛利氏は、本拠地吉田郡山が中国山地の内陸部だったため、海辺の豪族とは縁が薄く、警固衆は持っていませんでした。そこで、元就は「川ノ内衆《かわのうちしゅう》」と呼ばれる警固衆を編成します。これによって毛利水軍が誕生することになったのです。

のちに大将格として譜代の児玉就方《なりかた》と飯田義武《よしたけ》をあて、厳島合戦では海上働きをして勝利に貢献しています。

児玉氏は武蔵七党児玉党の出身で、鎌倉時代に安芸国豊田郡竹仁《たけに》村の地頭となり、弘安《こうあん》四（1281）年に下向しました。元応《げんおう》二（1320）年、塩谷《しおや》氏と共に六波羅探題からの命令で、海賊取り締まりの警固所だった安芸国亀ケ首（広島県呉市倉橋島）の警固を任されたこともありました。のちに吉田郡山付近の在地領主となり、毛利氏が台頭する中で毛利氏の家臣となりました。

飯田氏は毛利氏下向のときに随従した十七騎の一人でした。両氏は太田川河口に警固料として給地を与えられたことから、河口で編成された川ノ内衆を率いるようになりました。

天文十二（1543）年には、元就三男の徳寿丸（のちの小早川隆景）を安芸国竹原（広島県竹原市）の国人だった小早川氏へ養子として送り込みました。さらに隆景が沼田の小早川氏も継承することで、毛利氏は完全に小早川家を取り込んだのです。小早川氏には親族の乃美《のみ》氏が率いる沼田警固衆がおり、さらに姻戚関係を結んでいた芸予諸島の村上氏とも関係を持つことになりました。

小早川氏は相模国を本拠地とする桓武平氏土肥氏の分流で、鎌倉時代初期、源頼朝に仕えた土《ど》肥実平《ひさねひら》の子・遠平《とおひら》が土肥郷の北部・小早川（神奈川県小田原市）に拠って小早川の名字を称したのが始まりといわれています。遠平は平氏討伐の恩賞として平氏の家人だった沼田氏の旧領だった安芸国沼田荘《ぬたのしょう》（広島県三原市）の地頭職を拝領し、これを譲られた養子・景平《かげひら》（清和源氏流平賀氏）が安芸国に移住しました。

建永《けんえい》元（1206）年、茂平《しげひら》が承久の乱で戦功を挙げ、安芸国の都宇荘《つうのしょう》・竹原荘《たけはらのしょう》（広島県竹原市周辺）の地頭職も得ました。その後、沼田本家と竹原分家に分かれますが、建武の新政では沼田の朝平《ともひら》が鎌倉方として六波羅探題に味方してつき従ったため、後醍醐政権によって沼田荘を没収されます。しかし、竹原の小早川家の取り成しなどにより、旧領を安堵されました。その後、南北動乱の時代に芸予諸島に進出して勢力を張っていきます。室町時代後期から戦国時代には一旦後退しますが、庶流の小泉氏・浦氏・生口《いくち》氏・小坂氏が定着して小早川海賊衆を形成していきました。戦国時代に入ると大内家傘下の国人領主となりますが、天文十二（1543）年には竹原家の興景《おきかげ》が子を残さずに没したため、毛利隆景が養子に迎えられたのです。

さらに沼田家でも、正平《まさひら》が二十一歳の若さで討死したため、強力な後ろ盾を望む重臣の要望により、竹原家の隆景が正平の娘と結婚して沼田家を継ぎ、両小早川家は再統一され、毛利一門に組み込まれていきました。

毛利氏の一翼を担うことになった小早川は水軍としての能力を発揮します。天文二十三（1554）年、大内義隆を倒した陶氏の本拠地・周防国富田《とんだ》浦を襲撃し、屋代島の陶氏の警固衆・浅海道高《さざみみちたか》との戦いを皮切りに陶氏本隊との厳島合戦で勝利に貢献するのです。

小早川氏の警固衆の大将は、浦氏と末長氏です。浦氏は沼田小早川氏の分流で、安芸国豊田郡浦郷（広島県竹原市）を領したため「浦」を名乗ったのですが、五代元安に跡継ぎがなかったため、同族の小早川庶流の乃美氏から賢勝を養子に迎えました。賢勝の子・宗勝《むねかつ》が小早川警固衆を率いて厳島合戦で大活躍しました。末長氏は、小早川氏の庶流で安芸国堀ヶ城の城主。はじめは因島村上氏に属していましたが、景道《かげみち》のとき、小早川隆景から厳島合戦への参陣を求められ、主君の因島の村上吉充《よしみつ》を説得して毛利方となります。その後は、小早川警固衆となったのです。

第二十一項 東海の海賊 今川・武田

海賊というと、村上海賊をはじめ瀬戸内海を中心とした海賊が注目を集めますが、四方を海に囲まれた日本の津々浦々にはすべて海賊がいたと言っても過言ではないでしょう。この項では、戦国時代後期に活躍した、東海地方の海賊をご紹介します。

東海の海といえば、紀伊半島から伊勢湾、遠州灘、駿河湾、相模湾、東京湾、房総半島に連なる海域で、その多くが太平洋に含まれる外洋です。そのため、航海技術が発達し、長距離を航行できる大型船もかなりあったと推察できます。戦国時代後期になると小さな浦ごとの海賊も強力な戦国大名の傘下に入ることで、広範囲な活動をすることができるようになります。また、戦国大名の側も領国内の海賊を支配下に直接組み込むことで、常設の水軍力として確保できるため、積極的に主従関係を結ぶようになります。

瀬戸内海では、室町時代中期から日明貿易の船を警固したことから、戦国大名の傘下に入った海賊を「警固衆《けいごしゅう》」と呼び慣わす例が多くありましたが、東海地方では従来からの「海賊」という呼び名が一般的でした。

では、海賊を傘下に入れた戦国大名から話を始めましょう。

戦国大名今川氏――遠州灘と駿河湾を押さえ、輸送業を手がける

今川氏は鎌倉時代初めに、足利義氏《よしうじ》の庶流にあたる吉良長氏《おさうじ》が三河国吉良荘《きらのしょう》（愛知県吉良町）の地頭を務め、その次男にあたる国氏《くにうじ》が吉良氏の所領から三河国幡豆《はず》郡今川荘《いまがわのしょう》（愛知県西尾市）を分与されて本貫地とし、今川四郎を称したのに始まるといわれています。

そのため、室町時代には吉良氏と共に足利将軍の御一家として、将軍の家系が途絶えたときは、その跡が継げるといわれていました。足利尊氏に仕えていた範国《のりくに》が駿河国・遠江国の守護に任じられ、その嫡男の範氏《のりうじ》が駿河国守護を継承し、以後、範氏の系統が今川氏嫡流として駿河国守護を世襲しました。ちなみに、第十四項で、九州探題として南朝勢力を鎮圧した今川貞世《さだよ》（了俊《りょうしゅん》）は、範氏の弟です。南朝平定後、九州での勢力拡大を恐れた将軍義満によって左遷され、遠江国半国の守護となり、さらにそれも斯波氏に奪われて、子孫は駿河国に土着しました。

応仁《おうにん》の乱では義元の祖父にあたる義忠《よしただ》が東軍に味方しましたが、文明《ぶんめい》八（1476）年に戦死しました。家督を継ぐ龍王丸（氏親《うじちか》）が幼少だったため、父の従兄弟の小鹿範満《おしかのりみつ》との間に家督相続が起こりました。そのときに仲裁に入ったのが伊勢新九郎（北条早雲《そううん》）でした。伊勢新九郎についいては、最近の研究成果で、その素性がはっきりしてきました。幕府政所の執事の家系だった伊勢氏の出身で、龍王丸の母「北川殿」の弟で諱を「盛時《もりとき》」といいます。

今川家の御家騒動にともなって、幕府の意向をうけた新九郎が駿河国に下向して、一旦範満が後見人として家督を継ぎ、龍王丸が成人のあかつきには戻すということで決着がつきました。しかし、龍王丸が成人しても家督を返さなかったので、再び御家騒動になったのです。

文明十九（1487）年、龍王丸側の要請で、新九郎が再び下向することになりました。新九郎は範満を攻め滅ぼし、龍王丸を当主の座に据えました。龍王丸は元服して氏親《うじちか》と名乗り、新九郎はそのまま駿河国に在国することになり、興国寺城《こうこくじ》（静岡県沼津市）が与えられました。

明応《めいおう》二（1493）年、堀越《ほりごえ》公方で内紛が起きました。室町幕府の関東の押さえとして設置された関東公方が本拠地を下総国古河《こが》に移したため古河公方と呼ばれます。その古河公方と室町幕府八代将軍足利義政《よしまさ》が対立したため、将軍が新たな鎌倉公方として任命したのが堀越公方です。しかし、すでに関東に地盤を築いていた古河公方の邪魔が入り、鎌倉に入れず、その手前の伊豆国堀越に御所を設置しました。

その堀越公方の内紛に対して、十一代将軍義澄《よしずみ》の命により、新九郎は甥の今川氏親と協力して戦い、伊豆国を手中にすることになります。以後、氏親と新九郎は協力関係を維持しながら、今川氏は駿河国・遠江国、新九郎は伊豆国を支配していくことになります。

永正《えいしゅう》六（1509）年ごろから、新九郎は今川家から独立した大名として活動を始め、相模国への侵攻を開始します。

氏親は永正十二（1515）年には甲斐国に攻め入り、守護の武田信虎《のぶとら》と争いましたが、一旦和議を結び撤兵します。しかし、その後も度々甲斐国への侵攻を行ない、武田氏との対立が続きました。氏親の晩年にやっと甲駿同盟が結ばれて、甲斐国との国境は定まったのです。

しかし、氏親は晩年に中風を患ったため、その政治は正室の寿桂尼《じゅけいに》が補佐しました。寿桂尼は、中御門宣胤《なかみかどのぶたね》の娘で、積極的に京の文化を駿府に取り入れたため、京の公家や文化人が下向し、駿府は小京都のようだったと言われました。氏親が死去する二カ月前の大永《たいえい》六（1526）年四月に、戦国時代の代表的な分国法『今川仮名目録』が制定されました。嫡男氏輝《うじてる》がまだ成人していないため、家臣間の争いを抑える目的があったといわれています。

氏親の跡を継いだ氏輝が天文五（1536）年に死去し、続けて次兄の彦五郎も同日死去したため、家督がすでに仏門に入っていた五男の梅岳承芳《せんがくしょうほう》に巡ってきました。承芳は還俗して将軍義春《よしはる》から偏諱をもらい、義元《よりもと》と名乗ります。

しかし、有力家臣の福島正茂《くしままさしげ》が推す、義元の異母兄の玄広恵探《げんこうえたん》との家督争いが起こりました。はじめは苦戦していましたが、北条早雲（伊勢新九郎）の嫡男で後北条氏二代目になっていた氏綱《うじつな》からの支援を得ることに成功し、内乱を鎮めて家督相続を果たしたのです。

さて、肝心の海賊の話に移りましょう。今川氏の領国である駿河国と遠江国は、遠州灘と駿河湾に面していたため、複雑な入江や諸島がなく、港の多くが川の河口にありました。河口は河川

東海沿岸の津

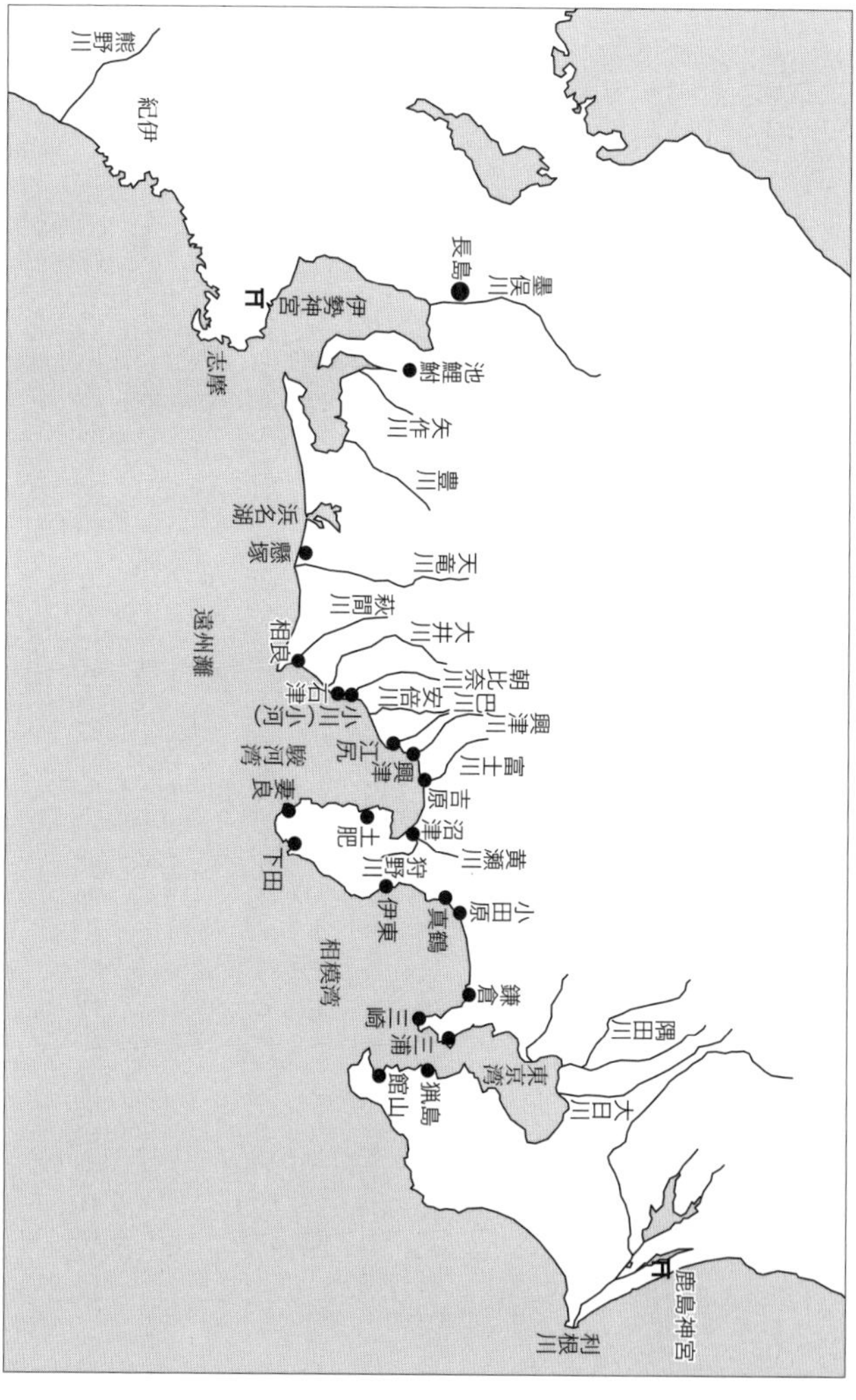

熊野川
紀伊
長島
墨俣川
伊勢神宮
志摩
池鯉鮒
矢作川
豊川
浜名湖
懸塚
天竜川
遠州灘
大井川
相良
朝比奈川
安倍川
巴川
興津川
石津
小川(小河)
江尻
駿河湾
興津
富士川
吉原
妻良
土肥
沼津
黄瀬川
下田
狩野川
小田原
真鶴
伊東
相模湾
鎌倉
三崎
三浦
隅田川
東京湾
館山
太日川
鹿島神宮
利根川

輸送と海上輸送の接続点で、流域の産物が集まり、海上を運ばれてきた物資が流域には広がっていくため、商業的に早くから発展していました。

海賊にとっては、瀬戸内海や紀伊半島のようにリアル式海岸の複雑な地形を利用して、島影に船を隠し、沖を通る船を襲うという戦法が使えません。そのため、港を押さえて、そこから徴収する津料（関銭）を財源としていました。

また、海賊自身も持ち船を日常は荷物を運ぶ廻船として運行する輸送業を行なっていたのです。

実際に室町時代から戦国時代にかけて、今川領内にあった港を見てみると、三保の松原のある三保半島の内側に位置する江尻（清水港）以外は皆河口に面していました。富士川の吉原（富士市）、興津川の興津《おきつ》（静岡市清水区）、朝比奈川の小河（焼津市小川）・石津（焼津市）・萩間《はざま》川の相良《さがら》（牧之原市）、天竜川の懸塚《かけづか》（磐田市）などが挙げられます。

しかし、今川氏は大永六（１５２６）年に、氏親が制定した『今川仮名目録』によって、海賊が勝手に津料を徴収することを禁止し、今川氏自らが徴収することにしました。こうなると、大きな財源を失った海賊は、今川配下の水軍として、今川氏からあてがわれる領地や輸送業への特権をその財源にしていくことになったのでした。

・興津氏

興津氏の出身は駿河国廬原《いはら》郡息津（静岡県清水市興津町）で、鎌倉幕府の御家人となり、承久の乱には幕府方として奥（興）津左衛門尉が上洛したという記録があります。湊を支配していました。

室町時代に今川氏の被官となり、支配範囲を拡大していき、三保半島の内側江尻と巴川《ともえ》を挟んだ対岸の清水も管轄したようです。清水は平安時代から栄えていた江尻が明応大地震（１４９８）で大きな被害を受けたため、その補完をしたことで発展した港です。その発展を託されたのが興津氏と思われます。

今川氏親からの津料（関銭）徴収の禁止をうけて、舟役十艘のうち五艘を免除するという交換条件を出されていることから、船を十艘持ち、かなり手広く海運業をしていたことが分かります。

・岡部氏、土屋氏

岡部氏の祖は、平将門《まさかど》の乱で武功を挙げた藤原為憲《ためのり》で、官職に宮殿造営職である木工寮《もくりょう》の次官「木工助」に就任したことで、藤原の「藤」と木工の「工」を合わせて「工藤」と名乗ったと言われています。さらに鎌倉時代に泰綱《やすつな》が駿河国志太《しだ》郡岡部郷（静岡県藤枝市）の地頭になったことで「岡部」を称するようになりました。

岡部は直接海に面していませんが、朝比奈川の小河（焼津市小川）・石津（焼津市）に近く、そこを外港として使っていたと思われます。

戦国時代には、駿河国の今川氏の被官となりますが、武田氏が駿河国に侵攻してくると、武田氏の配下に入り、名前も岡部忠兵衛から土屋備前守忠兵衛と変えます。『甲陽軍鑑』によると、「船十二艘、同心五十騎」とありますから、かなり大きな勢力を持っていたことがうかがえます。永《えい》禄《ろく》十一（1568）年に、今川氏真を駿河国蒲原《かんばら》に攻めたとありますから、早い段階で今川から武田に移籍したのでしょう。

さらに、元亀二（1571）年には、武田信玄が土屋に命じて伊勢の海賊衆に早く来るように催促させていますから、土屋氏は伊勢海賊とも深い繋がりがあったようです。このときに誘われて来たのが、向井海賊と小浜《おはま》海賊です。

鎌倉時代以降、東海の海は紀伊半島から房総半島までを行き来する船の往来が多く、その沿岸の港には多くの廻船が出入していました。そのため、駿河国を本拠地としながらも、岡部氏は伊勢国との往来があったものと思われます。

・富永氏

富永《とみなが》氏は永禄三（1560）年、今川義元が桶狭間に進撃したときの軍勢に、相良城主富永氏《うじ》繁《しげ》の名が見えています。また、永禄十一（1568）年、武田信玄の駿河侵攻で、氏真が駿府から逃げた先が掛川《かけがわ》城で、さらに船で北条氏のもとに逃げるコースとして、最初は相良港が想定されていながら、結果はより西の縣塚から出航したことを考えると、この段階で富永氏繁は武田氏に寝返ったと推察できます。

・伊丹氏

伊丹《いたみ》氏は南北朝時代に摂津国伊丹城城主となり、室町時代には摂津国の有力国人として細川氏に仕えています。ところが、戦国時代に伊丹城が落城したため、城主雅興《まさおき》の子の康直《やすなお》は城を抜け出して伊勢国に逃れました。永禄元（1558）年に駿河国興津に来て、今川義元に仕えたのです。後に花沢《はなざわ》城（焼津市）の城主となり、海賊衆を率います。これも伊勢国で海賊衆と関係が持て、さらにその伝手で興津に来たことで、今川に仕官した後、海賊衆の奉行になれたのでしょう。後に、武田信玄に仕え、船大将となりました。

戦国大名武田氏――海賊衆のほとんどを今川氏から引き継ぐ

武田氏と甲斐国との関係は、平安時代の長元《ちょうげん》三（1030）年に源頼信《よりのぶ》が甲斐守に任じられたことに始まります。実際に武田氏が甲斐国に土着し始めたのは、源義家（八幡太郎）の弟である源義光（新羅三郎）の子の義清《よしきよ》の時代だといわれています。義清は始め、常陸国那珂《なか》郡武田郷（茨城県ひたちなか市）に土着して武田氏を称し始めましたが、大治《だいじ》五（1130）年に周辺の豪族たちと衝突し、朝廷の裁定で常陸国から追放され、甲斐国に配流されたのです。

甲斐国では巨摩《こま》郡市河《いちかわ》荘（山梨県西八代郡市川三郷町または中央市）を本拠地として、庶流が甲府盆地各地へ進出しました。源平の戦いでは、武田信義《のぶよし》が頼朝軍に合流し軍功を挙げますが、同じ源氏ということもあり、その勢力拡大を警戒した頼朝は信義とその一族を粛清してしまいます。その中で唯一、信義の五男・信光《のぶみつ》だけが許されて甲斐国守護に任命され、武田氏嫡流となったのです。信光は承久《じょうきゅう》の乱でも戦功をあげたため、安芸国守護にも任ぜられ、両国の守護を兼ねていましたが、南北朝時代に信氏《のぶうじ》が分家をして安芸武田氏を興しました。

土着した甲斐武田氏は多くの庶家を輩出していきましたが、嫡流争いや周辺豪族との戦いによって、度々滅亡の危機に遭いながら戦国時代を迎えます。

甲斐武田家十七代当主になった信虎《のぶとら》（信玄の父）が、永正五（1508）年に、武田家の内紛を治め、本家による支配を確立します。しかし、甲斐国内の国人領主たちとの戦いは続きました。そんな中、信虎は永正《えいしょう》十六（1519）年に、それまで石和《いさわ》（甲府市川田町・笛吹市石和町）にあった守護館を甲府（甲府市古府中町）へ移転したのです。これが「躑躅ヶ崎館《つつじがさき》」です。大永元（1521）年ごろには、なんとか国内の統一が完了したようです。

天文十（1541）年に父の信虎を今川氏に預ける形で追放して家督を継いだのが、武田信玄（晴信）です。

信玄の時代の甲斐国は、関東甲信越の中で一番水田面積が少なく、山国と言われる信濃国よりも石高が少なかったのです。また、海に面していないため、海産物はすべて山を越してきます。人間が生きるために必要な塩も海から運ばれるため、量も少なく高価でした。そのため、海を持つ近隣諸国から、塩止めをされると困ったのです。

海を持つということは港があり、太平洋側なら関東と伊勢を結ぶ船が、日本海側なら出羽や越後と丹後（京都）や山陰を結ぶ船が、寄港して全国の豊富な産物が売買されます。それに伴って上がる利益は、これまで何度も説明した通りです。

そこで信玄は海を持つ領土を欲しましたが、太平洋側にはすでに国内を統一して戦国大名としての基盤を確立した今川氏と北条氏がいました。唯一、突破できそうなのが信濃国から越後国に抜けるルートでした。信濃国は国人領主が乱立しており、統一した大名はいませんでした。越後国は一応上杉謙信（景虎）が統一していましたが、常に国人領主の反乱が起きて、盤石ではありませんでした。

信玄が選んだ道は今川氏・北条氏と同盟を結び、信濃国から越後に行く道でしたが、予想以上に謙信率いる越後軍が強く、ほぼ信濃国は手中にしながらも、越後国が落ちませんでした。

そんなとき、今川義元が桶狭間で討死し、跡を継いだ氏真に家臣団をまとめる力がなかったため、一気に解体が始まりました。その機を狙って、永禄《えいろく》十二（１５６９）年信玄は海に向かって動き出したのです。

悲願だった海を手に入れた信玄は早速、今川家の水軍を率いていた岡部忠兵衛を家臣にして、土屋の姓を与え、武田水軍の総大将にしています。また、九鬼嘉隆に志摩国や伊勢国を追われた小浜景隆《かげたか》と向井正重《まさしげ》も、土屋忠兵衛を通じて武田陣営に入れています。これは信玄が西上するときには、その海上警固と兵糧の輸送隊として、どうしても欲しい海賊衆だったのです。

これに対して、北条氏政《うじまさ》は自ら出陣して武田軍に対抗し、駿府から落ち延びて掛川城に籠城していた氏真を北条氏領内に保護しました。

しかし、信玄の駿河国・遠江国への攻略は止まりませんでした。今川氏が滅亡後、その配下だった海賊衆はそのまま武田氏の海賊衆とし、さらに北条方から寝返った海賊衆も加わりました。

江戸時代初めに書かれた『甲陽軍鑑』には海賊衆として名前とその所有する船の数が記載されています。

旧北条海賊衆
一、間宮武兵衛　船十艘
一、間宮造酒丞（信高）　船五艘
旧志摩・伊勢海賊衆
一、小浜景隆　あたけ一艘
小舟十五艘
一、向井伊兵衛（正重）　船五艘

旧今川海賊衆
一、伊丹大隅守（康直）　船五艘
一、岡部忠兵衛（貞綱）　船十二艘
同心五十騎

旧北条海賊が信玄の存命中に武田傘下になったかは不明ですが、合計で船三十七艘、小舟十五艘、安宅船《あたけぶね》一艘という陣容です。武田信玄は、これら海賊衆を江尻城、持舟城（静岡市）、相良城に配置しました。

そして、信玄亡き後の天正《てんしょう》八（1580）年に、武田海賊衆は駿河湾の重須《おもす》沖で、北条海賊衆と激しい海戦を行ないました。その様子を『甲陽軍鑑』で見てみましょう。

初めは北条海賊衆の梶原備前守とその子兵部大輔、清水越前守、富永左兵衛尉、山角《やまかく》治部少輔、松下三郎左衛門、山本信濃守が、北条海賊衆の本拠地の一つだった重須湊（静岡県沼津市）に船を多数停泊させていましたが、そこに武田海賊衆の向井・小浜・間宮などの船足の早い関船《せきぶね》三艘が接近し、鉄砲を撃ちかけ湊に放火したのです。

これに対して、北条軍は大型船の安宅船が十艘も出撃したので、武田軍は一旦浮島ヶ原《うきしまがはら》（静岡県富士市から沼津市に跨る湿地帯）に退却したように見せかけました。そして、今度は狩野《かの》川河口から武田軍の関船が現れて、武田関船五艘、北条安宅船十艘という陣容で対峙しました。北条軍は武田の関船を取り囲むように布陣し、鉄砲で攻撃しました。関船は速度が速いので巧みに逃げ回り、反対に北条の安宅船を攻撃しますが、船が大きく鉄砲や弓矢では効果がありませんでした。そのうち、夜になったため、双方が引き上げて、この海戦は終わりました。

武田海賊衆として、新たな者を紹介します。

・小浜氏

小浜氏は志摩国（三重県）十三地頭の一つで、志摩国の小浜を領していた海賊衆でした。織田信長が伊勢国の国司だった北畠具房《ともふさ》と和睦をする条件として、次男の信雄《のぶかつ》を北畠氏の養子に入れ、伊勢国は事実上織田領としました。初めは小浜氏も織田氏の支配に入っていましたが、同じ志摩国内で長年対立していた九鬼嘉隆《くきよしたか》が信長の海賊大将となったことで、志摩国に見切りをつけて、武田氏の配下になりました。

小浜氏の特筆すべきことは「安宅船」という大型船を持っていることです。それまでの関船や小早船《こはやぶね》と呼ばれる小型船で、動き回る戦法ではなく、大型船を中心にその周りを小舟が囲んで船団を組むというもので、後に九鬼嘉隆が大坂の本願寺攻めで行った戦法で、小浜氏はすでに行なっていたのです。これは、後に九鬼嘉隆が鉄の安宅船を造船する伊勢国大湊（三重県伊勢市）に深く関わり、大湊と清水港の廻船業務をしていたからだと推察されます。

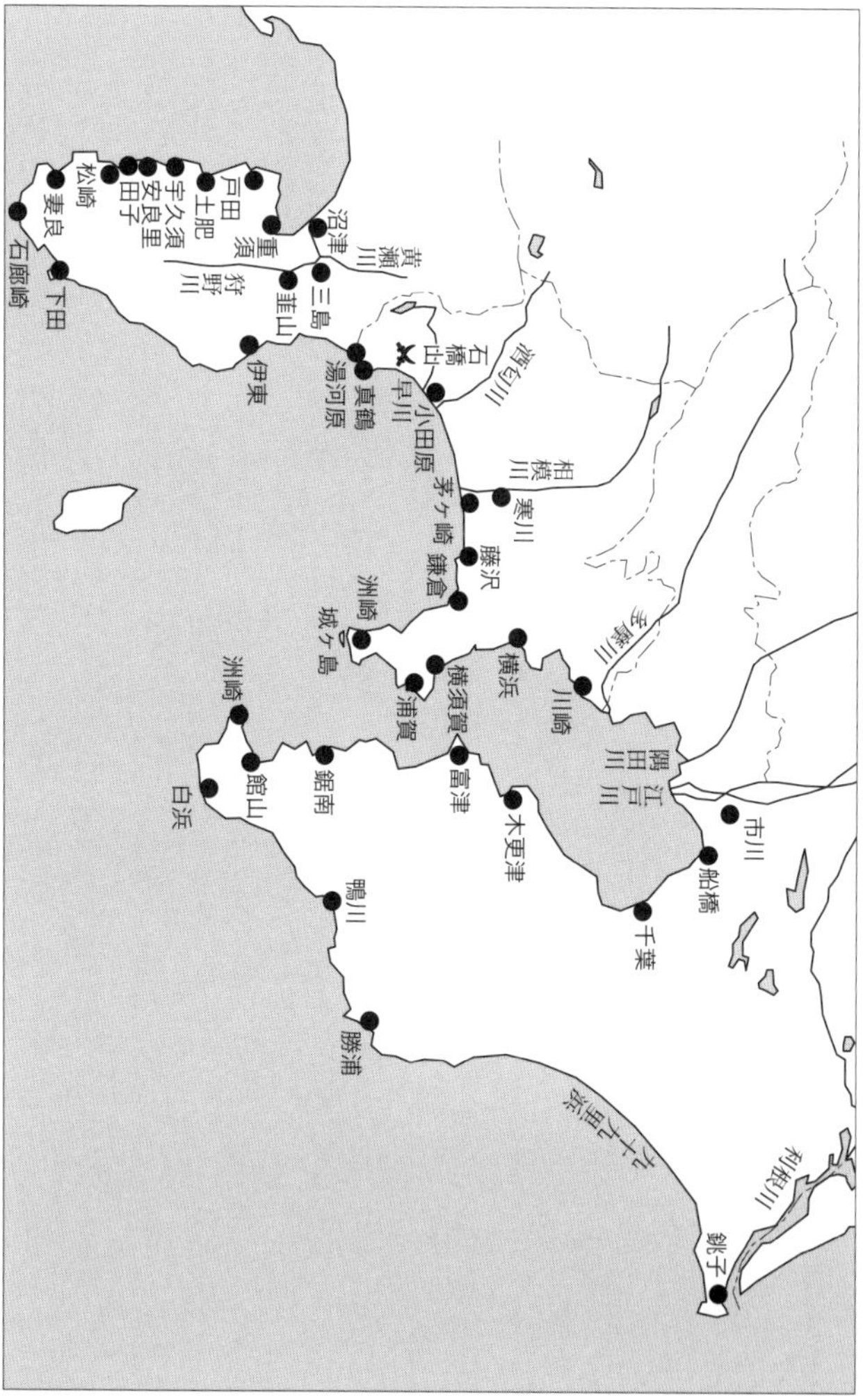

東国・水軍関係図『日本中世水軍の研究』佐藤和夫（錦正社）より

・向井氏

向井氏の発祥の地は、志摩国英虞《あご》郡向井（三重県志摩市）と、伊賀国向庄のどちらかであろうと言われています。ちなみに伊賀国向庄は後の太閤検地で伊勢国加太《かぶと》向井（三重県亀山市）となっています。武田氏が駿河国に侵攻したときに、向井正重が岡部氏に誘われて、武田氏の海賊衆となり駿河国に移住してきました。同じ志摩・伊勢方面から来た小浜氏とほぼ同時期だと推察できます。

正重は勝頼の時代の天正七（1579）年に、徳川家康の攻撃を受けた駿河国持舟《もちぶね》城（用宗城）を城代の三浦義鏡と共に死守し、討死しました。しかし、武田氏が滅亡すると子の正綱《まさつな》は、本多重次《しげつぐ》の誘いを受けて、他の武田海賊衆だった小浜氏、千賀氏、間宮氏らと共に徳川家康に召抱えられたのです。

初めは本多重次の配下として二百俵の扶持を得て、北条攻めのときは北条海賊衆の梶原景宗《かげむね》を破り、小牧・長久手の戦いでは豊臣秀吉配下の九鬼嘉隆などと戦って武功を揚げ、後には徳川家康の御座船を預かる御船手《おぶなて》奉行に任じられたのです。徳川氏が江戸へ移封されると、相模国・上総国で二千石を得て、江戸湾の入口である相模国三崎に入りました。関ヶ原の戦いでは海路が荒れて遅参するものの、その地位は変わりませんでした。

第二十二項　関東の覇権　北条・里見

戦国大名北条氏――多くの海賊の根拠地だった伊豆半島沿岸部

戦国時代の北条氏は、鎌倉時代の北条氏と区別するために、「後北条」と呼ぶ場合もありますが、ここでは普通に「北条」と表記します。

北条氏の初代・伊勢新九郎盛時の来歴は「今川氏」の説明の中でも紹介したので、ここでは伊豆国を平定し、水軍を組織したことから話を始めます。

伊豆国は、伊豆半島の沿岸部に天然の良港を多く持っていることと、関東と東海を結ぶ海運ルートに突き出た障害として、時には風や潮を待つ風待ち・潮待ちの港として、栄えていました。そのため、多くの海賊の根拠地となっていたのです。

早雲の伊豆国への入国に関しては、後世の軍記物である『北条五代記』によれば、早雲は伊豆国内の海賊が山内上杉家に動員されて上野国の合戦に出ている間、伊豆国が手薄になったのを好機として攻め込んだというのです。早雲の手勢二百人と今川氏親から借りた三百人合わせて五百人が、十艘の船に乗って清水湊を出港し、駿河湾を渡って西伊豆の松崎・仁科《にしな》・田子・安良里《あらり》に上陸すると、住民は海賊の襲来と思い、家財道具を持って山へ逃げたのです。早雲の兵は一挙に幕府の関東支配の拠点の一つ堀越御所を急襲して火を放ち、公方だった足利茶々丸は山内上杉氏を頼って落ち延びたのです。

この後、早雲は韮山《にらやま》城（静岡県伊豆の国市）を新たな本拠地として、領国支配を始めます。早雲はそれまでの悪政を廃したため、多くの国人領主が配下になったといいます。

早雲が上陸した西海岸は駿河湾に面しており、常に駿河国の湊と交易をしていましたので、堀越公方の悪政に苦しんでいた領民たちは、むしろ喜んで早雲を迎え手引きしたと考えられます。

北条氏に従った伊豆国の海賊衆としては、間宮・松下・鈴木・富永・山本・高橋・村田・梅原・佐藤・上村氏が挙げられます。

早雲は伊豆国の平定が終わると、次は相模国に侵攻します。ここでの海賊としては、源頼朝の蜂起のときには石橋山で敗戦した頼朝が房総半島に渡るのに貢献した三浦氏がいます。

・**三浦氏**

三浦氏は頼朝に従い、源平合戦・奥州征伐に参戦し武功をあげ、頼朝の死後も鎌倉幕府内で有力御家人として大きな権力を持ったのです。また、傍流も多く「三浦党」とも呼ばれます。

しかし執権北条氏による他氏の追い落としが始まると、宝治《ほうじ》元（１２４７年）に滅亡させられました。その後、三浦氏傍流である佐原氏出身の三浦盛時《もりとき》が、北条氏の御内人《みうちびと》（得宗被官）として、なんとか家を再興したのです。

後醍醐天皇の建武の新政では、三浦氏の当主三浦時継《ときつぐ》は足利尊氏方について戦い、相模国・武蔵国などの地頭になりました。南北動乱期には、関東でも地域を二分する争いが頻発します。その中で、高継《たかつぐ》・高通《たかみち》父子は、北朝方について活動し、軍功によって相模国守護に任じられます。

しかし室町時代中期の応永《おうえい》二十三（1416）年、高明《たかあき》の代に上杉禅秀《だんしゅう》の乱に加担したため、相模守護職を奪われたのです。その後、三浦氏は新しく守護となった扇谷《おうぎがやつ》上杉氏の勢力下に入り、戦国時代は扇谷上杉家の重臣として活躍し、三浦郡・鎌倉郡などを支配して相模国内に大きく勢力を拡げました。

明応《めいおう》三（1494）年、当主の時高《ときたか》の実子・高教《たかのり》と、扇谷上杉氏から養子に入った高救《たかひろ》の子の義同《よしあつ》との、父と子の間で家督争いが起こり、勝った義同が三浦氏の家督を相続したのです。

当主となった義同は、扇谷上杉氏の協力を得て、伊豆国から侵攻してきた北条早雲に対抗します。早雲が扇谷上杉氏の重臣・大森氏を小田原城から追放すると、義同は大森氏を保護して早雲と戦います。

三浦義同の本拠地だった岡崎城（神奈川県伊勢崎市）は、現在では内陸部に入ってしまいましたが、戦国時代には鈴川を通して、海岸部の平塚に繋がっていました。早雲に攻められた後に移った住吉城（逗子市小坪）は鎌倉湾の東端に位置し、海賊の拠点にふさわしい海城でした。

さらにここも落とされると義同は新井城（神奈川県三浦市三崎町小網代）に移ります。この城は小網代《こあじろ》湾と油壷《あぶらつぼ》湾に囲まれた小さな半島先端にあり、周りは岩礁が多く、ほとんど島と言ってもいいような海城でした。ここで、義同は三年間も籠城したといいます。三浦海賊が海から物資を補給したためです。しかし、北条氏の海賊衆の勢力が強くなるに従い、三浦海賊の動きも止められて、最後は落城したのです。

永正十三（1516）年、義同（道寸）・義意《よしおき》親子が戦死したため、相模三浦氏は滅亡したのです。その後、海賊衆の三浦党は早雲の傘下に入ることになります。

・三崎十人衆

このとき、義同を支えた三浦海賊の出口五郎左衛門茂忠をはじめ、亀崎・鈴木・下里・三富の姓を持つ十人の頭目に率いられた海賊が、新井城落城後に三浦半島の先端の城ケ島《じょうがしま》（三浦市三崎町）に立て籠もったのです。しかし、早雲は鎌倉建長寺・円覚寺の仲介で和睦勧め、三浦氏の海賊衆を北条氏の海賊衆にしたのです。これが「三崎十人衆」と呼ばれる三浦海賊です。

北条氏は土着の三浦十人衆以外にも、紀伊半島周辺の海賊を傭兵《ようへい》水軍として招請しました。

・梶原氏

源平合戦で有名な梶原景時《かげとき》の子孫です。景時は源頼朝が死去した後、北条氏から謀反の疑いをかけられ討たれます。しかし、その家系は残り各地に庶流ができていきました。景時の三男・景《かげ》茂《もち》の子孫が淡路島の阿万《あま》や、紀伊水道の沼島《ぬしま》に本拠地を置き、海賊として活動しました。

それが戦国時代、北条氏の招きで一族を率いて小田原に来ました。この手引きをしたのが、伊勢神宮の神官だというのです。伊勢国は東海・関東地方と海の繋がりが強く、紀伊半島やそれを回った紀伊水道沿岸とも繋がっています。そのため、間に入って仲介することは、南北朝時代の北畠氏の活動からも明らかです。

小田原に来た梶原氏は、船大将として迎えられたようで、里見《さとみ》氏との戦いでは「梶原備前守景宗《かげむね》が数百艘」の船を率いたというのですから、総大将だったようです。

北条氏は、梶原氏と三崎十人衆を「三崎定《じょう》海賊」、愛洲《あいす》兵部少輔・高尾修理・小山三郎右衛門の海賊を「浦賀定海賊」として、里見氏に対する常備軍としました。

・愛洲氏

愛洲氏は熊野海賊の系統で、紀伊国田辺を本拠地に志摩国五カ所湾にも進出して、伊勢国の国司北畠氏と組んで、太地《たいじ》の和田・小山氏らと共に南朝として活動しました。

しかし、南朝の衰退と共に勢力を失い、戦国時代には東国に移住したのです。紀伊半島と房総半島の間では、すでに漁民が魚群を追って紀伊半島から房総半島に出稼ぎに来ていたり、移住したりしていました。そのため、房総半島には出身地の紀伊半島と同じ地名を付けた移住民の集落が多くできたのです。漁労や通商も行なう海賊が共に移住しても不思議ではありません。

こうして、常備軍の水軍を編成した北条氏は東京湾を挟んだ房総半島の里見氏と海の上でも、対立していくことになります。

戦国大名里見氏――北条氏と大海戦を展開

里見氏は河内源氏の新田氏の庶流で、新田義俊《よしとし》が上野国碓氷《うすい》郡（八幡荘）里見郷（群馬県高崎市）に移り住み、里見太郎と名乗ったことに始まります。

義俊の子・里見義成《よしなり》が源頼朝に仕えて御家人となりました。鎌倉時代末期、義胤《よしたね》は後醍醐天皇に味方した新田義貞の軍に従軍し、鎌倉攻めで軍功を挙げ、越後国の守護代に任じられました。しかし、南北朝の動乱では新田義貞と共に南朝方に従ったため、義貞が戦死すると里見氏も没落してしまったのです。

その後、里見家兼《いえかね》が鎌倉公方足利満兼《みつかね》に召し出されて常陸国に所領を得ます。しかし、永享《えいきょう》十（１４３８）年の永享の乱で家兼が自害、二年後の結城《ゆうき》合戦で家基《いえもと》が討たれてしまったのです。そこで家基の子・義実《よしざね》は安房国に落ち延び、のちに安房里見氏の祖となったといわれています。

安房里見氏の初代義実・二代成義に関しては、同時代の史料で確認ができないため、不明な点が多いのですが、確認できる最初の当主は、永正五（１５０８）年にその名前が出てくる三代里見義通《よしみち》からです。

大永《だいえい》五（1525）年、北条氏二代の氏綱《うじつな》が下総国に侵攻したのに対して、里見氏四代の実尭《さねたか》は反撃として、海賊衆で三浦半島に出撃し、北条氏海賊の船を破壊し、城ケ島に上陸したのです。ちょうど西風の強風が吹いてきたため、今回は安房国に引き上げました。

翌年、里見氏は安西《あんざい》式部・正木《まさき》大膳を大将として、兵船数百艘で再び三浦半島沖に押し寄せました。これを迎え撃つ北条氏は、芳賀・清水・内藤を大将に船を漕ぎ出しました。

船戦の結果、北条氏軍は敗退し鎌倉方面に退却しました。そこで、里見軍は北条軍を追って鎌倉に侵入しました。その騒ぎで鶴岡八幡宮は焼失してしまったのです。その一報を聞いた北条氏《うじ》康《やす》が大軍を率いて鎌倉に急進したのですが、そのときには里見軍は安房国に引き上げた後だったのです。〈第一次三崎海戦〉

この里見氏の海上作戦で、北条氏より里見氏のほうが海賊衆に力があることが分かったため、北条氏はうかつに出陣すると、海上から後方を撹乱される可能性が出てきたので、用心するようになったのです。

天文二（1533）年、里見義豊《よしとよ》が叔父の里見実尭《さねたか》を討つという事件が起きますが、翌年には実尭の子の義尭が、北条氏の援軍を得て、義豊を撃ったのです。五代当主となった義尭はその後に北条氏とも手を切ります。

弘治《こうじ》二（1556）年、再び北条氏との間で大海戦が起こります。当時同盟関係にあった越後の上杉謙信が北条氏の沼田城を攻めるのに合わせて、北条氏を海から攻めようという作戦です。義堯の子の義弘を総大将にした里見軍八十余艘の軍船が、安房国稲村《いなむら》の浦辺から七里の海上を進み、三浦半島の城ケ島に上陸したのです。

このときの陣容は、勝浦の正木時忠・小井戸の秋元民部少輔・丸《まる》の山川豊前守の弟の孫次郎・冬木《ふゆき》丹波・下総国印東の安西介三郎・東条源七郎。

これに対して、北条氏は梶原景宗・金子兵部・北見時忠・山本常住・古尾谷《ふるおや》重忠・三浦義信・三富源左衛門などが待ち受けていました。さらに里見軍襲来の知らせを受けた富永政家・山前紀伊守・横井越前守が馳せ参じました。

戦いは船を操りながらの激戦が続きましたが、日が暮れたので、翌日再び攻撃しようと思った里見軍が船を停泊させましたが、夜に暴風雨が起こり、里見軍の船はそのまま沖に流されてしまったのです。そこで、里見軍は房総半島方面に引き上げていきました。

戦いの勝敗は一応里見氏有利で終わったようですが、はっきりとした決着はつきませんでした。

その後も里見氏は北条氏によるたびたびの侵攻で苦境に陥りますが、永禄十（１５６７）年、三船《みふね》山（千葉県君津市・富津市）合戦で義弘が北条氏政を破り、上総国での勢力を確実にし、その後も下総国南部に影響を及ぼすようになり最盛期を迎えます。

しかし、天正二（１５７４）年に義堯が没したころより北条氏の巻き返しが始まり、天正五

（1577）年、義弘は北条氏政《うじまさ》と和睦して下総国から撤退し、以後安房国上総国の領国経営に専念します。

翌年、義弘が死去すると、嫡子梅王丸と弟義頼《よしより》との間で家督争いが起こり、上総国の国人の離反などがあり、勢いが衰えましたが、家督争いを制して当主となった里見義頼が豊臣秀吉に接近して、安房国・上総国さらに下総国南部の所領を認められたのです。

・正木氏

正木氏の家伝によれば、三浦氏の流れを汲む一族で、初代時綱（通綱）は三浦時高《ときたか》の実子だったのですが、養子に入った上杉高救の次男義同《よしあつ》に追われ、安房国正木郷で里見氏に匿われていたのです。成人して、三浦攻めに数々の武功を挙げ、里見氏の重臣となったというのです。しかし実際は、内房総の海賊勢力に三浦氏の一族が多くおり、その中に正木氏の存在も確認されるので、里見氏の重臣となった通綱も元はこうした海賊だったと思われます。

里見氏の内紛に巻き込まれて通綱が討ち死にしたため、一時衰退しましたが、子の時茂《ときしげ》と時忠《ときただ》兄弟が、里見氏の当主になった義尭の家臣として、北条氏との戦いで武功を挙げました。弟の時忠は勝浦城主として、勝浦を中心とした外房の海賊衆を配下に治め、海賊組織の編成を行うなど里見氏の水軍力強化に努めました。勝浦が太平洋を行き来する大型船が出入りする港であったことから、大型軍船を扱うことに慣れていたものと思われます。

・安西氏

房総半島の南端丸郡朝比奈村（千葉県千倉町）の出身で、『里見家分限帳』に「八百石、百人衆頭」として安西中務《なかつかさ》の名前があります。石高と配下人の人数からして、里見氏の海賊衆の大将格だったことが分かります。

その他にも「五十石の船手頭」の安西又助の記載もあります。

・その他の海賊衆

『里見九代記』には、

安西又助　三百石　船手頭
向井勘助　百石　　船手頭
佐野才三郎　八十石　船手頭
吉田新左衛門　八十石　船手頭
川名彦右衛門　八十石　船手頭

と記載があります。船手頭が皆同じ石高というのが少し気になりますが、大将格の安西中務が八百石ですから、配下としては妥当な石高とも思えます。

第二十三項　三島村上と厳島合戦

三島村上氏――日本で一番有名な海賊

日本の海賊史で一番有名なのは、「村上海賊」で異論はありません。しかし、すでに話してきたように、「村上」という氏名は各時代に出てきますが、途中途切れることもあり、読者がよくご存じの戦国時代に活躍した「村上武吉《たけよし》」の家系が、どこまで遡れるのかの確証はないのです。

とはいえ、一般的に「後期村上氏」といわれているのが、武吉から遡ること五代前の「師清」だといわれています。師清は第十八項でも紹介したように、南北朝時代に信濃村上氏、または伊勢北畠氏から、瀬戸内海の村上氏の頭領として迎えられたということになっています。

師清には三人の息子がいて、嫡男の義顕《よしあき》が伊予国の能島《のう》（愛媛県今治市）、弟の顕忠《あきただ》が来島《くる》、顕《あき》長《なが》が備後国の因島《いんの》の海賊衆の頭領になったといいます。この三島の村上氏が後に「三島村上《さんとう》」と呼ばれる三氏です。この三島は、伊予国の高縄半島から、現在の「しまなみ海道」沿いに燧灘《ひうち》・安芸灘・備後灘という瀬戸内海中央部の制海権を押さえる位置にあたります。

応仁《おうにん》の乱が終結したにもかかわらず、戦乱は各地に広がり、世がまさに戦国時代となると三島村上氏は戦国大名それぞれの「警《けい》固衆《こしゅう》」として活発な動きを始めます。

・能島村上氏

三島村上の惣領筋といわれる能島村上氏は、大内氏の警固衆として登場します。二代雅房《まさふさ》のとき、管領細川政元《まさもと》のクーデターで京都を追放された十代将軍義材《よしき》（義稙《よしたね》）が周防国の大内義興を頼って下向する途中、義材を能島に迎えて歓待し、供奉して山口まで送り届けています。さらに永正《えいしょう》八（1511）年、義興が義材を奉じて上洛すると、雅房は村上水軍を率いて海上の先陣を務めました。嫡男隆勝《たかかつ》も父とともに上洛し、尼崎・明石・兵庫などの海戦で勝利し、船岡山・八幡・山崎などの陸戦でも戦功をあげたのです。

隆勝の嫡子義雅《よしまさ》が早世し、その嫡男義益《よします》が家督を継ぐはずでしたが、義益《まします》が病弱だったため、海賊の頭領として相応しくないというので、一族が相談して義雅の弟義忠《よしただ》の子の武吉《たけよし》を当主に立てようとしました。しかし、義益派の反対があり、お家騒動が起こります。

武吉は当時まだ幼少だったので、隆勝の弟・隆重《たかしげ》が後見として、争いの陣頭に立ちました。この辺をみると、実際は義益派と隆重の対立で、武吉は隆重に利用されたという感じもします。騒動は長引いたらしく、武吉は一時、九州肥後国の菊池氏に庇護されており、そのときに元服したので、菊池氏の偏諱「武」をもらい「武吉」と名乗ったというのです。やがて能島に戻ると従兄の村上義益とそれを支援する来島勢を叔父の村上隆重の支援も受けて破り、能島当主となったのです。義益が病死すると来島の村上通康《みちやす》と和義を結びその娘を娶り、村上三島の頭領格となりました。

ここで、この家督争いの背景として、中国地方の覇権を争っていた尼子《あまこ》氏と大内氏の対立があるのではないという山内譲氏の推論をご紹介しておきます。

天文《てんもん》十（1541）年、安芸国厳島を尼子方の元神官だった友田興藤《おきふじ》が攻めて占領しました。これに対して、大友氏もすぐ反撃を加え、追い払ったのです。このとき、尼子方に能島村上氏の警固船が参加していました。また、大内方にも能島村上氏が参加していたというのです。つまり、能島村上氏は尼子方と大内方に分かれて戦っていたのです。その影響が能島村上氏の家督争いに絡んでいたのではといわれています。

大内方に「村上掃部頭」という人物がいて、「掃部頭」は武吉の父・義忠以来、武吉系の当主が名乗る官職なので、武吉は大内側にいたことになります。（『瀬戸内の海賊』）

武吉が能島村上氏の当主になった天文十六（1547）年頃、三島村上氏は一応能島を惣領家としていましたが、因島は安芸国の小早川氏、来島は伊予の河野氏の警固衆として活動をすることが多く、それぞれ立場が違ったため、三島は独自に行動することが多かったのです。

・来島村上氏

師清の子・顕忠を祖とする来島村上氏は、伊予国守護の河野氏の警固衆として、その重きをなしていましたが、河野氏の勢力は段々衰え始めていました。

天文十（1541）年、来島（村上）氏四代の通康のとき、河野氏の氏神である大山祇神社のある大三島が大内氏に襲撃されるという事件が起きます。これに対して、河野通直は通康を大将として出陣させ、撃退したのです。

この活躍で、河野通直が娘婿の通康に家督を譲ると言い出しました。しかし、これは一族の猛反対に遭い家督相続は実現しませんでした。

その後も大内義隆氏は、白井房胤・冷泉隆豊らに命じて風早郡や越智郡の島々を攻略させましたが、いずれも通康の活躍で大内勢をことごとく撃退しています。

こうして通康は、事実上、河野氏の重臣の地位につくのです。

・因島村上氏

因島村上氏の初代顕長（吉豊）は、最初から、備後国因島に居住できたわけではありません。因島は京の東寺の荘園だったのですが、その後支配者が次々に変わり、争奪の地だったのです。顕長がその取りかかりを見つけたのは、応永三十四（1427）年、播磨国守護の赤松満祐《みつすけ》が幕府に対して反乱したのを、備後国守護山名時熙《ときひろ》に従って討伐した軍功によって備後国田島《たしま》（広島県福山市内海町）の地頭職を与えられてからです。

二代吉資《よしすけ》は寛正《かんしょう》三（1462）年に幕府から因島の地頭職に任じられ、本格的に因島の支配に乗り出します。吉資の時代、村上氏は備後の杉原氏の船手奉行の家筋だった宮地明光が、追われて因島に移住して来たことを受けて、中庄《なかのしょう》外浦の港湾管理を任せ、海上輸送の責任者としたのです。

文安《ぶんあん》二（１４４５）年の兵庫北関（兵庫県神戸市）に入港して、津料（関銭《せきぜに》）を支払った船の記録によれば、三月から十二月までの十カ月に因島を母港とする船が二十二艘だといいます。その積荷のほとんどが塩でした。この塩は安芸国竹原や三原の塩田で生産されたもので、その輸送を配下の海賊衆が担当していたのは確かです。

また享徳《きょうとく》三（１４５４）年の遣明船十一艘の中に因島の「熊野丸六百石」という記録もあり、因島の海賊が海外貿易もしていた痕跡があります。

こうした経済活動のおかげで因島村上氏の勢力は、一門衆二十二騎、外様衆二十八騎、家中給人二百六十四騎という、海賊衆としてはかなり大規模な陣容になっていたようです。

四代吉直《よしなお》の時代になると、備後国守護だった山名氏の勢力が急激に落ち、それに代わって大内氏の勢力が備後国に入ってきました。

五代尚吉《ひさよし》の時代には、天文十三（１５４４）年に大内義隆から備後国鞆ノ浦《とものうら》（福山市）で領地を拝領し、完全に被官となりました。これに伴い、安芸国毛利氏やその子隆景が養子に入った小早川氏との関係が深まっていきました。

そして六代吉充《よしみつ》の時代、三島村上海賊の最も華やかな活動期を迎えます。

風雨を味方にした大海戦――厳島合戦

天文二十（1551）年、中国地方の周防国・長門国・石見国・安芸国の四カ国、北九州の豊前・筑前二カ国の守護を務め、西国一の戦国大名だった大内義隆が、家臣の陶隆房（晴賢）の謀反で一族もろとも自刃して亡びるという事件が起きます。

大内氏に代わって実権を握った陶晴賢に対して、安芸国内の支配を拡大していた毛利元就は、陶の支配下を離れる決意をしました。天文二十三（1554）、毛利軍は本拠地の吉田郡山城（広島県安芸高田市）から兵三千を率いて、広島湾沿岸の銀山《かなやま》・己斐《こい》・草津《くさつ》・桜尾《さくらお》の城を落とし、仁保島・能美島そして厳島を占拠したのです。

この毛利氏の進軍に対して、陶晴賢は弘治元（1555）年、陸海二万の兵を安芸国との国境である岩国に進めました。その中には大内氏から引き継いだ警固衆も多くいました。

そこで、元就は陶軍がまず厳島を攻めるだろうと予測しました。厳島は古来より瀬戸内海の海上交通の要衝であり、「宮島」と呼ばれるように、神宿す島として古代から信仰の対象でした。厳島神社は宗像三神の一神市杵島姫命を祀り、平家の氏神として、大三島の大山祇神社と並ぶ海の神として、瀬戸内海海賊の崇拝を受けていました。そのため、大内氏は船で東に向かって出陣する場合には、厳島神社に参拝してから出発することを恒例としていました。大内氏の警固衆をそのまま引き継いだ陶氏だったので、毛利氏を攻める軍もこの厳島に来るだろうと予想したのです。そのために、まず毛利軍は厳島に宮ノ尾城（要塞）を築城して、陶軍を待ち構えていたのです。

この戦いには、海賊衆として陶軍に従軍した周防大島の警固衆五百艘に対して、毛利軍は川ノ内衆50艘、小早川衆が60艘、因島村上が若干という布陣でした。そのため、能島・来島の村上氏に対して、毛利方の小早川隆景から熱心な誘いがありましたし、相手方陶氏側からも誘いがありました。

両者の誘いに対して、村上武吉は毛利方として自らが出陣することにしました。来島の通康は船と兵だけを出したといわれています。勝敗が見えない戦いで、一方に三島が結束して参加すれば、もし負けたときは、その痛手が大きいと考えた結果だとか。来島が陶氏の敵に廻れば、主君の河野氏と陶氏が敵対することになるので、それを避けたからだとかいわれています。どちらにしても、勝敗の予想がつかない戦いだったのです。

その中で、なぜ三島村上氏は揃って毛利氏への味方を決めたのでしょうか。

村上氏の財源の基本は瀬戸内海を航行する船から徴収する関銭です。それを大内義隆を殺して周防国長門国の実権を持った陶晴賢は、村上氏から取り上げたのです。陶氏から将軍へ献上する米を積んだ廻船三十艘に宇加島衆が乗船して、能島村上氏が警固する上関を鉄砲を撃ちかけて脅し、無理やり通過したのです。さらに周防屋代島の地家室《じかむろ》で、豊後国大友氏の廻船三十艘と合流し、六十艘の大船団で、安芸国蒲刈瀬戸を通過しようとしました。上関での報告を受けた能島の武吉は、長年培ってきた瀬戸内海海賊の慣例を無視した暴挙に対して、反撃に出ました。配下の関船八十艘で、陶・大友の廻船を襲おうとしたのです。廻船側もこれを予想して、警固船を呼んでおり、両者の間で激しい海戦が行なわれたというのです。結果は村上海賊の勝利でしたが、その後も陶氏は村上氏の関銭徴収を認めませんでした。

自らの経済基盤を脅かされた三島村上氏は陶氏に味方することはできなかったのです。

九月二十一日、陶晴賢は岩国から五百艘の船団で出港して厳島に向かいました。同日の夜は厳島の沖合に停泊し、翌日の早朝に陶軍は大元浦《おおもと》に上陸しました。晴賢は本陣を宮ノ尾城が見通せる塔の岡に置きました。大軍だった陶軍は、島の平地をほとんど埋め尽くし、警固衆の船も島の海岸線を覆いつくす勢いだったといいます。

二十七日、陶軍の厳島上陸の知らせを受けた元就は佐東銀山城を出陣し、海賊衆の基地があった草津城（広島県広島市西区）に着陣しました。元就と嫡男の隆元《たかもと》が率いる毛利軍には、次男の吉川元春《きっかわもとはる》・熊谷氏・平賀氏・天野氏・阿曽沼《あそぬま》氏など安芸国人の軍勢が加わっており、さらに海賊衆を率いる小早川隆景も合流しました。この時、宮ノ尾城兵を除く毛利軍は兵四千人・因島村上氏も入れた軍船百二十艘だったといわれています。この段階では、まだ能島・来島村上氏の去就は分かりませんでした。しかし、宮ノ尾城は堀を埋められて落城寸前になっていました。そこで、元就は「これ以上は能島・来島を待てないので、毛利・小早川の軍勢だけで、宮ノ尾城に出陣する」と、村上氏との交渉役になっていた小早川隆景に手紙を出しています。

二十八日、元就が待ちこがれた能島・来島の村上勢が来たのです。

三十日、元就が率いる川ノ内衆と毛利本隊・小早川隆景が率いる小早川海賊衆、村上武吉が率いる海賊衆の三軍に分かれて、厳島に渡海する準備をしたのですが、夕方になり、天候が雷を伴う暴風雨になりました。将兵は渡海の延期を進言しますが、元就は「風雨こそ天の加護である」と説き、渡海を決行したのです。毛利本隊は敵に気づかれないよう元就の乗船する船のみ篝火を掲げ、厳島を密かに東に回り込み、包ヶ浦《つつみがうら》と呼ばれる厳島東岸の浜辺へ上陸しました。元就はすべての船を返すように命じて、背水の陣の決意を将兵に示したのです。その後、山越えの道で、陶晴賢の本陣がある塔ノ岡を目指して進軍しました。

小早川軍と村上軍の船は、夜の海を作戦通りに大野瀬戸（厳島西方の水道）まで西進、大きく迂回してから厳島神社大鳥居の近くまで近づきました。しかし、陶方の船が海上を埋めつくしていたので、小早川軍の乃美宗勝《むねかつ》が一計をめぐらして、「筑前から加勢に来たので、陶殿にお目通りする」と言って、道を空けさせて、上陸したのです。村上軍はそのまま沖で待機し、開戦を待ちました。

翌十月一日の早朝、毛利軍の奇襲攻撃が開始され、毛利軍の主力部隊が陶軍本陣の背後から襲いかかりました。これに呼応して小早川隊も陶本陣のある塔の岡に駆け登ったのです。戦いが始まったのを見て、沖に待機していた村上海賊が陶軍の船に襲いかかり焼き払います。前夜の暴風雨で油断していた陶軍は、狭い島内に大軍がひしめいていたこともあり、身動きが取れなくなってしまい、総崩れとなりました。

晴賢はなんとか島の外へ脱出しようと試みますが、島のどこに行っても、海岸に陶軍の船は停泊していませんでした。総崩れに慌てた陶軍の将兵が先を争って乗ろうとしたため、沈没した船や、それを恐れて逃げ出した船、さらには待機していた村上衆や川ノ内衆の攻撃で焼けて沈没した船などが続出して、沿岸に陶軍の船はいなくなっていたのです。

そのため、陶晴賢は島の西海岸の大江浦《おおえのうら》で、自刃して果て、戦いは昼過ぎには終了しました。戦場となった厳島は神の島で、死人を埋葬することを禁じていましたので、戦死した遺体は対岸の大野に運び埋葬し、血が付いた土砂はすべて取り除き、社殿は海水で洗い清めました。

厳島の戦いに勝利した元就は、そのまま周防長門への侵攻を開始して、晴賢によって大内氏の当主に擁立されていた大内義長《よしなが》を自害に追い込んで、大内氏を完全に滅亡させたのです。その後、大内氏旧領を併合して毛利元就は戦国大名となりました。

また、大内・陶氏の警固衆を構成していた屋代島の桑原氏・沓屋氏、毛利軍に広島湾の仁保島を追われていた白井賢胤などが毛利氏の傘下に入り、毛利氏の警固衆はその勢力を拡大していきます。

三島村上氏も、以後毛利氏の傘下の警固衆として九州の大友氏との戦いに参戦します。しかし、永禄十一（1568）年ごろから能島の武吉が、毛利氏の指示に従わないことが多くなり、しかも救援を求めた来島村上通総《みちふさ》（通康の子）に援軍を送らないということが起き、能島と毛利氏・来島との連合が壊れる事態が起き、元亀二（1571）年には、小早川軍が能島を攻撃するという事態になりました。

結局、天正三（1575）年ごろには、武吉が毛利氏に詫びを入れたようで、元通り毛利氏の傘下に入りました。しかし、以後も何かと能島は毛利氏を裏切るのではないかとみられながらも、豊臣秀吉の中国侵攻には、毛利方の諸城への海上からの救援に活躍しました。そして、そのピークは大坂の石山本願寺への補給作戦だったのです。

第二十四項

九鬼嘉隆と石山合戦

海賊大名九鬼嘉隆――初めて水軍を組織した男

戦国時代後期、彗星のように志摩国に一人の「海賊大名」が登場します。織田信長の天下統一に向けた動きの中で、水軍として最も貢献した海賊と言ってもいいでしょう。その名を九鬼嘉隆《くきよしたか》といいます。

九鬼の祖については、不明なことが多く、嘉隆以前は文献的史料も極めて乏しい一族です。一説に、祖先は熊野海賊の頭目だった熊野別当の湛増の流れだといいます。有名人の湛増に結びつかないまでも、熊野海賊の一派だった可能性は高いでしょう。九鬼氏の「九鬼」は、熊野灘に面する紀伊国牟婁《むろ》郡九木浦（三重県尾鷲市九鬼町）を由来として、南北朝時代後期に志摩国の波切《なみきり》（三重県志摩市大王町）へ進出して、付近の豪族と戦い、定住したというのです。

波切にある大王《だいおう》崎は紀伊半島の先端にあり、熊野灘と遠州灘の分海点で沖合を黒潮が流れ、東日本と西日本を太平洋側で結ぶ航路としては、絶対に通らなければならない海域でした。しかし、波が荒く磯が多いので、岬周辺では一旦船の操作を誤れば、磯に座礁するか、そのまま黒潮で遥か遠くの房総半島や三陸沖まで流されるという、航海の難所として古くから船乗りに恐れられているところでした。

波切は大王崎の付け根にあり、耕作できる土地はなく、難破船から奪う積荷で、その生活を維持してきたともいわれていました。この難破船から積荷を奪う行為は「寄船慣習」と呼ばれ、朝廷や鎌倉幕府などから度々禁止令は出ていましたが、止むことはない、海賊行為の一つでした（詳しくは余録「寄船と関銭」）。

九鬼氏も紀伊国九木浦時代から寄船慣習は行なっていたと思われますが、ここ波切はその絶好の場所だったのです。どういう事情で来たのかは分かりませんが、南北朝時代後期に九鬼隆良が波切の地頭であった川面氏の娘と結婚して、波切を乗っ取ったといわれています。

志摩国は「伊勢志摩」とまとめて呼ばれることが多いですが、それは「志摩」が、島を除けば日本一面積が小さい国だからです。そこに、当時十三地頭と呼ばれる国人豪族がいました。

鳥羽衆・賀茂衆・小浜衆・千賀衆・国府衆・甲賀衆・安楽島《あんらくじま》衆・浦衆・安乗《あのり》衆・的矢《まとや》衆・和賀衆・越賀《こしか》氏・九鬼衆。

嘉隆が生まれた時代の九鬼氏は、この中の一つであり、とりわけ強力だったわけではありません。天文十一（１５４２）年、織田信長に遅れること八年、波切九鬼氏の初代隆良から数えて五代目の定隆《さだたか》の子として生まれました。兄・浄隆《きよたか》が家督を継ぎ、波切から本拠地を移した田城《たしろ》（三重県鳥羽市）の城主となり、嘉隆は支城となった波切城の城代となりました。しかし、永禄三（１５６０）年、新参者の九鬼氏の拡大をよく思わない志摩国の地頭十二衆が田城を攻めたのです。戦いが長引く中、城主の浄隆が急逝したため、幼い嫡男の澄隆《すみたか》が家督を継ぎました。そこで嘉隆が救援に向かったものの、田城は落城してしまいます。

嘉隆は澄隆を伴って朝熊《あさま》山の金剛證寺《こんごうしょうじ》へ逃げ込みました。金剛證寺は、伊勢神宮の鬼門《きもん》（北東）に位置することから、室町時代には神仏習合で伊勢神宮の鬼門を守る寺として大伽藍を誇る大寺院になっていました。嘉隆はここに潜伏しながら、次の好機を待っていたのです。

当時、尾張国の織田信長が桶狭間の戦いに勝利し、周囲の注目を集めていました。そこで嘉隆はこの信長の臣下となるべく、信長家臣の滝川一益《かずまさ》を頼ったのです。一益は甲賀国出身とも伊勢国出身ともいわれ、その祖先は不明ですが、この時代には織田信長の家臣として、その後、伊勢国侵攻の拠点となる蟹江《かにえ》城（愛知県海部郡蟹江町）の城主となっていました。

一益の推挙が効を奏したのか、嘉隆は織田信長の家臣となることができました。信長としては、これから侵攻する伊勢国志摩国の内情に通じた嘉隆はそれなりに利用価値があったのでしょう。さらに、波切を拠点にした九鬼海賊も消滅状態にあるとはいえ、利用価値があると考えたのです。

伊勢国は南北朝以来、北畠氏が最大勢力を誇っていましたが、永禄十二（１５６９）年に滝川一益の調略によって北畠氏の当主・具教《とものり》の実弟・木造具政《こづくりともまさ》を織田方につけました。そのうえで

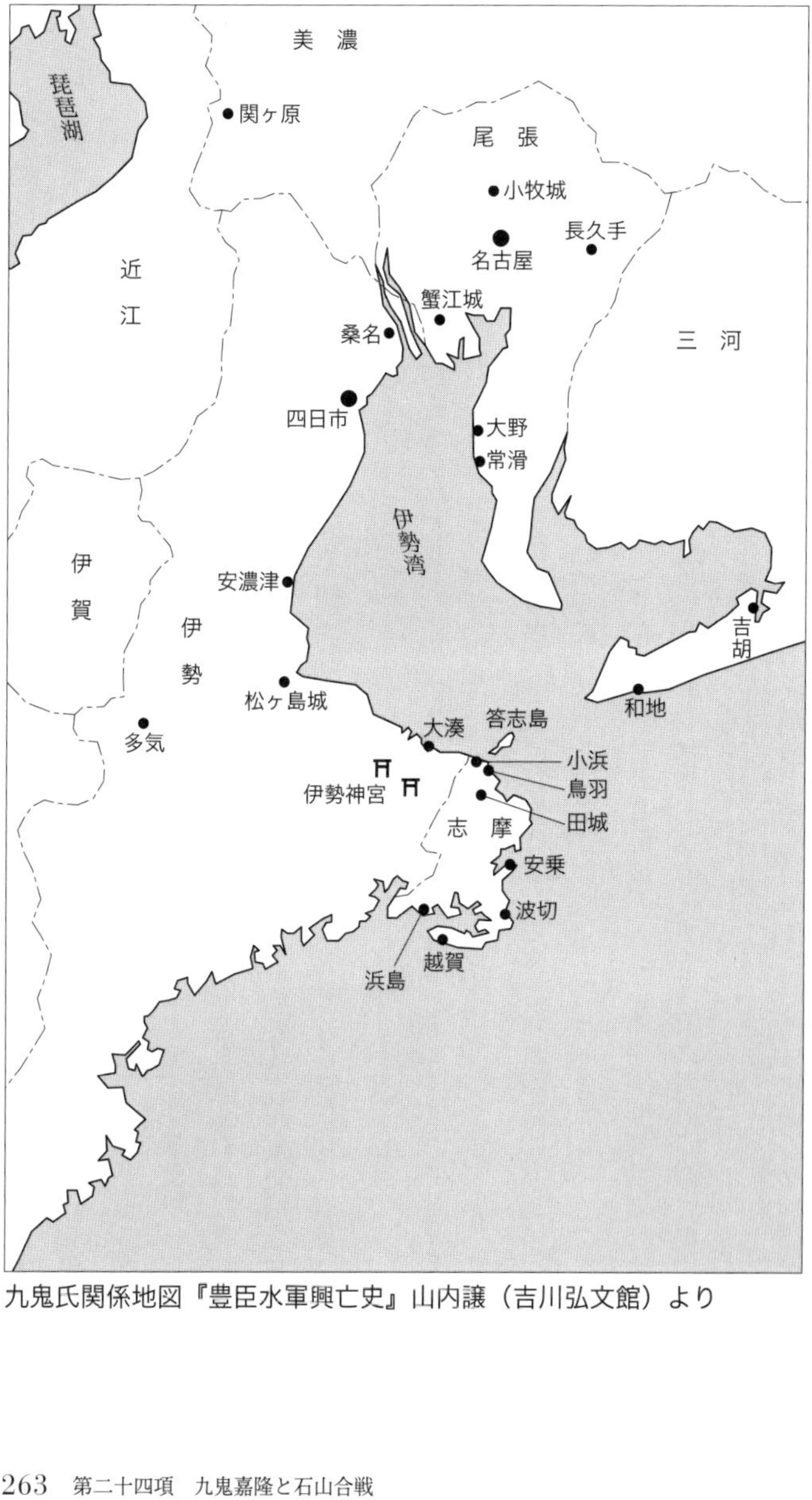

九鬼氏関係地図『豊臣水軍興亡史』山内譲（吉川弘文館）より

信長が南伊勢に出陣して、具教が籠る大河内城《おおかわち》（三重県松坂市）を包囲しました。しかしなかなか落城しなかったため、信長は次男の織田信雄を養嗣子として送り込んで、事実上、北畠氏を乗っ取ったのです。

この戦いにおいて、北畠氏の支城であり、伊勢湾からの補給路の要だった大淀城《おおよど》（三重県三和町）攻めのときに、九鬼嘉隆は九鬼海賊と織田方に寝返った志摩国の海賊衆を率いて海上封鎖をし、信長から学んだ鉄砲を使い落城させたのです。さらに、北畠氏の残党ともいうべき三鬼城《みき》（三重県尾鷲市）・長嶋城（三重県紀北町）攻めでは、海上から十艘の軍船で攻めて陥落させ、信長に水軍を使った戦法を認識させました。

天正二（1574）年、信長が伊勢長島の一向一揆を鎮圧する際には、船上からの鉄砲射撃で織田軍を援護し軍功をあげます。

こうして信長から信頼を勝ち得た嘉隆は、志摩国一国を所領として与えられ、織田水軍の総大将としての地位を確立し、「海賊大名」と呼ばれるようになったのです。

織田信長は、それまでの農民が戦いのときに駆り出されて戦闘員となるのを、兵農分離によって専従の足軽隊を組織しました。九鬼嘉隆もそれを見習って、それまでの戦いの都度寄せ集められる海賊衆を、一つの組織に編成したのです。

まず、軍船の呼び名を、本船・武者船・弓船・鉄砲船・物見船・使番船・兵糧船の七種類にし、それぞれの船に専門の担当を割り当てました。「本船」は指揮官である船大将が乗る船。「武者船」は将兵を運ぶ船。「弓船」と「鉄砲船」は弓隊と鉄砲隊の専用船。物見船・使番船は一番速力の出る小早船を当てるなど、船の特徴なども考慮して、編成したのです。それまでの海賊船の多くが、日常は漁業をする漁船だったり、荷物を運ぶ廻船で、戦いのときに将兵・馬・武器・兵糧などを一艘にすべて積み込んでいたのを、軍事専門の船にすることによって、機動力を向上させたわけです。

また、従来の海賊衆の多くが戦闘員と操船員（船頭・梶取《かんどり》・水主《かこ》）の区別がなかったのを、それぞれの専門にしました。

こうして嘉隆は海賊衆と呼ばれた独自の海賊集団を一つにまとめて、初めて「水軍」と呼ぶにふさわしい、海の武士団を組織し、信長の天下統一を海から支えることになります。

石山合戦――信長VS本願寺の十年に及ぶ戦いの火蓋

大坂石山本願寺は、それ以前に京都山科《やましな》（京都市山科区）にあった本願寺が天文元（1532）年に一向一揆の勢力拡大を恐れた、室町幕府管領の細川晴元によって焼討ちを受けたため、摂津国大坂石山（大阪市中央区）に移転したものでした。大坂石山は現在の大坂城の区域で、上町台《うえまち》地の北端にある小高い丘でした。その北には淀川と旧大和川が合流しており、その付近にあった渡辺津は古代から淀川・大和川水系や瀬戸内海の水運の拠点で、堺・京都・山陽道をつなぐ陸上交通の要所でもあったのです。

そこに本願寺は山科が焼き討ちを受けた経験から、壕や土塁を回し、塀や柵も設けた城郭寺院を建設していました。また、境内に信者を住まわせる「寺内町」を形成し、いざというときには戦闘員になれるように組織しました。そのため、一向一揆の勢力拡大と共に石山本願寺の朝廷や幕府への影響力が強くなっていったのです。

永禄十一（1568）年、織田信長が足利義昭《よしあき》を擁して上洛し、石山本願寺に対して矢銭五千貫を要求し、本願寺は支払いました。しかし元亀元（1570）年には、石山本願寺の明け渡しを要求しました。これに対して十一世門首の顕如《けんにょ》は全国の門徒に対して、石山本願寺防衛のために武器を携え、大坂に集結するように檄《げき》を飛ばしたのです。

集結した門徒は、三好三人衆攻略のために摂津国福島（大阪市福島区）に陣を敷いていた織田軍を突如攻撃しました。この戦いは織田軍の優勢に終わり、本願寺軍は石山に戻り、籠城の構えを見せたのです。しかし、織田軍はこのときすでに各地で戦闘状態だったため、石山を攻める戦力がなく、朝廷に働きかけて本願寺と和議を結び、本願寺の第一次挙兵は終結しました。

しかし、石山挙兵と時を同じくして伊勢国長島願証寺《がんしょうじ》でも一向一揆が発生しました。翌年、信長は長島一向一揆の制圧を目指しますが失敗します。

天正元（1573）年、信長は越前国の朝倉義景《よしかげ》と近江国の浅井長政《ながまさ》を相次いで滅ぼし、越前国を新たに支配しますが、翌年には国人領主と結んだ一向一揆が起こります。すでに、加賀国が一向一揆によって支配されていましたので、北陸路の越前国と加賀国は「一向一揆のもちたる国」と呼ばれるようになります。

これに対して、本願寺の顕如は門徒の警固衆である下間頼照《しもつまらいしょう》を越前国の守護に任命したのです。こうなると、信長も本願寺をそのままにはしておけません。

まず、三カ所に起こった一向一揆の一つ、長島の一揆を殲滅することに全力を投入します。一揆勢が立て籠もる長島・屋長島・中江を攻め立てながら、陸上・海上から包囲して補給路を封鎖する兵糧攻めを敢行。このときに海上で活躍したのが、九鬼嘉隆でした。これに対して一揆勢は耐え切れず、降伏開城しました。しかし、信長はこれを許さず、一揆勢を皆殺したのです。

翌天正三（1575）年には、武田勝頼を長篠の戦いで破ったことで、東からの憂いをなくし、いよいよ一向一揆との戦いに専念することになります。まず、越前国に向かいましたが、ちょうど越前国内で本願寺から派遣された間頼照が重税を課したため、それに反発する地元の勢力との間で戦いが起こるなどの混乱が生じていました。この機に乗じた織田軍は、瞬く間に越前国を制圧したのです。

こうして一向一揆の三つの拠点の二つが織田軍によって制圧され、しかも長島では降伏した一揆勢が皆殺しにあったため、本願寺は信長に対して和議を申し込んだのです。信長は強気でしたが、まだ上杉・武田・毛利が健在だったので、一旦和議を結ぶことにしました。

第一次木津川口海戦——毛利軍の「焙烙」戦法に織田軍は敗走

天正四（1576）年、顕如は毛利輝元に身を寄せていた将軍足利義昭《よしあき》と組んで三度目の挙兵をしました。織田軍は石山本願寺を三方から包囲しました。しかし、本願寺は楼岸（大阪市中央区）や木津《きづ》（大阪市浪速区）で海上から兵糧の補給をしたのです。

そこで信長は石山本願寺の四方に見張りの砦を設け、海辺の住吉には城を築城し、佐久間信盛《のぶもり》を大将に任命して本願寺を完全封鎖しました。

封鎖された本願寺は、毛利輝元に海上補給路の確保と兵糧の搬入を要請します。輝元は要請に応じて、兵糧や弾薬を積んだ毛利の警固衆の船を八百艘派遣しました。この警固衆は、能島・来島・因島の村上・乃美・粟屋・生口・児玉・木梨富川・井上・包久・桑原・香川・をはじめとする警固衆で編成されていました。途中淡路島北端の岩屋《いわや》（兵庫県淡路市）で、瀬戸内海各地から集まる船団の集結を待ち、和泉国貝塚《かいづか》で、雑賀《さいか》衆と合流して、一路木津川の河口を目指しました。迎え撃つ織田軍も間鍋七五三《まなべしめの》兵衛・沼野伝内・沼野伊賀・沼野大隅守・宮崎鎌大夫・宮崎鹿目介・尼崎小畑・花くまの野口ら三百艘の船で、大型の安宅船を小型船が取り囲むような陣形で、木津川河口を封じたのです。

これに対して毛利方はまず雑賀衆が鉄砲で、摂津国・和泉国・河内国の陸上部隊が乗った織田軍の小舟を追い払いました。そのうえで織田軍の安宅船を取り囲み、動けなくなった船に「焙《ほう》烙《ろく》」や火矢を投げ入れて、船を焼き払うという戦法に出たのです。焙烙とは煙《えん》硝《しょう》・硫《い》黄《おう》・炭などを混合して作った火薬を素焼きの焼き物に入れて、火縄に火をつけてから投げ入れる砲弾のような火器でした。こうした武器を多用する場合、船の動きの速い毛利軍が断然有利に展開し、目的の本願寺への兵糧搬入に成功したのです。

この詳細な戦況を書き遺したのは、能島村上氏の武吉の嫡男・元吉《もとよし》以下十四人の毛利方の警固衆ですが、これによると、軍記などで有名な「焙烙」作戦は村上海賊が独自に行なったのではなく、摂津国・和泉国・河内国の陸の門徒が主力になって行なったように読み取れます。どうやら村上海賊は船を扱うのに専念して、鉄砲を扱うのに慣れた雑賀衆や、鉄砲の生産地・堺を抱える地域の人たちが船上から投げ入れていたようです。

毛利軍の見事なまでの操船と、必死で攻撃を仕掛ける門徒の前に、織田軍は敗退し、戦死者二千人ともいわれる被害を受けました。

信長は仕方なく、監視のみを強化して一旦兵を引いたのです。

ここで気になるのが、村上武吉と九鬼嘉隆の動向です。武吉は正確な生まれ年は不明ですが、たぶん四十四歳くらいになっていました。今回の石山本願寺への救援物資の運搬は、毛利氏と織田氏の対立構造の中では、かなり重要な作戦だと思われます。しかし、瀬戸内海のすべての海賊を大集合させた今回の船団の指揮を執るのは、毛利氏の船大将の児玉三郎三右衛門尉で、村上海賊もその下で、指示通りの動きをすればいいのですから、面白いわけはありません。また。毛利氏はその陸の領土が広がるのに合わせて海の支配を強化しており、関銭の徴収や上乗り警固などを勝手に行なうことを禁止し始めているので、毛利氏の勢力拡大は、村上海賊の存在を脅かすものになっていたのです。そんなこともあり、当主である武吉は参加せず、嫡男・元吉二十四歳を代理で差し向けたのでしょう。

織田の海賊大名となった九鬼嘉隆も、この第一次木津川口海戦には参戦していません。嘉隆はこのとき三十四歳の働き盛りです。嘉隆は何をしていたのでしょう。これについて確実な史料はありませんが、嘉隆の領地である志摩国では信長に国を乗っ取られた北畠氏が、その反撃を開始していたので、その対応に追われていたようです。

永禄十二（1569）年、織田信長は伊勢国司・北畠具教・具房親子と戦い、和睦の条件として次男茶筅丸《ちゃせんまる》（後の織田信雄）を北畠氏の跡継ぎにしました。天正三（1575）年には茶筅丸は信意《のぶおき》と名乗り、北畠氏の当主となり、これで名実共に北畠家を掌握したかに見えた織田氏でしたが、具教とその側近たちは心服しておらず、反撃の機会を窺っていたのです。

それを知った信長は、天正四（１５７６）年、ついに北畠一族とその家臣たちの抹殺を実行に移します。一連の粛清から逃れた者たちは北畠氏の本拠地だった霧山《きりやま》城に集結して抵抗を試みましたが、信長は羽柴秀吉・神戸《かんべ》（織田）信孝《のぶたか》・関盛信《もりのぶ》ら一万五千の兵で城を攻め落としたのです。天正五（１５７７）年、伊賀国に潜伏していた具教の弟である奈良興福寺東門院の院主が還俗して北畠具親《ともちか》を名乗り挙兵しました。しかしこの乱も年内には鎮圧され、具親は毛利輝元を頼って、安芸国にまで亡命したのです。

つまり、第一次木津川口海戦のあった天正四年から天正五年にかけて、九鬼嘉隆は自分の領地内とその隣国伊勢で起こった北畠氏の反乱鎮圧のために、大坂に出陣できなかったのです。

第二次木津川口海戦――日本発の装甲船が登場

木津川河口での敗戦後、信長は織田水軍の総大将の九鬼嘉隆に、次回は必ず勝てる作戦を求めました。そこで嘉隆が考え出したのが、巨大な甲鉄船（装甲艦）の建造です。

巨大という意味では、信長はすでに四年前の元亀四（１５７３）年に近江国佐和山で、大工の岡部又右衛門を棟梁として巨大船を建造しています。長さ三十間（五十四メートル）、横七間（十二・六メートル）で、百挺の櫓で動かします。しかし、実際には琵琶湖で航行するには巨大過ぎて使い難いため、解体されて、その部材で船足の速い小舟十艘に造り変えたのです。

今回は単なる巨大船ではなく、木津川口の戦いで織田軍の船の多くが、焙烙や火矢という火器によって燃やされ沈没したことを考えると、その対策が最も重要な課題です。どんな船だったか、同時代の絵画資料がないので、はっきりしたことは言えませんが、当時の造船技術や極わずかな文献史料から想像してみましょう。

船本体は甲板に楼閣を設けた総矢倉の安宅船で、鉄の板がその矢倉の楯板として貼られていたと考えられます。さらに、船首とその周辺、船尾の舵の座など、目立つ場所にも鉄板が貼られていたでしょう。また、海面に出ている船腹にも鉄の板が貼られて、一見黒い船に見えたようです。大きさに関しては、奈良興福寺の多聞院《たもんいん》英俊《えいしゅん》が残した日記によれば、長さ十二間（二十一・六メートル）、横七間（十二・六メートル）と記しています。英俊は噂話を書いたらしいので、実際の寸法かどうか分かりませんが、従来の安宅船から推測しても一回り大きかったと思われます。しかし、鉄板の重さで、かなり船足が遅かったと考えられます。

建造したのは、当時安宅船を造船する技術を持っていた伊勢国の大湊だと思われます。一年がかりで建造された六艘は、信長の命令で堺湊に回航されました。ここで多くの見物人に見せて、驚かすのは信長得意のパフォーマンスであり、毛利方へのプレッシャーです。

先ほど紹介した多聞院英俊は、「鉄の船で鉄砲の玉も通らない用意がしてある」と書いています。同じく堺で見たポルトガル人の宣教師オルガンチノは「この船は日本国で最も大きく、また

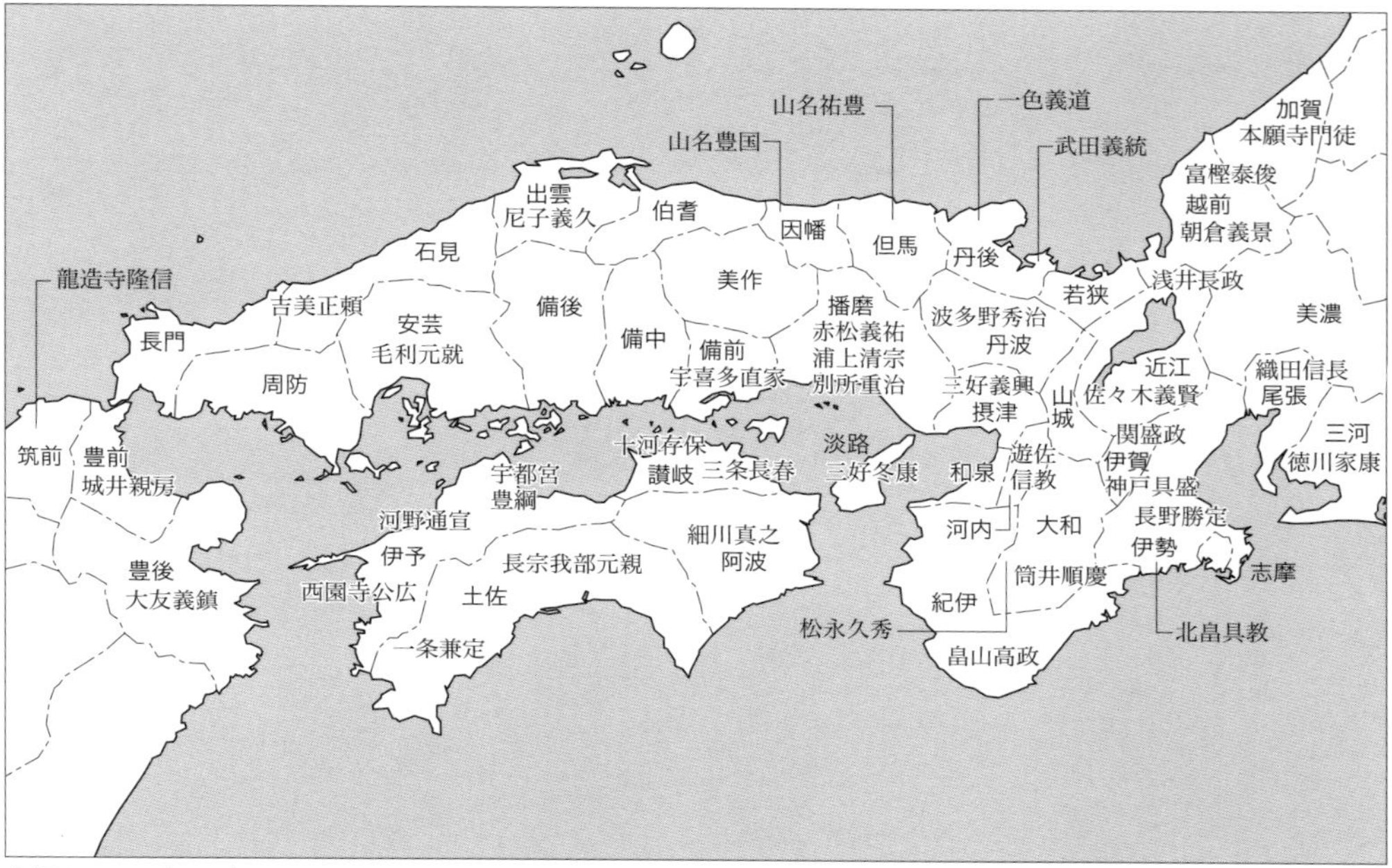

永禄から天正年間（1558〜92）における瀬戸内海沿岸と周辺の戦国大名『戦国水軍の興亡』宇田川武久（平凡社）より

華麗なるものにして、形はポルトガルの船に似ている。日本人がこんな船を造るとは驚きである」とバチカンへの報告書に書いています。単なる大きな船なら、オルガンチノは驚かなかったでしょうから、やはり鉄の装甲船とみてもよいでしょう。当時のヨーロッパでは骨組みに鉄を使う技法はありましたが、鉄を船体に張るという技法はありませんでした。長距離の遠洋航海を目的としたヨーロッパの船は、船足の速さを求めるので、鉄によって船足が遅くなる装甲艦は、まだ建造されなかったのです。そのこともあり、オルガンチノは驚いたのでしょう。

信長は嘉隆に命じた六艘の他に、同時に滝川一益にも大型船を一艘建造させました。嘉隆の船が鉄を張って黒い船に見えたので、木だけで建造したこの船をあえて「白船」と呼んでいます。

もう一つ、この船の大きな特徴に、大砲を搭載していたことがあげられます。また、オルガンチノの証言を引用すると、「船には大砲を三門と、無数の長銃を備えていた」といいます。大砲はすでに信長が近江国国友の鉄砲鍛冶に命じて、長さ九尺で二百目玉が発射できるものを完成させていました。また、長銃は射程距離が延びるので、船上から陸上や離れた船に向かって撃つのに重宝します。

天正六（1578）年十一月六日、九鬼嘉隆は毛利軍の船団が木津川河口に現れたという知らせを受けると、直ちに六艘の鉄船を率いて毛利軍の船団六百艘に向かって乗り入れたのです。このとき、船足の遅い鉄船の動きはかなり鈍かったと思われますが、そこが嘉隆の狙いでもありました。

前回同様、毛利軍の船団が織田軍の大船を取り囲み、焙烙や火矢で攻撃を繰り返します。しかし、今回は焙烙や火矢という火器を使っても、嘉隆の船は燃え上がりません。船を寄せて、梯子を投げ揚げても梯子の爪が鉄板に引っかからないため、架けることができません。さらに、近づいてくる船は長銃で射かけられ、船体に損害が出始めました。まさに鉄船は動く要塞だったのです。

そして極めつけは、鉄船に搭載された大砲が一斉に火を噴いて、毛利軍の大将が乗っている船を沈めたのです。この状況を見た毛利軍の船は、恐れをなして退散しました。

翌天正七（1579）年の正月、信長は安土城に参上した九鬼嘉隆に「伊勢に帰って妻子とゆっくりしてこい」とねぎらいの言葉をかけます。これが海賊大名・九鬼嘉隆の人生で最も得意な時期だったのです。

第二次木津川口海戦での毛利軍の敗退を受けて、本願寺は恒久的な和議を検討するようになります。信長側でも長年の包囲作戦の疲れもあり、再度朝廷に講和の仲介を働きかけました。天正八（1580）年、信長と本願寺は顕如ら門徒の大坂退城などを条件に講和をしたのです。ここに十年に及ぶ信長と本願寺の戦いは終わりました。

第二十五項　海の天下統一

海賊禁止令

織田軍の海賊衆調略

海戦敗北は参加した瀬戸内海の海賊衆に、大きな動揺をもたらしました。そこを狙って信長は毛利軍の中でもひと際目覚ましい活躍をした村上海賊の取り込みを図りました。

因島村上氏は毛利の小早川氏と関係が深かったため、まず来島を能島と誘ったのです。来島村上氏は伊予国河野氏の警固衆として重きをなしていましたが、河野氏自体が衰退化していたため、将来への不安を抱えていたと思われます。能島村上氏は元々、河野氏にも毛利氏にも従属することを嫌い、独自の勢力を誇っていたので、誘いやすいとみたのでしょう。天正《てんしょう》八年ごろから、信長は来島や能島と交流を始めています。

天正十（1582）年になると、羽柴秀吉が率いる織田軍と毛利軍が直接対峙するようになったため、織田方の来島・能島への懐柔策は活発になります。もちろん、毛利方も黙って見ていたわけではなく、かなり激しい争奪戦が繰り広げられたのです。

四月には羽柴秀吉の誘いに乗って、来島村上通康の跡を継いだ通総《みちふさ》が反対する重臣の吉継《よしつぐ》や吉《よし》郷《さと》と袂と分かち、織田方に寝返りました。それを知った河野氏や能島村上氏は毛利からの援軍を入れながら、来島城を攻めたのです。そのため、通総は本拠地の来島を追われて、一時は秀吉の元に身を寄せました。本能寺の変後に、通総は秀吉の配下として活動し、天正十三（1585）年の四国攻めでは、旧主家の河野氏を攻めて、その戦功として伊予国風早郡で一万四千石、兄の得居通之《みちゆき》が三千石を与えられて大名となったのです。秀吉は通総を「村上」とは呼ばず、「来島」と呼んでいたため、通総は姓を村上から来島に改めました。

能島でも父の武吉は従来の付き合いを考慮して毛利に、嫡男の元吉は新たな好条件を提示してくる織田にと、父と息子の間で揺れ動いたようです。来島の若き当主・通総が織田を選んだように、若者には織田信長の政策が魅力的に見えたのかもしれません。

⚓ 秀吉の四国・九州平定

天正十（1582）年、織田信長が本能寺の変で亡くなると、羽柴秀吉は毛利氏と和睦をして京へ上ります。世にいう「中国大返し」です。明智光秀を山崎の合戦で打ち負かした秀吉は信長の後継者として、織田家中の主導権争いを勝ち抜きます。

天正十三（1585）年には、信長の死で中断していた四国攻めが秀吉のもとで再開します。四国をほぼ統一した長宗我部元親《ちょうそかべもとちか》は、前年に行なわれた小牧・長久手の戦いの後、徳川家康と関係を結んで、秀吉を両方から圧迫するように動いていました。そのため、秀吉は長宗我部氏討伐を発令したのです。弟の豊臣秀長を総大将に、本軍を淡路島経由で阿波国方面へ、毛利氏配下の小早川隆景・吉川元長《もとなが》の軍を伊予国へ、宇喜多《うきた》秀家の軍を讃岐国へ侵攻させたのです。羽柴軍の総数は十万を超えたといいますから、瀬戸内海を渡海するためには山陽側の警固衆だけではなく、その前年に平定した紀伊半島の海賊衆、さらに信長から引き継いだ九鬼水軍なども動員されたことでしょう。ただ、ここでは海戦は行なっていないので、輸送船団ということだったようです。

戦いが始まって三カ月で長宗我部元親は降伏し、土佐国一国を安堵されました。また、伊予国に入った小早川軍の前に、河野氏も本拠地湯築城を明け渡し、その庇護下に入ることになり、後に死亡したため、瀬戸内海の名門河野氏の惣領家は滅亡しました。

海の神として古代から崇敬された大三島の大山祇神社の神官を務める越智氏から分かれ、越智氏が大祝として神事を行ない、河野氏が軍事を行なうとして、伊予国、ひいては西瀬戸内海のその繁栄を誇った河野氏は、こうして消えていったのです。

しかし、河野氏の滅亡は能島村上氏にとって他人ごとではありません。土佐国以外の四国三カ国が、主なところで阿波国が蜂須賀家政《はちすかいえまさ》、讃岐国が仙石秀久《せんごくひでひさ》、伊予国が小早川隆景に与えられました。秀吉は新たに伊予国三十五万石の大名になった隆景に、能島村上氏が支配する務司《むし》城（愛媛県今治市武志島）と中途《なかと》城（今治市中渡島）からの撤退を命じたのです。

両城は伊予大島の南端の沖合に浮かぶ、周囲数百メートルの小さな島にある海城ですが、来島海峡を望む場所にあります。元々は来島村上氏の城だった可能性が高いのですが、通総が来島城を去ってしまったこの時点では、能島の城になっていたのでしょう。それ故に、あえてこの二城からの撤退を求めたのかもしれません。

隆景が示した替地は、周防国屋代島の一部と、安芸国能美島と江田島などですが、それはすでに以前から与えられていた土地なので、事実上は取り上げられたのです。

四国を平定した秀吉は、次に九州平定を目指します。当時の九州は、天正六（１５７８）年に島津氏が大友氏を破り、天正十（１５８２）年には肥後国・筑後国も支配下に入れて、ほぼ九州全域を押さえていました。天正十五（１５８７）年、大友宗麟《そうりん》の救援要請を受けた豊臣秀吉（天正十四年豊臣賜姓）は、二十万の軍勢で九州に上陸しました。これに対して島津義久《よしひさ》は降伏し、秀吉の九州平定は完了したのです。

海賊禁止令

九州平定後、天正十五（１５８７）年六月、筑前国筥崎に滞在していた豊臣秀吉は、肥前国長崎がイエズス会の領地となっていることを知ります。さらに住民の強制的なキリスト教への改宗や神社仏閣の破壊、さらにポルトガル人が日本人を奴隷として海外に売っていたことも発覚しました。驚いた秀吉は、宣教師の国外退去とキリスト教布教の制限を命じる「伴天連《ばてれん》追放令」を出しました。ただし、この段階ではキリスト教の信仰と貿易は認められていました。秀吉は織田信長の政策を継承し、キリスト教の布教を容認していましたが、地域社会を支配するなどしたため、一向一揆の二の舞になることを恐れたようです。

翌天正十六（1588）年七月八日、秀吉は「刀狩令」を発令しました。「百姓が刀・脇差・弓・鑓・鉄砲などの武器を持つことを禁止し、領主の責任で没収すること」というもので、これも一揆の予防策だったのです。

さらに同日、秀吉は後に「海賊禁止令」とも呼ばれる定を発令します。

「諸国の海上における賊船を厳しく禁じているにもかかわらず、今回備後国と伊予国の間にある伊津喜島で、海賊が出たことは、けしからぬことだ。

（備後と伊予の間に「伊津喜島」はなく、広島県呉市豊浜町の「斎島《いつき》」と比定されてます）

国々で船頭や漁師など船を持っている者は今後、海賊をしないことを地元の地頭代官に誓紙をもって届けなさい。

今後、領主が油断して海賊行為が起こったときは、領主が罰せられ所領を没収する」

という、まさに海賊行為に対して、厳重に取り締まるというものです。

冒頭で、「諸国の海上における賊船を厳しく禁じているにもかかわらず」と書いてあることから、これ以前にも禁止令が出ていたようですが、今回の事件で取り締まりをさらに厳しくするというのです。このとき、秀吉はまだ全国を平定していませんが、自分が支配した国々には皆適用すると言っていますし、今後平定していく国にも適用する法令です。

ここで、「海賊」といっている行為は、これまで本著で度々説明してきた単なる泥棒行為ではなく、それぞれの地域のローカルルールによって徴収されてきた港の関銭《せきぜに》（津料）や、航路の水先案内をする「警固料」なども指しています。これはそれまで海賊衆に与えられていた権利を禁止したもので、海の領主だった海賊衆そのものの存在を否定したものでした。

「海賊禁止令」が出た二カ月後の九月、秀吉から小早川隆景宛てに、村上武吉に関する厳命が届きました。

「能島が海賊行為をしていることは言語道断でけしからぬことだ。今回は許し難いので、秀吉が直接成敗しようと思うが、一応小早川の配下なので、小早川が処分するように命じる。ただし、申し分があれば、村上武吉が大坂に来てするように。もし、小早川が成敗しないときは、秀吉が軍勢を派遣する」

という、厳しい内容でした。これは、武吉が九州で関銭を徴収したという疑いでした。実際は分かりませんが、この段階でまだ村上海賊を名乗る者たちが徴収していたので、その監督責任を問われたのです。

　また、二カ月前の伊津喜島（斎島）で海賊が出たことも、ちょうど村上海賊の支配エリア内だったことから、これも村上海賊の仕業だと疑っているのです。理由は何であり、秀吉は村上武吉を頭目とする能島村上氏を、瀬戸内海から追い払いたかったのでしょう。

　この後、武吉や息子の元吉が大坂に行ったかどうか分かりませんが、名代として村上三郎右衛門が上京して弁明したようです。

　ちょうどこのとき、小早川隆景は秀吉の命で伊予国から九州の筑前国と筑後国・肥前国の一部へ国替えをするところでした。今や唯一の保護者といえる隆景転封に伴い、村上海賊も伊予国を去らざる負えなくなります。隆景の筑前国の支配体制が整うまで、一旦毛利氏領内の周防国屋代島に移転し、天正十六年に村上武吉・元吉父と子は先祖代々その覇を誇った瀬戸内海を離れて、筑前国冠《かぶり》（福岡県糸島市加布里）に移住したのです。住んだ屋敷は、山口宗永という小早川氏に養子に入った秀俊（秀秋）の家臣で、義理の叔父・秀吉（叔母ねねの夫）が秀秋に付けた者でした。これは事実上、武吉たちが秀吉の監視の中に置かれたことを意味します。

　このときの能島村上一族の知行高はおよそ一万石で大名並みでしたが、知行地は周防国・長門国・筑前国に散らばっており、完全に毛利氏・小早川氏の家臣となりました。この九州移住を機に、武吉は家督を元吉に譲ったようです。

この移住を武吉は、どんな思いで承知したのか分かりませんが、一時のことで、また天下が乱れれば、瀬戸内海に戻れる日があると思ったのでしょうか。その後、秀吉の第一次朝鮮出兵（文禄の役）後、武吉たちは九州から長門国の日本海側に移住しました。これは小早川隆景が隠居して秀俊が当主になったため、古くから隆景に従っていた家臣が毛利氏に帰参したのに伴い、武吉・元吉も九州を離れ、毛利氏の家臣として周防国大津郡（長門市）にまたもや移住したのです。九州には、武吉の次男・景親《かげちか》が残り、秀俊に仕えました。

第二次朝鮮出兵（慶長の役）が始まった直後、小早川隆景が死去し、翌慶長三年八月、豊臣秀吉も亡くなりました。村上海賊の運命を左右させた二人の死を、武吉がどのように受け止めたかは不明ですが、毛利輝元は武吉・元吉を小早川水軍の本拠地があった三原近くの竹原に呼び戻しました。武吉たちの居城があった竹原の珍海山城は、当時海に面した城で、まさに村上海賊が瀬戸内海に戻るのにふさわしい所だったのです。

また、このころには、九州に残っていた景親も毛利氏に帰参して元吉の配下に入っています。慶長《けいちょう》五（１６００）年、関ヶ原の戦いの前哨戦として、西軍（豊臣方）の総大将となった毛利輝元は、東軍（徳川方）の城を接収するように命じました。これを伊予国奪還の好機と受け取った旧河野氏配下の軍勢に混じって村上元吉たち村上軍も従軍したのです。加藤嘉明《よしあき》の居城の伊予国前崎《まさき》城（愛媛県松崎町）に押し寄せると、加藤方が降伏をする姿勢を見せたため、毛利軍は近くの三津《みつ》浜（愛媛県松山市古三津）で宿営をすることにしました。しかし、これは加藤方の策略で、夜襲をかけられて敗北してしまったのです。

この戦いで、能島村上氏の当主・元吉が討ち死にをします。九月十六日から十七日の未明にかけてのことで、西軍敗北の知らせはまだ届いていませんが、関ヶ原の戦いの二日後のことでした。天正十六（1588）年の「海賊禁止令」は西国諸国の海賊にとって、その終焉の始まりでした。

（ここから、これまで海の武士団を「海賊」「警固衆」と表記してきましたが、封建領主の元、直轄の家臣団として編成されたものを「水軍」と表記します）

東国平定

秀吉に従わない東国諸国の海賊衆にも、じわじわとその規制の網がかけられていきました。天正十七（1589）年、秀吉の上洛要請に従わない北条氏政・氏直父子を攻めるべく、諸大名に出陣の命が下りました。秀吉は同時に、これらの将兵の兵糧米として、駿河国江尻と清水に二十万石を貯蔵し、他に伊勢・尾張・三河・遠江・駿河の米を買い占めて、小田原近くまで運ばせたました。この輸送に伊勢国大湊の廻船三百艘を動員し、志摩国の九鬼嘉隆・淡路島の脇坂安《やす》治《はる》と加藤嘉明・土佐国の長宗我部元親・豊後国の大友義統《よしむね》など水軍を率いる大名に担当させたのです。

さらに長宗我部の土佐水軍と・脇坂・加藤の淡路水軍は九鬼の九鬼水軍と志摩で合流して伊豆半島の北条方の城を攻略してから、小田原に廻り、海上から小田原城を包囲しました。

対する北条方は、豊臣方の水軍力を侮っていたようで、「西国の海賊は伊豆半島の東側に回り込めば、自由に攻め込めないので、心配する必要はない」として、船大将の梶原氏以外は、そのほとんどを小田原周辺の川に引き上げていたのです。

秀吉は得意の長期包囲網で、小田原城を囲みます。陸はもちろん、海も豊臣水軍に、徳川水軍の間宮高則・小浜景隆が加わって、合計三万を超える大軍になり、「海の上が陸地に見えるほどだった」といいます。長年、北条氏と敵対していた里見氏も水軍を出しますが、その出陣が遅れたため、戦後に上総国を没収されて安房国一国になってしまいます。

北条氏の船大将だった梶原景宗《かげむね》は向井正綱が率いる徳川水軍に敗れ、北条水軍は消滅したのです。

戦後、関東八カ国を領した徳川家康は、従来の配下に入れた旧今川・武田以外に北条・里見の水軍も配下に入れ、後の天下取りの基盤作りをしたのです。

第二十六項　海賊の終焉

朝鮮出兵

天正《てんしょう》十八（1590）年、小田原の北条氏を滅亡させた豊臣秀吉は、以前から考えていた明（中国）への出兵準備を本格的に命じています。

翌年には西国諸国に大型船の建造を命じました。明を攻めるための足掛かりとして、まずは朝鮮半島への侵攻を計画します。朝鮮と日本の間に位置する対馬の宗義智《よしとし》が自ら朝鮮に渡り、李王朝の説得をしますが、李王朝は受け入れませんでした。

十月に入ると、肥前国名護屋城（佐賀県唐津市）の築城が始まりました。ここは沖にある加部《かべ》島が玄界灘の防波堤の役割をして、入江も深く多くの船が停泊できるというのが築城の理由でした。過去には松浦海賊の本拠地の一つで、倭寇の拠点にもなっていたところです。

今回の朝鮮侵攻には、当然戦闘員を全員、船に乗せて渡海しなければなりません。そのため、九州・四国・中国だけでなく、淡路水軍や九鬼水軍もその船をもって参集してきました。その船手（操船員）の数だけでも一万人を数えたといいます。

九鬼嘉隆《くきよしたか》・藤堂高虎《とうどうたかとら》・脇坂安治《わきさかやすはる》・加藤嘉明・来島通総《くるしまみちふさ》・通之《みちさき》兄弟・菅野正影・桑原重勝・桑原小伝次・堀内氏善・杉若伝三郎の海将たちが名を連ねています。(太田牛一『天正記』)

天正十六(1588)年の「海賊禁止令」以来、海賊行為が禁止され、活動の場を失いつつあった海賊衆にとって、この朝鮮への出兵は新たな活動の場となりました。すでに紹介した諸大名以外にも、西国の大名はこぞって、船を操り、海戦を得意とする海賊衆をその家臣に求めたのです。また、海賊衆もこれまでの主従関係や故郷に固執することなく、新しい新天地を求めて各大名に仕官しました。これによってそれぞれが守ってきた海の縄張りが消滅し、そこを通過する船を規制する私的な関が事実上なくなったのです。

つまり、本当の掠奪行為や海外への倭寇などを除けば、海の武士団だった海賊は、陸の武士団が形成する封建社会の中に組み込まれ、「陸軍」「海軍」という分類でいえば「海軍」となったのです。

ただし、日本で「海軍」という言葉が使われるのは明治時代以降で、日本流に言えば「水軍」ですが、この言葉も江戸時代以降に多用されるようになったので、この段階の史料には海賊衆または警固衆の名称で登場します。

文禄《ぶんろく》元(1592)年に始まった朝鮮出兵は、五月に陸上軍が首都の漢城《ハンソン》(大韓民国ソウル)を陥落するなど当初は順調でした。しかし、海戦では、すべてに敗北していました。

七月八日、閑山島《ハンサンド》（慶尚道見乃梁）と続く安骨浦《アンゴルポ》の海戦で、李舜臣《リシュンシン》が率いる朝鮮水軍に対して、脇坂安治が九鬼嘉隆や加藤嘉明と協同作戦を取らなかったため、大敗北をくらいます。

こうした事態に、秀吉は陸と海が協力して戦うことを指示しました。

九月一日の釜山海戦では、日本から届けられた大砲三百挺が巨済島周辺の日本軍基地に配備され、藤堂高虎・九鬼・脇坂・加藤・菅・来島・堀内・桑山・杉谷の船手衆が海から上がって籠城作戦をとりました。そのため李舜臣も海からでは攻めあぐね、撤退しましたが、制海権は朝鮮側に移ってしまいました。

このことは日本軍は陸戦は得意だが、海戦は弱いという印象を朝鮮軍に与え、朝鮮民衆に反撃の勇気を与えたといいます。

その間、明軍が朝鮮の救援のために本格的に参戦してきたため、日本軍は明との講和を結ぶことを選びます。しかし、これは朝鮮で窮地にたった小西行長の苦肉の策であったため、これが発覚して、秀吉は慶長《けいちょう》二（１５９７）年、再び朝鮮出兵を命じます。

同じころ、朝鮮王朝内でも政変が起きて李舜臣が失脚して、元均《ゲンキン》が水軍の総司令官に就任し、李舜臣の政策や部下を追放しました。

前回の敗戦を教訓にした日本軍は陸と海からの協力作戦をとったため、連戦連勝し、七月十六日の漆川梁海戦では、朝鮮の軍船のほとんどを沈没させて、司令官の元均をはじめとした幹部指揮官が戦死するという大勝利を治めました。この勝利によって、日本軍は制海権を取り戻すことができたのです。

九月、元均の戦死により、再び朝鮮水軍の司令官に返り咲いた李舜臣は明水軍の指揮下に入り、明・朝鮮の水陸軍五万五千人による水陸共同の順天攻撃作戦が開始されました。しかし、戦いは硬直状態で、将兵に厭戦気分が蔓延したため、攻撃は中止され、明・朝鮮軍は撤退をしたのです。

翌年の慶長三年八月十八日、豊臣秀吉が死去し、日本軍に退却命令が出されると小西行長は明との間に講和を成立させた後、海路を撤退しようとしましたが、それを阻もうとした明・朝鮮水軍が海上封鎖をして、小西らの退路絶ったのです。このことを知った島津義弘ら日本側の海将は急遽水軍を編成して出撃しました。

この露梁海戦では、日本軍、明・朝鮮水軍の双方に大きな損害が出ました。その中で、朝鮮側の司令官李舜臣が島津兵の鉄砲の弾丸を受けて戦死したため、指揮系統を失い、混乱している隙に小西隊は外洋に脱出し、退却しました。

村上海賊と関ヶ原

慶長五（1600）年九月十五日、美濃国関ヶ原で、石田三成が率いる西軍（豊臣軍）と、徳川家康が率いる東軍が激突します。毛利輝元は西軍の総大将として大坂城に入りますが、三成の度々の要請にもかかわらず、関ヶ原には出陣しませんでした。その代わり、この隙に家康について上杉征伐に従軍した西国の大名領への侵攻を企てます。そのため、関ヶ原に出陣しない割にはきつい処分となり、中国地方百十二万石から、周防国・長門国二カ国二十九万八千石に減封され、本拠地も安芸国広島から長門国萩に居城を移したのです。後に検地のし直しで、三十六万九千石に高直ししますが、およそ三割程度になってしまいました。

　この減封と移転に伴って、毛利氏の家臣となっていた能島村上氏は、竹原から周防国屋代島に再び移住することになりました。このとき、当主・元吉が戦死したばかりなので、隠居していた武吉が孫の道祖次郎（元武）の後見として補佐しました。知行高は表千五百石で、実際は千石という寂しいものでした。このため、それまで村上一族や一門として仕えていた家臣団がそれぞれ離反して、他家に仕官するという事態になったのです。村上四兵衛という者は、安宅船に武具や馬具を搭載し、百石積の枝船二艘、小船三艘に配下の組の者も載せて、加藤嘉明に仕官を求めたといいます。嘉明は四郎に千石、組の者に百石ずつ与えて召し抱えました。他にも、引っ越しや出奔した者も数えると、残ったのは二割程度だったようです。

　屋代島に移住して四年目の慶長九（１６０４）年八月二十二日に、武吉は七十二歳で死去しました。その後、家督を継いだ道祖次郎は、輝元から「元」の字をもらい「元武《もとたけ》」と名乗り、毛利氏の船手衆組頭役として、毛利氏の御船蔵があった三《み》田尻《たじり》（山口県防府市）に移住しました。

船手衆組頭には初めは武吉の次男・景親の家系、小早川氏の船大将だった乃美家、毛利氏の直属水軍の流れをくむ粟屋家・沓屋家がいましたが、後には村上二家だけが残りました。

三島村上の一つ、因島村上氏は、小早川隆景の配下として、因島・向島を領有していましたが、関ヶ原の戦いのとき、毛利輝元から伊予松前城攻撃を命じられましたが、当主の吉亮《よしすけ》が病死したため、弟の吉忠《よしただ》が名代となり、能島村上元吉の指揮下に入って戦いました。しかし、三津浜の夜襲で、能島村上元吉と共に吉忠も戦死してしまったのです。

毛利氏の長門・周防二国への減封を受けて、因島村上氏を継いだ吉亮の子元充《もとみつ》は、備後国から長門国に移住しました。しかし、知行高の減少に伴い、家臣たちが離散したことから、元充は知行を返上して因島に帰り、そこで死去しました。元充のあとは吉忠の子吉国《よしくに》が継ぎ、毛利氏の船手組番頭となり、幕末まで続きました。

秀吉のスカウトで、早々と三島村上を離脱した来島村上通総は、天正十三（1585）年、秀吉の四国平定によって、伊予国野間・風早郡内で一万石の知行を与えられ、以後は姓を「来島」と変えました。九州平定、小田原攻めと秀吉配下の大名として着実に実績を挙げていましたが、朝鮮出兵では、慶長二年（1597）年の水営浦の海戦で通総が戦死しました。

通総の跡を継いだ長親《ながちか》（康親《やすちか》）は関ヶ原の戦いで西軍に加わったため、改易の憂き目にあいましたが、その後、妻の伯父である福島正則などの口利きもあって、慶長六（1601）年、豊後国玖珠《くす》・日田・速見三郡の内に、一万四千石を与えられ大名に復活したのです。そして、来島の字を「久留島」に改め、幕末まで続くのです。

九鬼海賊と関ヶ原

織田信長のもと、船大将となった九鬼嘉隆は本能寺の変の後、反秀吉勢力にいましたが、秀吉は厳しい処罰をせず、そのままにしていました。天正十三（１５８５）年には志摩国答志《とうし》郡鳥羽《とば》（三重県鳥羽市）を本拠地に定め、鳥羽城を築城します。

その後、秀吉の四国平定、九州平定、小田原攻めでは、兵糧輸送や海城の攻撃に参加して軍功をあげました。

第一次朝鮮出兵では、脇坂安治・加藤嘉明らと水軍を指揮しました。

このとき、石山合戦で使用した鉄船がまだ存在していたようですが、この鉄船は船足が遅く、朝鮮までの外洋航海や朝鮮での海戦には不向きと考え、大型だが船足の早い安宅船の建造を秀吉に進言しました。もちろん、自身が明に乗り込むという秀吉の御座船の役割もあり、日本一大きな船という意味で「日本丸」と命名しました。

その大きさは、全長三十メートル、幅九・五メートル。総容積は二千石を越えていたと推測されます。航行には帆も使いますが、基本は百挺の櫓で漕ぐというものでした。

しかし脇坂安治が抜け駆けをして閑山島海戦で李舜臣率いる朝鮮水軍に敗北し、それを救援するために出陣した嘉隆と加藤嘉明も安骨浦で攻撃を受けて退却しました。これは朝鮮水軍が亀甲船をはじめとする軍船の機能が高く、沿岸部の地形や潮流を熟知していたことが勝因でしたが、日本軍は海を知り尽くした嘉隆などの海将の指示に従わない陸の勇者が勝手に戦ったのが敗因でした。

これらの敗戦により秀吉は戦術転換の命令を下し、海戦を避けて陸の隊と協力して沿岸防備を行なったのです。その結果、九鬼を含む日本水軍は朝鮮水軍の攻撃を何度も受けながらも勝利したため、朝鮮水軍の積極的な活動は激減しました。

慶長二（１５９７）年の第二次朝鮮出兵では、秀吉は九鬼水軍を派遣軍から外しました。そのためか、嘉隆は家督を嫡男の守隆《もりたか》に譲って隠居したのです。

慶長五（１６００）年の関ヶ原の戦いでは、当主の守隆が東軍（徳川方）についたにもかかわらず、嘉隆は西軍（石田方）に与しました。守隆が徳川家康に従って、会津の上杉攻めに出陣している間に、守備が手薄になっている鳥羽城を奪い、伊勢湾の海上封鎖を行なったのです。しかし、九月十五日に西軍が敗北すると、鳥羽城を放棄して答志島《とうし》に逃亡しました。

守隆は徳川家康に嘉隆の助命を嘆願したため、守隆の功績の大きさが考慮され、一命を助けられましたが、その知らせが届く前に、九鬼家の行く末を案じた家臣の豊田五郎右衛門の勧めで、嘉隆は切腹して果てたのです。享年五十九歳。

その後、九鬼氏は鳥羽藩主として五万六千石を領し、大坂の陣を戦い、江戸城の築城では木材や石材の海上輸送を担当します。守隆の死後、家督争いが起こり、幕府の裁定で志摩国の領地を没収され、代わりに摂津国三田《さんだ》と丹波国綾部《あやべ》で、それぞれ大名として幕末まで存続しました。

⚓松浦党と関ヶ原

「松浦党」とは、平安時代に摂津国渡辺津の海賊・渡辺久《ひさし》が肥前国に来て、その子孫から始まったと伝えられていますが、実際は肥前国松浦から五島列島までの間に、割拠した海賊衆の総称です。そのため、同じ松浦党と言っても、その間での争いも多かったようです。

南北朝時代末期、今川了俊が室町幕府の九州探題として強権を発動するようになると、松浦党も一揆（団結）するようになり、一つの海賊衆としてまとまるようになりました。

一党の中には海外と交易をする者や、倭寇として朝鮮や中国沿岸で恐れられる者もいました。その中で、平戸に本拠地を持っていた峰《みね》氏が段々勢力を持つようになり、戦国時代には松浦氏と改姓して、松浦党の盟主になったのです。

天正十四（１５８６）年、豊臣秀吉の九州平定の意思を知ると、松浦鎮信《しげのぶ》は他に先駆けて秀吉に貢物を献上して、傘下に入ることを表明します。平定が始まると、すぐに島津討伐に参陣したため、所領安堵を得ました。

朝鮮出兵では、対馬の宗氏と共に朝鮮の事情に詳しいということで、交渉役を期待されました。そして開戦になると、小西行長の一番隊に属して緒戦より通算七年間に渡って戦い、多くの戦功をあげました。

しかし、出征した三千人のうち二千人が戦死したともいわれていますが、戦いが長引く中で、平戸から手柄を求めて後々参戦した者が多くいたため、帰国の時には七千二百人に増えていました。また戦いの最中でも、平戸とは船が往来して戦利品や朝鮮人奴隷を度々持ち帰っていたといいます。さすが、倭寇として活動していた松浦海賊らしい話です。

関ヶ原の戦いでは、大坂にいた嫡男の久信《ひさのぶ》が西軍につきましたが、平戸にいた鎮信は東軍（徳川方）につくことを決めました。そして徳川家康に疑念を持たれないように建設中だった亀岡城（平戸城）を燃やして見せたのです。このあたりのパフォーマンスも海賊らしい発想です。こうして肥前国松浦・彼杵《そのぎ》二郡と壱岐国、合わせて六万三千石を安堵されたのです。

慶長十九年五月、鎮信は六十六歳で死去しました。「大坂の冬の陣」が始まる直前です。

その後、松浦家は大名として続き、明治維新を迎えます。

松浦党で特筆すべきは、平戸貿易です。鎮信の父・隆信《たかのぶ》の時代の天文十九（１５５０）年に初めてポルトガル船が平戸に入港したのです。一躍ポルトガルとの南蛮貿易で、松浦は繁栄しました。しかし、十一年後には商取引をめぐってポルトガル人と日本人の殺傷事件が起こり、二国間の関係は悪化して、貿易の拠点は横瀬浦《よこせうら》(長崎県西海市)に移りました。そのため、平戸の経済は落ち込んでしまったといわれています。

鎮信は、再び平戸の繁栄を願い、オランダ船が平戸に入港するように、幕府に働きかけ、オランダ本国にも訴えたのです。この努力が実り、慶長十四(1609)年には、初めてオランダ船が入港し、日本初のオランダ商館が平戸に開設されました。

慶長十八(1613)年にはイギリス船が交易を求めて来航し、これも商館を設置しました。これで平戸は以前にも増して、貿易港として繁栄するはずでした。

しかし、十年後、イギリス商館は閉鎖され、寛永《かんえい》十八(1640)年には鎖国政策で、オランダ商館も長崎の出島に移転してしまったのです。

「倭寇」として海を我が庭のように往来していた海賊にとって、それがヨーロッパであろうと、海で繋がっている限りは、遠い異国ではなかったのです。松浦鎮信もまた海賊として遠い海に船を漕ぎ出したかったのでしょうか。しかし、日本は鎖国の時代を迎え、海を閉じる時代がきます。

豊臣秀吉の「海賊禁止令」に始まり、戦国大名の封建体制への固定によって、海賊は大名の家臣として船を操作する船手衆として生きることになります。

そして現代「海賊」は、再び「悪党」という意味を持つ集団となってしまったのです。

余録④

造船技術の進化と船の種類

古代の船が、一本の丸太を刳り貫いた「単材刳船」に始まり、長さを出すために二本以上の木材を縦に接ぎ合わせた複材刳船になり、さらに、積載量と航行の安定のために、舷（船縁）に舷側板を取り付けた「準構造船」となったことは【余録1】で紹介しました。

走行は、輸送船などの大型船は、帆と水手の漕ぐ櫂の併用だったと考えられますが、兵士を乗せた軍船は、櫂のみで、スピードが欲しい場合は水手の人数を増やしたようです。朝鮮半島との往来を想定している場合は、これでなんとか渡海できたようです。

それが、中国との間ではどうでしょうか。記録に残る渡海は、倭の時代から数えて遣隋使、遣唐使と続きます。669年の第七次までの航路は、九州から壱岐・対馬を経て、朝鮮半島の西岸を北上し、黄海を横切って山東半島に至るコース（北路）でした。しかし、676年に新羅が唐軍を半島から追い出して半島を統一したため、日本は朝鮮半島経由での遣唐使派遣が出来なくなったのです。そのため五島列島から東シナ海を横断するコース（南路）をとることになります。

南路は寄港地が少ないため、船には飲料水や食糧を多く積載する必要がありました。また悪天候の避難する港もないので、従来の準構造船では、難破の危険性が高かったのです。

そこで、遣唐使船に中国式建造技術を導入することにしたのです。それ以前も朝鮮を経由した建造技術は伝わっており、「百済《くだら》船」などと呼ばれたものはありますが、この時代から本格的に導入したと考えられます。造船は主に安芸国で行なわれ、天平《てんぴょう》四（732）年から宝亀《ほうき》九（778）年まで六回行われました。

船の形に関しては、一般的に「ジャンク船」と呼ばれる船底の中央を支える竜骨が無く、船体に多数の隔壁を入れて区切っていることが特徴です。そのため、喫水《きっすい》が浅く水深の浅い海での航行に便利で耐波性に優れていました。

しかし実際の南路は難破することが多く、全船が無事に往復できたのは八回のうちたった一回だけでした。これは船の構造よりも、年数を空けて渡海するため、東シナ海の風などの知識が蓄積されないため、天候に左右された結果と考えられます。

寛平《かんぴょう》六（894）年菅原道真の建議によって、遣唐使が廃止されたため、国家による大型船の建造は行われなくなります。しかし、民間では10世紀以降、唐の商船が毎年のように来航し、12世紀後期には平清盛による南宋との交易も本格化していきました。元

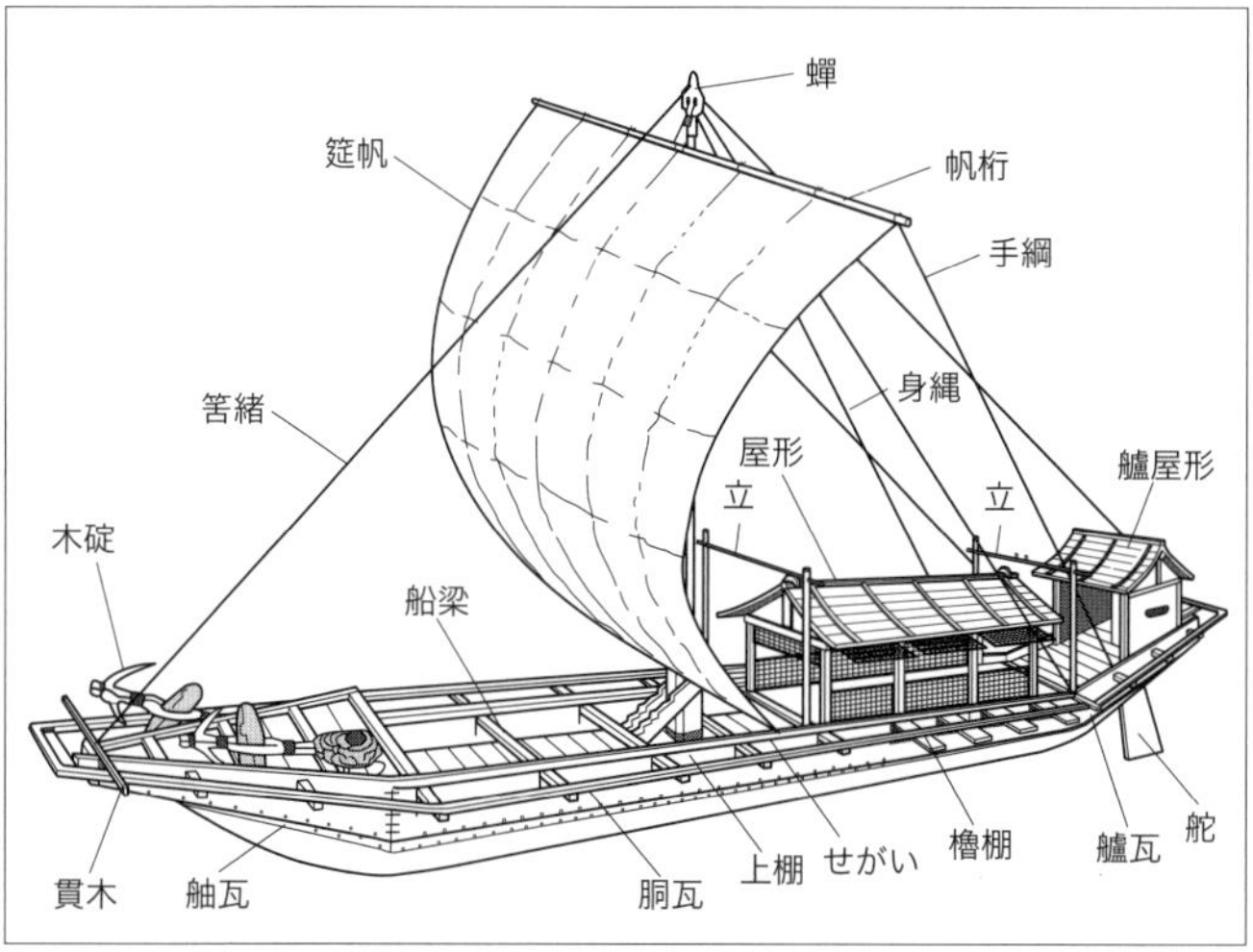

鎌倉時代の大型海船の説明図「船の科学館もの知りシート」より

寇で一時途絶えましたが、その後は再び交易船が往来したのです。これがすべて中国船というわけではなく、日本船もいましたから、この時代には東シナ海を渡海できる船が建造されていたと考えられますが、どんな形だったかは、史料不足で分かりません。

応永《おうえい》十一（１４０４）年、室町幕府三代将軍足利義満は中国に遣明船を派遣することにしました。以後十七次八十四艘が派遣されたのですが、これはいずれも幕府が遣明使節のために新造したものではなく、民間が所有する船を借りて派遣したのです。遣唐使船の時代とは違い、それだけ民間に東シナ海を渡海できるだけの大型船があり、航海技術があったということです。

遣明船候補の船を持っていた港として、豊前国門司、周防国富田《とんだ》・上関・深溝・柳井・備後国鞆・尾道・田島・因島、備前国牛窓の名が挙がっています。また、船の大きさも六百石から二千石と大きな差がありますが、これは室町時代の升の大きさが大・小あったため、どちらの升の数字か不明だからです。どちらにしても、江戸時代の千石船といわれた大型輸送船並みの大きさだったと考えられています。

この時代の船が大型化できたのは、船の形（構造）がそれまでの刳り材を繋いだものを船底部に使用する準構造船から「棚板造り」の船に変化したからです。「棚板造り」というのは「航《かわら》」という船底材に数枚の棚板を重ね接ぎし、多数の船梁《ふなばり》で補強した構造を言います。棚板構造は、根棚と上棚だけの二階造り、根棚・中棚・上棚の三階造り、さらに中棚が二枚ある四階造りと段々に大型化していきます。

棚板同士あるいは棚板と航・船首材・船尾材との結合には通釘を用い、結合部には水止めとして内側から槙皮《まいはだ》を打ち込みます。この構造だと、船が大型化しても航や棚板を増やして縫釘《ぬいくぎ》と鎹《かすがい》で接ぎ合わせれば良いのです。さらに、準構造船の船底材がクスの大木を必要としたのに対して、棚板造りの船材はそれ以外の木材でも良くなったため、造船

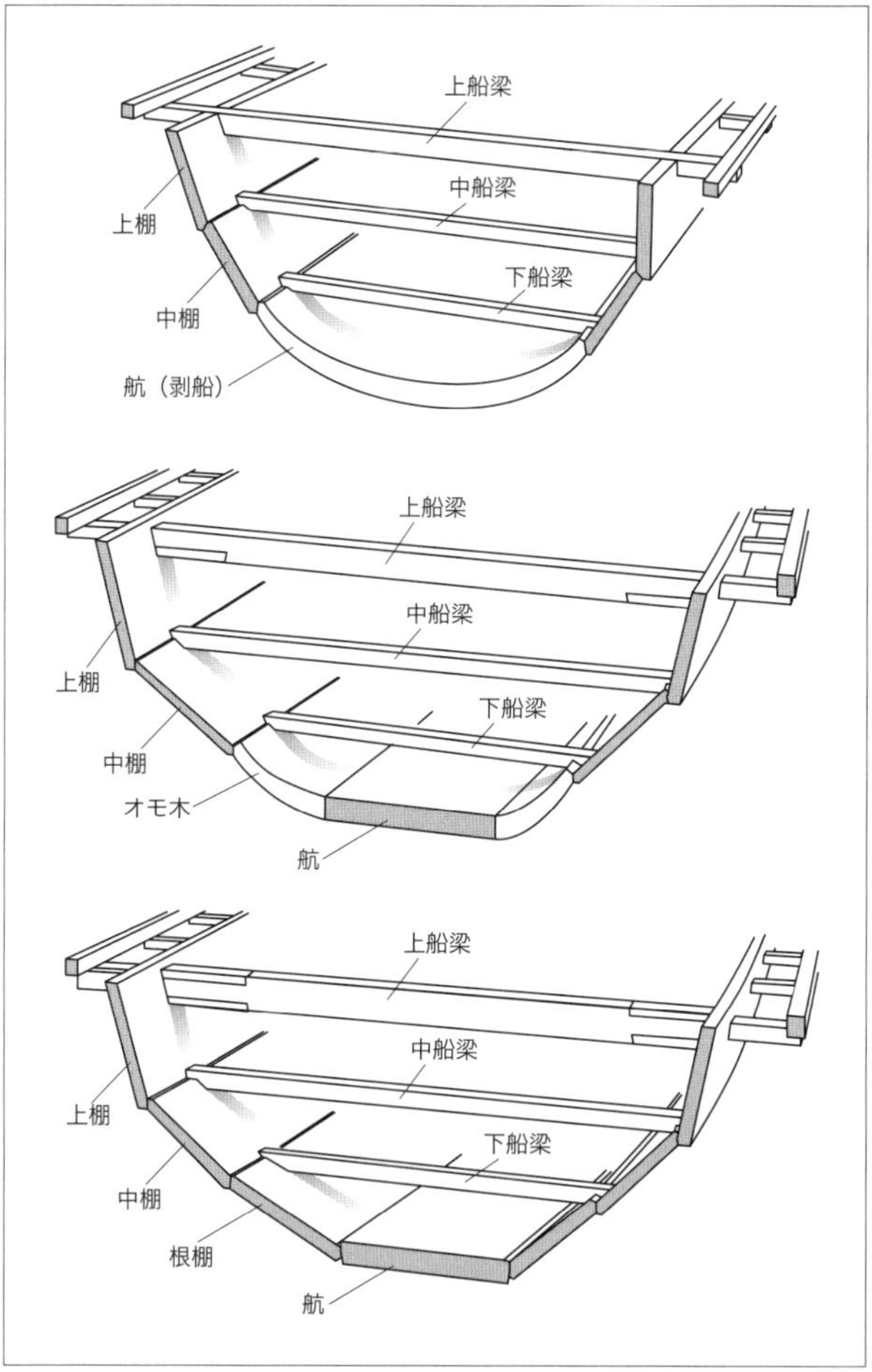

「日本の船」『図説和船史話』石井謙治（至誠堂）より

材料の確保が容易になったのです。このため、江戸時代以降の和船は大小を問わずこの棚板造りが主流となります。

安宅船

古代より海賊専用に建造された軍船はなく、漁船や商船に陸戦で用いられる楯板で臨時に武装したものを使用していました。それが、戦国時代に入り、戦国大名が海賊を警《けい》固衆《ごしゅう》から常設の水軍に組織していくにつれて、船の大型化と軍船の専用化が進みました。

その最たるものが、木津川口の戦いなどで活躍した「安宅船《あたけぶね》」です。安宅船は「安宅」「阿武」とも書き、大きいものでは長さ三十メートル、幅十メートルというものもありました。

安宅船の名が史料に現われるのは、天文年間(1532~1555)で伊予国の河野氏配下の船にあったというのです。「あたけ」語源に関しては、戦国時代に淡路近辺を根拠としていた安宅氏からきているという説、「暴れる」という意味がある「あたける」という動詞から来ているという説などがありますが、分かりません。

安宅船は、棚板造りの大型船を軍用に改装したもので、浸水に備えて隔壁を入れていました。大きさは小さいものでは五百石積から、大きいもので千石積以上のものもありました。

その特徴は、甲板の上に矢倉と呼ばれる箱型の上部構造物があり、船首部分も角ばった形をしていることです。上部構造物は船体の全長近くに及ぶため、総矢倉と呼ばれます。この形状によって確保した広い艦上に、木製の楯板を舷側と艦首・艦尾に張って矢玉から戦闘員を保護し、反対に攻撃するときは楯板に開けられた狭間《はざま》と呼ぶ銃眼から弓や鉄砲によって敵船を攻撃しました。

楯板で囲われた総矢倉の上部に二層三層の楼閣を設けたため、安宅船を「海上の城」と称えました。

安宅船の動力は、帆も用いましたが、戦闘時にはマストを倒して、櫓で航行をしました。艪の数は少ないもので五十挺ほどから多いもので百挺以上もあり、二人漕ぎの大櫓ならその六割程度と言われています。ただ、その重厚さゆえ速度が遅く、沿岸航行は出来ましたが、外洋に出る能力は限定的でした。

関船

甲板の上に矢倉と呼ばれる箱型の上部構造物を乗せ、その欄干に船体のほぼ全長に渡り矢倉を乗せている「総矢倉」の構造は、安宅船とほぼ同じですが、艪の数が四十挺〜

八十挺のものを「関船」と呼びます。また安宅船の船首が角ばって水中抵抗の大きな構造だったのに対して関船は水の抵抗が少ない尖った構造です。船体の縦横比も安宅船よりも細長く、高速航行に適しています。また、安宅船より防弾性能は低下しますが、軽量化のために楯板を薄くしたり、竹製にするなどして、速力を上げ、小回りが利くようにしてあります。

「関船」という名称は、このように機動力が優れているため、海賊が海上に設けた関所を通過する船から関銭（通行料）を徴収するために、出動するのに使われたためです。

小早船

「小早《こはや》」もしくは「小早船《こばやぶね》」は、大型の安宅船と中型の関船よりさらに小型な船です。名称の「小早」は、「小型の早船（関船）」という意味です。

艪《ろ》の数は四十挺以下で、安宅船や関船のように船体の全長を覆う甲板の上部構造物（総矢倉）がなく、「半垣造り」とよばれる足を隠す程度の低い垣立《かきたて》（側壁）があるだけです。そのため防御力は劣りますが、軽快な機動力を活かして偵察や伝令などに使われます。

また、村上水軍などは火矢や投げ焙烙を主要武器として用いていたため、小早船で急接近して、敵船に投げ入れるという戦法に重宝しました。

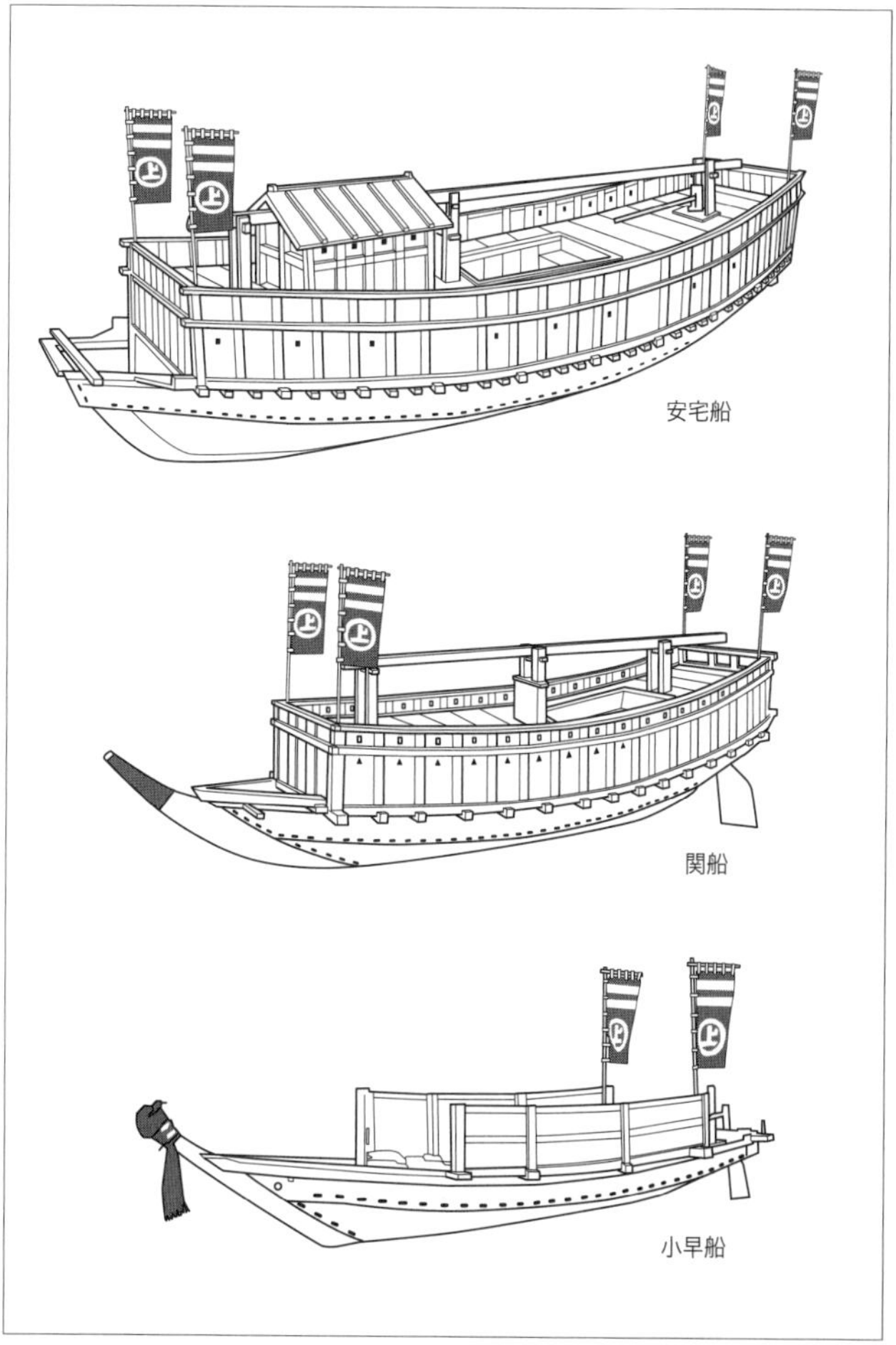

安宅船・関船・小早船（今治市村上水軍博物館の模型を模写）

おわりに

海賊番外編

広島県呉市広長浜の小さな岬に、長浜の浦を見下ろすように建っている一基の墓があります。ここに大正五年に葬られた協一《きょういち》という人物はかなり筆まめだったらしく、いろいろな文書を残しています。その中に『先祖代々回忌録』というのがあります。

「先祖庄蔵は蒲刈島三ノ瀬多賀谷の次男でしたが、当村（長浜村）中島屋に来て、中島屋の娘おとりと夫婦になり、一家を構えて中島屋を名乗る。後に当村の庄屋を勤めて蒲刈屋と屋号を改めた。子が三人いて、長男太郎助は中年のときに死去し、二男庄助は分家して浜屋と名乗った。三男善四郎が家名を継承して後に利左衛門と改める」

これは本編第十八項で登場した安芸国蒲刈島（広島県呉市）の海賊だった多賀谷氏の江戸時代の姿です。いつの時期に蒲刈島から長浜村に来たのかは分かりませんが、まだ江戸時代には蒲刈島に多賀谷氏を名乗る家があり、どんな縁があったのか分かりませんが、指呼の間ともいうべき、対岸の長浜村に男子が来たというのです。

多賀谷海賊は戦国時代末期まで蒲刈島で毛利氏の警固衆としてその名が見えますが、勢力が衰えたのか、その活動内容は分かりません。毛利氏が関ヶ原の戦い後、所領が長門国と周防国二カ国になったため、他の毛利氏警固衆の能島村上氏や因島村上氏同様、毛利領国内に知行を与えられて移住しました。

そのときに蒲刈島に残った者がいたようで、ここに登場する多賀谷氏の祖先だと思われます。長浜村に一家を構えた多賀谷氏のその後の活動は、『呉市史第一巻』の中に詳しく掲載されています。

「長浜村の庄屋となり、蒲刈屋と名乗った利左衛門は、魚を獲る漁網の編み方を改良して、地場産業として発達させて、江戸中期には紀伊・摂津・和泉・播磨をはじめ四国全域に販路を拡張したのです。

江戸後期に当主となった辨吉《べんきち》は、性格が豪快で商機を見る目があったので、さらに販路を拡張して家業を発展させ、諸国の人は彼を「安芸国の網売り辨吉」と呼ぶほどになりました。若いときに、父に従って淡路島に行ったとき、まだ微々として振るわなかった高田屋嘉兵衛《かへえ》と知り合い意気投合します。辨吉は嘉兵衛に蝦夷地《えぞち》(北海道)で漁業を興すことを勧め、そのための漁網の提供を約束したのです。その後、嘉兵衛が幕府から蝦夷地での大漁場の開発を命じられたため、辨吉は約束どおり、良質だけど安価な網を大量生産する態勢を整えたのです。しかし、嘉兵衛がロシアに捕らわれたため、辨吉は多額の負債を抱えることになり、家業が傾き失意のうちに天保十二（1841）年に亡くなりました」

しかし、このことが明治三十（1897）年に見直されて、広島県の漁網製造に貢献したとして「第二回水産博覧会」で、表彰されることになるのです。

辨吉の孫が『先祖代々回忌録』を書いた協一で、その曾孫が著者である私になります。

亡き母が「うちの御先祖様は間宮林蔵について北海道に行った」とよく話していました。今となれば母がなぜ高田屋嘉兵衛ではなく、間宮林蔵と言ったのかは謎です。しかし、商人とはいえ、遠く北海道の海に夢を描いた辨吉を、海賊の子孫の一人として自慢したかったのでしょう。

いつの日にか、我が祖先を含めた海賊の話を書きたいと思っていました。実業之日本社の安田宣朗編集長から「待っていますよ」とお声を掛けていただいてから五年が経ちました。いざ取材始めると、その範囲は膨大で、地域も全国に跨り、この際だから現地を見ようなんてやっていたら、いつまでたっても完成する目処がつきませんでした。とうとう今年の「海の日」には出版しますという最後通牒を受け取り、なんとかここに書き終わることができました。

これもひとえに先達ともいえる研究者の長年の研究成果のおかげです。自分の祖先のことさえ、十分解明できなかった微力の私の灯台となり潮流となって支えていただいたことを厚く感謝いたします。

二千年に及ぶ海の旅にご乗船いただいた読者の皆様、ありがとうございました。またのご乗船をお待ちしています。

平成二十九年　海の日

時代考証家　山田順子

主要参考文献

『倭国伝』 藤堂明保・竹田晃・影山輝國 全訳注 講談社
『古事記』 倉野憲司 校註 岩波書店
『日本書紀』上・下 宇治谷孟 全現代語訳 講談社
『老松堂日本行録』 宋希景 著 村井章介 校注 岩波書店
『海東諸国紀』 申叔舟 著 田中健夫 訳注 岩波書店
『瀬戸内海水軍史』 松岡進 著 瀬戸内海文化研究所
『日本水軍史』 佐藤和夫著 原書房
『海と水軍の日本史』上巻 下巻 佐藤和夫 著 原書房
『古代日本の軍事航海史』 上巻 中巻 下巻 松枝正根 著 かや書房
『古代国家と瀬戸内海交通』 松原弘宣 著 吉川弘文館
『日本古代海運史の研究』 杉山宏 著 法政大学出版局
『徐福』 池上正治 著 原書房
『渡来人とは何者だったか』 武光誠 著 河出書房新社
『大山祇神社略誌』 大山祇神社 編集・発行
『熊野修験』 宮家準 著 吉川弘文館
『海の熊野』 谷川健一・三石学 編 森話社
『悪党と海賊』 網野善彦 著 法政大学出版局
『海民と日本社会』 網野善彦 著 新人物往来社
『海と列島の中世』 網野善彦 著 講談社
『日本中世水軍の研究』 佐藤和夫 著 錦正社

『中世の港と海賊』　山内譲 著　法政大学出版局
『中世瀬戸内海の旅人たち』　山内譲 著　吉川弘文館
『海賊たちの中世』　金谷匡人 著　吉川弘文館
『海の武士団〜水軍と海賊のあいだ〜』　黒嶋敏 著　講談社
『中世日本の内と外』　村井章介 著　筑摩書房
『北畠親房』　岡野友彦 著　ミネルヴァ書房
『海のもののふ三浦一族』　石丸熙 著　新人物往来社
『朝鮮人のみた中世日本』　関周一 著　吉川弘文館
『倭寇』　田中健夫 著　講談社
『天平の渤海交流〜もうひとつの遣唐使〜』　藤井一二 著　塙書房
『村上義清と信濃村上氏』　笹本正治 監修　信濃書籍出版センター
『伊豆水軍』　永岡治 著　静岡新聞社
『海賊松浦党』　呼子重義 著　人物往来社
『村上水軍全史』　森本繁 著　新人物往来社
『瀬戸内の海賊〜村上武吉の戦い〜』（増補改訂版）　山内譲 著　新潮社
『戦国水軍の興亡』　宇田川武久 著　平凡社
『豊臣水軍興亡史』　山内譲 著　吉川弘文館
『秀吉と海賊大名〜海から見た戦国終焉』　藤田達生 著　中央公論新社
『史料が語る向井水軍とその周辺』　鈴木かおる 著　新潮社
『瀬戸内海の民族誌〜海民史の深層をたずねて〜』　沖浦和光 著　岩波書店

【著者略歴】

山田順子（やまだ・じゅんこ）

1953年広島県生まれ。専修大学文学部人文学科卒業。CMディレクター、放送作家を経て時代考証家となる。1982年から『クイズ面白ゼミナール』（NHK）の歴史クイズの出題・構成を担当。以後多くの番組の時代考証と構成を担当。最近ではドラマ『JIN ―仁―』『天皇の料理番』（ともにTBS）の時代考証を担当する。

自らもテレビ出演や講演会などで歴史解説を行ない、江戸東京博物館の『ぶらぶら町人』などのイベントやテレビCMの時代考証も行なう。おもな著書に『江戸グルメ誕生』（講談社）、『新説　真田三代ミステリー』『時代考証家が教える 江戸の暮らしがわかる本』（実業之日本社）などある。

海賊《かいぞく》がつくった日本史《にほんし》

2017年 8 月 3 日　初版第1刷発行

著　者　山田順子

発行者　岩野裕一

発行所　株式会社実業之日本社

〒153-0044　東京都目黒区大橋1-5-1 クロスエアタワー 8F

【編集部】TEL.03-6809-0452

【販売部】TEL.03-6809-0495

実業之日本社のホームページ　http://www.j-n.co.jp/

印刷・製本　大日本印刷株式会社

ISBN978- 4-408-33712-8（第一経済）